高齢者介護サービス論

過去・現在・未来に向けて

鬼﨑信好

中央法規

はしがき

　大学で社会福祉学概論や高齢者福祉論関係の講義・演習等を担当するようになって，2014（平成26）年度で，早や38年目をむかえます。この間，わが国における人口高齢化は急激に進行し，今日では年金問題，医療問題，そして要介護高齢者の介護問題への対応が社会福祉政策（厚生労働行政）の喫緊の課題になってきています。

　ご承知の通り，わが国においては要介護高齢者への対応策の一つとして介護保険法が1997（平成9）年12月に公布され，事前の施行的事業等に取り組んだうえで，2000（平成12）年4月から介護保険法が施行されました。これ以降，介護保険制度自体の認知度はアップし，国民（地域住民）にとって身近な制度となってきています。また，介護保険法も施行後，2005（平成17）年度，2008（平成20）年度，2011（平成23）年度において法改正（制度面の改善等）を行い，制度のブラシュアップがなされてきています。しかし，介護保険制度の変更があまりにも多いので，十分に理解しにくいとの指摘もあります。

　「温故知新」という言葉が『論語（為政篇）』の中にあります。孔子が師となる条件として，先人の思想や学問を研究するように，と述べた言葉と伝えられています。「故（ふる）きを温（たず）ねて新しきを知る」とは，歴史や思想などについて昔のことを調べて研究し，そこから新しい知識や見識を得ることの意味が含まれています。

　介護保険制度が導入されてわずか14年ですが，先に記したように，介護保険法は附則を除くと215条からなる大きな法律で，省令等を加えるとかなりの分量となります。時系列的に制度の変更点を押さえ理解していかないと，制度自体がみえなくなります。

　そこで，介護保険法施行前後から書き記した論説をピックアップして，書き加えた書物を出版することにしました。本の構成は，私が以前から書いた論説と書下ろしとで構成されています。論説は当時の状況を損なわない範囲で書き直し・書き加えを行い，また今回のために書き下ろした原稿もあります。もちろん，大幅に書き加えた論説もあります。

第1章　日本社会の変動
　　　書下ろし
第2章　社会福祉の主体（組織）
　　　書下ろし
第3章　小規模自治体における高齢者保健福祉計画の策定
　　　『地域福祉システムを創造する』ミネルヴァ書房，1997年の第1章として所収した論説に加筆
第4章　社会福祉基礎構造改革の理念と課題
　　　『都市科学』第39号，福岡市都市科学研究所1999年に所収分に加筆
第5章　介護保険制度と民間事業者
　　　『九州経済調査月報』第53巻10号，九州経済調査協会，2000年に所収分に加筆
第6章　要介護認定をめぐる課題
　　　『トータルケアマネジメント』第3巻4号，日総研出版，1999年に所収分に加筆
第7章　介護保険法施行下における介護サービスをめぐる評価システムの有用性
　　　『久留米医学雑誌』第69巻7・8号，久留米医学会（久留米大学医学部），2006年に所収分に加筆
第8章　高齢者保健福祉制度の歩み
　　　書下ろし
第9章　介護保険制度の枠組み
　　　書下ろし

　以上ですが，今回は「介護保険制度の課題」を含めていないので，版を改めます時に追加したいと思います。

目 次

はしがき ——————————————————————————— i

第1章 日本社会の変動

第1節 人口の変化 ——————————————————————— 2
1 人口高齢化が意味するもの ·· 2
(1) 人口の推移と国勢調査結果 /2　(2) わが国の人口高齢化の特徴 /9
2 人口高齢化の背景 ·· 12
(1) 医療技術の進歩，受診機会の増加 /13　(2) 食生活の向上・栄養状態の改善 /13　(3) 合計特殊出生率の低下 /13

第2節 要介護高齢者の増加 ———————————————————— 14
1 高齢者の側から ··· 14
(1) 健康問題 /16　(2) 経済問題 /17　(3) 生きがい問題 /17
2 家族の側から ·· 18
(1) 家族を取り巻く経済・社会状況の変化 /18　(2) 介護問題 /19

第2章 社会福祉の主体（組織）

第1節 主体とは何か ——————————————————————— 24
1 整理の前提 ·· 24
2 政策主体と経営主体 ··· 26
(1) 政策主体 /26　(2) 経営主体 /27
3 実践主体 ··· 29
4 運動主体 ··· 30

第2節 新たな組織と伝統的組織の競合 ——————————————— 31
1 NPO法人 ·· 31
2 社会福祉法人 ·· 32

第3章 小規模自治体における高齢者保健福祉計画の策定

第1節 問題の所在 ——————————————————————— 40

　　　　1 小規模自治体としての市町村・・・・・・・・・・・・・・・・・・・・・・・・・・・ 40
　　　　2 小規模自治体と高齢者保健福祉計画・・・・・・・・・・・・・・・・・・・・ 42
　第2節　**高齢者保健福祉の義務化に至る経緯** ───────── 42
　　　　1 戦後における福祉制度・・・・・・・・・・・・・・・・・・・・・・・・・・・・・・・ 42
　　　　2 本格的な福祉制度改革・・・・・・・・・・・・・・・・・・・・・・・・・・・・・・・ 43
　第3節　**高齢者保健福祉計画の意義と問題点** ───────── 48
　　　　1 高齢者保健福祉計画策定の意義・・・・・・・・・・・・・・・・・・・・・・・ 48
　　　　　　(1) 部分としての計画から「独立した計画」へ /49　(2) 国（全体）から地方（地域）へ /50　(3) 「限定された対象者」から「サービス利用者」へ /51
　　　　2 高齢者保健福祉計画の策定過程における問題点・・・・・・・・・・ 52
　　　　　　(1) 準備期間の不足と不十分な事務局体制 /53　(2) 国と地方自治体の目標のずれ /54　(3) 住民参加の不十分さ /57
　第4節　**今後の課題** ──────────────────────── 58
　　　　1 地方自治体における政策の選択・・・・・・・・・・・・・・・・・・・・・・・ 59
　　　　2 地方自治体の財源対策・・・・・・・・・・・・・・・・・・・・・・・・・・・・・・ 59
　　　　3 計画の実施状況の点検と見直し・・・・・・・・・・・・・・・・・・・・・・・ 60
　　　　4 福祉計画の総合化・・・・・・・・・・・・・・・・・・・・・・・・・・・・・・・・・・ 61

第4章　社会福祉基礎構造改革の理念と課題

　第1節　**第二次世界大戦後における社会福祉の到達点** ─────── 66
　　　　1 戦後の社会福祉制度の展開・・・・・・・・・・・・・・・・・・・・・・・・・・ 66
　　　　　　(1) 社会福祉制度の枠組みの構築 /66　(2) 社会福祉制度の転機 /68
　　　　2 社会福祉の到達点・・・・・・・・・・・・・・・・・・・・・・・・・・・・・・・・・・ 69
　　　　　　(1) 厚生行政の新しい視点 /69　(2) 福祉関係八法改正に基づく新たな視点 /70　(3) 社会福祉の到達点 /71
　第2節　**社会福祉基礎構造改革の取り組み** ───────── 72
　　　　1 社会福祉のパラダイム（思考の枠組み）の転換・・・・・・・・・・ 72
　　　　　　(1) 先進国の状況 /73　(2) 21世紀の枠組み /73
　　　　2 社会保障構造改革の取り組み・・・・・・・・・・・・・・・・・・・・・・・・ 73
　　　　　　(1) 制度の横断的な再編成などによる全体の効率化 /74　(2) 在宅医療・

　　　　　介護に重点を置いた利用者本位の効率的なサービスの確保 /74　(3) 全体としての公平・公正の確保 /74　(4) 留意すべきその他の視点 /75
　　　3 社会福祉基礎構造改革の検討過程と意義 ・・・・・・・・・・・・・・・・・・ 75
　　　　　(1) 社会福祉事業等の在り方に関する検討会の議論 /75　(2) 社会福祉基礎構造改革の本格的な検討 /78
　第3節　今後の課題 ──────────────────────── 81
　　　1 公的責任のあり方 ・・・・・・・・・・・・・・・・・・・・・・・・・・・・・・・・・・・ 81
　　　　　(1) 行政の役割の明確化 /82　(2) 自助─共助（互助）─公助の確立 /82
　　　　　(3) サービス提供組織の多様化 /82
　　　2 サービスの量・質の供給体制の確立 ・・・・・・・・・・・・・・・・・・・ 83
　　　3 利用者の選択権の確立 ・・・・・・・・・・・・・・・・・・・・・・・・・・・・・・ 84
　　　　　(1) 十分な情報の提供と相談体制の確立 /84　(2) 利用者保護・権利擁護のシステム /85

第5章　介護保険制度と民間事業者

　第1節　介護保険制度をめぐる問題点 ───────────────── 90
　　　1 介護サービスの量の確保 ・・・・・・・・・・・・・・・・・・・・・・・・・・・・ 91
　　　2 的確な要介護認定 ・・・・・・・・・・・・・・・・・・・・・・・・・・・・・・・・・・ 91
　　　3 個人負担 ・・ 92
　　　4 介護サービスの質の確保 ・・・・・・・・・・・・・・・・・・・・・・・・・・・・ 93
　第2節　介護保険制度における民間事業者の位置づけ ─────── 93
　　　1 福祉の措置 ・・ 94
　　　2 介護サービスへの民間参入の根拠 ・・・・・・・・・・・・・・・・・・・・ 95
　　　3 民間事業者が関与する分野 ・・・・・・・・・・・・・・・・・・・・・・・・・・ 97
　第3節　今後の課題 ──────────────────────── 97
　　　1 サービスの質の確保 ・・・・・・・・・・・・・・・・・・・・・・・・・・・・・・・・ 98
　　　2 苦情処理体制の整備 ・・・・・・・・・・・・・・・・・・・・・・・・・・・・・・・・ 99

第6章　要介護認定をめぐる課題

　第1節　1998（平成10）年度の要介護認定モデル事業の概要 ─── 104

          1 これまでの経緯・・ 104
          2 実施体制・・ 105
            （1）実施地域 /105　（2）調査対象者 /105　（3）介護認定調査員 /105
            （4）介護認定審査会 /105
    第2節　1998（平成10）年度の要介護認定基準――――――――― 107
          1 一次判定基準の設定とその流れ・・・・・・・・・・・・・・・・・・・・・・・・・・ 107
          2 要介護度変更のルール化・・・・・・・・・・・・・・・・・・・・・・・・・・・・・・・ 110
            （1）要介護状態区分変更適当事例と要介護状態区分変更不適当事例 /110
            （2）基本調査結果一部修正適当事例と基本調査結果一部修正不適当事例 /113
    第3節　要介護認定モデル事業における問題と課題――――――― 114
          1 調査全般についての問題と課題・・・・・・・・・・・・・・・・・・・・・・・・・・ 114
          2 要介護認定についての問題と課題・・・・・・・・・・・・・・・・・・・・・・・・ 115

第7章　介護保険法施行下における介護サービスをめぐる評価システムの有用性

     1 研究の目的・・ 120
     2 研究方法・・ 125
       （1）福岡市介護評価システムの枠組み /125　（2）研究のプロセス（対象と方法）/128
     3 結果・・・ 131
       （1）事業種別における全体結果（1回目のみ）/131　（2）設置主体別の全体結果（利用者評価，自己評価，第三者評価）/134　（3）設置主体別の更新分の変化 /136　（4）事業別の更新分の変化 /137
     4 考察・・・ 138
       （1）設置主体別にみる評価の相違 /138　（2）更新評価結果の向上 /140
     5 結語・・・ 143

第8章　高齢者保健福祉制度の歩み

    第1節　第二次世界大戦前 ―――――――――――――――――― 148
          1 恤救規則・・・ 148

2 救護法 ･･･ 148
第2節 第二次世界大戦後 ─────────────── **149**
　1 GHQの対応と生活保護法の制定 ･････････････････ 149
　2 老人福祉法の制定前後 ･････････････････････････ 152
　3 福祉制度の見直し ･････････････････････････････ 156
　　（1）行財政改革に伴う制度の見直し/156　（2）高齢者保健福祉推進十ヵ年戦略（ゴールドプラン）の策定/157　（3）福祉関係八法改正/157　（4）介護保険法の成立/159

第9章　介護保険制度の枠組み

第1節 保険の本質 ───────────────── **162**
　1 保険の基本的枠組み ･･･････････････････････････ 162
　　（1）保険の種類/162　（2）保険の目的/163　（3）保険者と被保険者/163　（4）保険の原理・原則/163
　2 社会保険の特徴 ･･･････････････････････････････ 164
　　（1）社会保険の目的と特徴/164　（2）社会保険の種類/165　（3）医療保険と介護保険との比較/167
第2節 介護保険制度に基づくサービス ──────── **167**
　1 介護保険法の目的 ･････････････････････････････ 167
　2 要介護状態と要支援状態 ･･･････････････････････ 167
　　（1）要介護状態と要介護者/167　（2）要支援状態と要支援者/169
　3 保険者と役割 ･････････････････････････････････ 172
　4 介護保険の被保険者 ･･･････････････････････････ 173
　5 特定疾病 ･････････････････････････････････････ 174
第3節 介護サービスの利用手続き ────────── **176**
　1 申請 ･･･ 176
　2 要介護度の調査 ･･･････････････････････････････ 176
　3 介護認定審査会の審査・判定 ･･･････････････････ 180
　4 認定 ･･･ 181
　5 介護サービス計画の作成 ･･･････････････････････ 181

　　　　6 介護サービスの利用・提供 ································ 182
第4節　介護サービスの種類 ─────────────────── 182
　　　1 介護サービス ··· 182
　　　　（1）制度導入時の介護サービスの利用 /182　（2）2005（平成17）年の介護保険法改正以降のサービス /183
　　　2 現行のサービス ··· 183
　　　　（1）居宅サービス /183　（2）介護予防サービス /185　（3）地域密着型サービス /187　（4）地域密着型介護予防サービス /188　（5）施設サービス /188
第5節　介護支援サービス（ケアマネジメント）と介護支援専門員 ── 190
　　　1 介護支援サービス（ケアマネジメント） ···················· 190
　　　2 介護支援サービス（ケアマネジメント）の過程 ·········· 191
　　　3 地域包括支援センター ·· 191
　　　　（1）法的位置づけ /191　（2）地域包括支援センターの事業 /191　（3）地域包括支援センターのスタッフ /193
第6節　高齢者介護をめぐる今後の課題 ───────────── 195
　　　1 介護保険法改正 ··· 195
　　　2 視点の確認 ·· 196
　　　3 目標・原則の確立 ·· 196
　　　4 サービス供給のための財源の確保 ··························· 196
　　　5 快適な生活を保持するサービスの供給 ····················· 197
　　　6 従事者の養成と確保 ··· 198

参考資料　福岡市介護サービス評価システム─概要─ ─────── 201
社会福祉全般　参考文献 ───────────────────── 212
索引 ──────────────────────────────── 220

第1章

日本社会の変動

はじめに

1970年代（昭和45～54年）以降，わが国では社会全体が大きく変容してきている。すなわち，少子・高齢化に伴う人口減少，経済成長率の低下，雇用の流動化などのさまざまな変化が生じてきている。これらの現象は先進国に共通のものであり，出生率アップなどは強制できないが，成熟社会の到来を現実のものとして受け止め，社会システムのあり方を考えなければならない。

第1節
人口の変化

1　人口高齢化が意味するもの

1945（昭和20）年以前のわが国の人口をみると，1920（大正9）年は5,596万人であったが，その後，国勢調査年ごとに徐々に増え，1945（昭和20）年には7,215万人まで増加した。戦後は急速に増加を続け，1967（昭和42）年に総人口は初めて1億人を超えた。2010（平成22）年の国勢調査の確定した人口は1億2,805万7,352人（同年10月1日現在）である。

（1）人口の推移と国勢調査結果

総務省統計局の推計によれば，2013（平成25）年9月1日現在，総人口は1億2,726万人で，年少人口（0～14歳）は1,640万人，労働力人口（15～64歳）は7,900万人，老年人口（65歳以上）は3,186万人であった。

表1-1に示しているように，2010（平成22）年の老年人口の総人口に占める割合は23.0％であったが，推計値であるものの，過去最高になった。これは，いわゆる「団塊の世代」（第二次世界大戦後の1947～1949（昭和22～24）年の第一次ベビーブーム期に生まれた世代）のうち，1948（昭和23）年に生まれた人たちが新たに65歳に達したことによるものといえる。

表 1-1　年齢区分別人口の推移と将来推計　　　　　　　　　　（単位：千人，%）

年　次	総数 実数	総数 割合	0~14歳 実数	0~14歳 割合	15~64歳 実数	15~64歳 割合	65歳以上 実数	65歳以上 割合
大正 9(1920)年	55,963	100.0	20,416	36.5	32,605	58.3	2,941	5.3
14(1925)年	59,737	100.0	21,924	36.7	34,792	58.2	3,021	5.1
昭和 5(1930)年	64,450	100.0	23,579	36.6	37,807	58.7	3,064	4.8
10(1935)年	69,254	100.0	25,545	36.9	40,484	58.5	3,225	4.7
15(1940)年①②	73,075	100.0	26,369	36.1	43,252	59.2	3,454	4.7
25(1950)年①	84,115	100.0	29,786	35.4	50,168	59.6	4,155	4.9
30(1955)年①	90,077	100.0	30,123	33.4	55,167	61.2	4,786	5.3
35(1960)年①	94,302	100.0	28,434	30.2	60,469	64.1	5,398	5.7
40(1965)年①	99,209	100.0	25,529	25.7	67,444	68.0	6,236	6.3
45(1970)年	104,665	100.0	25,153	24.0	72,119	68.9	7,393	7.1
50(1975)年①	111,940	100.0	27,221	24.3	75,807	67.7	8,865	7.9
55(1980)年①	117,060	100.0	27,507	23.5	78,835	67.3	10,647	9.1
60(1985)年①	121,049	100.0	26,033	21.5	82,506	68.2	12,468	10.3
61(1986)年③	121,660	100.0	25,434	20.9	83,368	68.5	12,870	10.6
62(1987)年③	122,239	100.0	24,753	20.2	84,189	68.9	13,322	10.9
63(1988)年③	122,745	100.0	23,985	19.5	85,013	69.2	13,785	11.2
平成 元(1989)年③	123,205	100.0	23,201	18.8	85,745	69.6	14,309	11.6
2(1990)年①	123,611	100.0	22,486	18.2	85,904	69.5	14,895	12.0
3(1991)年	124,043	100.0	21,904	17.7	86,557	69.8	15,582	12.6
4(1992)年	124,452	100.0	21,364	17.2	86,845	69.8	16,242	13.1
5(1993)年	124,764	100.0	20,841	16.7	87,023	69.8	16,900	13.5
6(1994)年	125,034	100.0	20,415	16.3	87,034	69.6	17,585	14.1
7(1995)年①	125,570	100.0	20,014	15.9	87,165	69.4	18,261	14.5
8(1996)年	125,864	100.0	19,686	15.6	87,161	69.3	19,017	15.1
9(1997)年	126,166	100.0	19,366	15.3	87,042	69.0	19,758	15.7
12(2000)年	126,926	100.0	18,505	14.6	86,380	68.1	22,041	17.4
17(2005)年	127,768	100.0	17,521	13.8	84,092	66.1	25,672	20.2
22(2010)年	128,057	100.0	16,839	13.1	81,735	63.8	29,484	23.0
27(2015)年	126,597	100.0	15,827	12.5	76,818	60.7	33,952	26.8
32(2020)年	124,100	100.0	14,568	11.7	73,408	59.2	36,124	29.1
37(2025)年	120,659	100.0	13,240	11.0	70,845	58.7	36,573	30.3
42(2030)年	116,618	100.0	12,039	10.3	67,730	58.1	36,849	31.6
47(2035)年	112,124	100.0	11,287	10.1	63,430	56.6	37,407	33.4
52(2040)年	107,276	100.0	10,732	10.0	57,866	53.9	38,678	36.1
57(2045)年	102,210	100.0	10,116	9.9	53,531	52.4	38,564	37.7
62(2050)年	97,076	100.0	9,387	9.7	50,013	51.5	37,676	38.8
67(2055)年	91,933	100.0	8,614	9.4	47,063	51.2	36,257	39.4
72(2060)年	86,737	100.0	7,912	9.1	44,183	50.9	34,642	39.9

(注)　1　各年10月1日現在
　　　2　①総数には，年齢「不詳」を含む。②旧外地人以外の外国人を除く。③総数は最新の補間補正後のものであるが，総数以外は補間補正前のものである。
(資料)　大正9~平成12年は総務省「推計人口」，平成27年以降は国立社会保障・人口問題研究所「日本の将来推計人口（平成24年1月推計）」[中位推計]，平成17年，平成22年は，総務省統計局「国勢調査」人口による。
出典：社会保障入門編集委員会編（2014）『社会保障入門2014』中央法規，184頁

さて，2010（平成22）年の国勢調査結果によれば，わが国の人口は1億2,805万7,352人である。前回の2005（平成17）年の国勢調査結果と比較すると，次の点を指摘できる（以下，千未満は四捨五入する）。

① 総人口はほぼ横ばい（正確に記せば，0.3％減）。
② 外国人は5.9％増の169万人（1995〈平成7〉年114万人）と増加し，前回と比較すると5.9％増。
③ 都道府県別では，人口増が9都道府県（東京都，神奈川県，千葉県，沖縄県，滋賀県，愛知県，埼玉県，大阪府，福岡県）で，人口減は38府県（秋田県，青森県，高知県，岩手県，山形県，長崎県，島根県など）（**表1-2，図1-1**）。
④ 市町村別では，人口が減少したのは全国1,728市町村（東京都特別区は1市とする）のうち1,321市町村（全体の3/4）で，増加した市町村は残りの407市町村（23.6％）（**表1-3**）。
⑤ 年齢別人口では，年少人口は1,684万人で13.1％（前回は13.8％）減少，生産年齢人口は8,173万人で63.8％（前回は66.1％）と減少を示し，老年人口は2,948万人で23.0％（前回20.2％）と増加している（**表1-1**）。

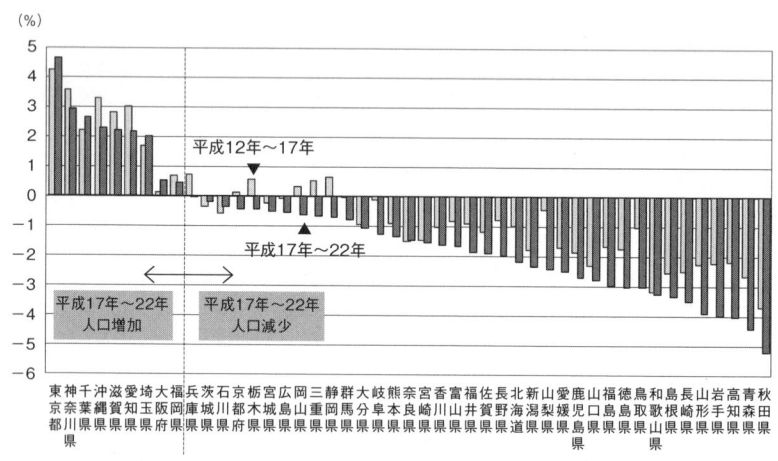

図1-1 都道府県別人口増減率（平成12年～17年，平成17年～22年）

表1-2 年齢（3区分）別人口の割合—都道府県（平成17年，22年）

都道府県	平成22年 割合（%） 0～14歳	15～64歳	65歳以上	平均年齢（歳）	17年 割合（%） 0～14歳	15～64歳	65歳以上	平均年齢（歳）	平成17年～22年の差 ポイント 0～14歳	15～64歳	65歳以上	平均年齢（歳）
全国	13.2	63.8	23.0	45.0	13.8	66.1	20.2	43.3	−0.5	−2.3	2.8	1.7
北海道	12.0	63.3	24.7	46.5	12.8	65.8	21.5	44.4	−0.8	−2.4	3.3	2.1
青森県	12.6	61.7	25.8	47.0	13.9	63.4	22.7	44.7	−1.3	−1.8	3.0	2.3
岩手県	12.7	60.1	27.2	47.4	13.8	61.6	24.6	45.4	−1.1	−1.5	2.6	2.0
宮城県	13.2	64.4	22.3	44.6	13.8	66.2	20.0	42.8	−0.6	−1.7	2.4	1.8
秋田県	11.4	59.0	29.6	49.3	12.4	60.6	26.9	47.1	−1.0	−1.6	2.6	2.2
山形県	12.8	59.6	27.6	47.6	13.7	60.8	25.5	45.8	−0.9	−1.2	2.1	1.8
福島県	13.7	61.3	25.0	46.1	14.7	62.6	22.7	44.2	−1.0	−1.3	2.3	1.9
茨城県	13.5	64.0	22.5	44.9	14.2	66.4	19.4	43.1	−0.7	−2.4	3.1	1.8
栃木県	13.6	64.4	22.0	44.8	14.2	66.4	19.4	43.1	−0.6	−2.0	2.6	1.7
群馬県	13.8	62.7	23.6	45.3	14.4	65.0	20.6	43.6	−0.7	−2.3	3.0	1.7
埼玉県	13.3	66.3	20.4	43.6	14.0	69.5	16.4	41.8	−0.7	−3.3	4.0	1.8
千葉県	13.0	65.4	21.5	44.3	13.6	68.8	17.6	42.4	−0.5	−3.4	3.9	1.9
東京都	11.4	68.2	20.4	43.8	11.5	70.0	18.5	42.8	−0.1	−1.8	1.9	1.0
神奈川県	13.2	66.6	20.2	43.4	13.5	69.6	16.9	41.8	−0.3	−3.0	3.3	1.6
新潟県	12.8	61.0	26.3	47.0	13.6	62.4	23.9	45.2	−0.9	−1.5	2.3	1.8
富山県	13.0	60.8	26.2	46.9	13.5	63.3	23.3	45.3	−0.4	−2.5	2.9	1.6
石川県	13.7	62.6	23.7	45.3	14.2	64.9	20.9	43.7	−0.4	−2.3	2.8	1.6
福井県	14.0	60.8	25.2	46.0	14.7	62.7	22.6	44.3	−0.7	−1.9	2.5	1.7
山梨県	13.4	61.9	24.6	45.8	14.4	63.7	21.9	43.9	−1.0	−1.7	2.7	1.9
長野県	13.8	59.7	26.5	46.6	14.4	61.8	23.8	44.9	−0.6	−2.1	2.7	1.7
岐阜県	14.0	61.9	24.1	45.3	14.5	64.5	21.0	43.5	−0.5	−2.6	3.1	1.8
静岡県	13.7	62.5	23.8	45.4	14.2	65.3	20.6	43.6	−0.5	−2.7	3.3	1.8
愛知県	14.5	65.2	20.3	42.9	14.8	67.9	17.3	41.5	−0.3	−2.7	3.0	1.4
三重県	13.7	62.0	24.3	45.4	14.3	64.2	21.5	43.8	−0.6	−2.2	2.8	1.6
滋賀県	15.1	64.2	20.7	43.1	15.5	66.3	18.1	41.6	−0.4	−2.2	2.6	1.5
京都府	12.9	63.8	23.4	44.8	13.1	66.7	20.2	43.2	−0.2	−3.0	3.2	1.6
大阪府	13.3	64.4	22.4	44.3	13.8	67.5	18.7	42.6	−0.6	−3.2	3.7	1.7
兵庫県	13.7	63.3	23.1	44.9	14.3	65.8	19.9	43.1	−0.6	−2.6	3.2	1.8
奈良県	13.2	62.8	24.0	45.4	13.9	66.1	20.0	43.4	−0.7	−3.3	4.0	2.0
和歌山県	12.9	59.9	27.3	47.3	13.8	62.1	24.1	45.5	−0.9	−2.2	3.2	1.8
鳥取県	13.4	60.3	26.3	46.9	14.0	61.9	24.1	45.1	−0.6	−1.6	2.2	1.8
島根県	12.9	58.0	29.1	48.4	13.6	59.3	27.1	46.7	−0.6	−1.3	1.9	1.7
岡山県	13.7	61.1	25.1	45.7	14.1	63.4	22.5	44.2	−0.4	−2.3	2.7	1.5
広島県	13.7	62.4	23.9	45.3	14.1	64.9	21.0	43.8	−0.4	−2.5	2.9	1.5
山口県	12.7	59.3	28.0	47.7	13.2	61.8	25.0	46.1	−0.5	−2.5	2.9	1.6
徳島県	12.4	60.6	27.0	47.6	13.1	62.6	24.4	45.6	−0.7	−1.9	2.6	2.0
香川県	13.4	60.7	25.8	46.7	13.8	62.9	23.3	45.0	−0.4	−2.2	2.5	1.7
愛媛県	13.0	60.4	26.6	47.1	13.7	62.4	24.0	45.4	−0.6	−2.0	2.6	1.7
高知県	12.2	59.0	28.8	48.4	12.9	61.2	25.9	46.5	−0.6	−2.2	2.8	1.9
福岡県	13.6	64.1	22.3	44.5	14.0	66.2	19.9	42.9	−0.4	−2.1	2.5	1.6
佐賀県	14.6	60.7	24.6	45.6	15.2	62.1	22.6	43.9	−0.7	−1.3	1.9	1.7
長崎県	13.6	60.4	26.0	46.8	14.6	61.8	23.6	44.8	−1.0	−1.4	2.4	2.0
熊本県	13.8	60.5	25.6	46.2	14.3	61.9	23.8	44.7	−0.5	−1.4	1.9	1.5
大分県	13.1	60.3	26.6	46.9	13.6	62.1	24.3	45.4	−0.6	−1.8	2.3	1.5
宮崎県	14.0	60.2	25.8	46.5	14.7	61.8	23.5	44.7	−0.6	−1.6	2.3	1.8
鹿児島県	13.7	59.8	26.5	46.8	14.4	60.8	24.8	45.1	−0.7	−1.0	1.7	1.7
沖縄県	17.8	64.8	17.4	40.7	18.7	65.2	16.1	39.1	−0.9	−0.4	1.3	1.6

第1節 人口の変化

表 1-3　市町村別人口及び人口増減数―上位 20 市町村（平成 17 年～22 年）

順位	人口増加数の多い市町村	人口 平成22年	増加数[1] 平成17年～22年	人口減少数の多い市町村	人口 平成22年	減少数[1] 平成17年～22年
1	東京都特別区部	8,945,695	456,042	福岡県北九州市	976,846	－16,679
2	神奈川県横浜市	3,688,773	109,145	北海道函館市	279,127	－15,137
3	神奈川県川崎市	1,425,512	98,501	福島県いわき市	342,249	－12,243
4	福岡県福岡市	1,463,743	62,464	青森県青森市	299,520	－11,866
5	愛知県名古屋市	2,263,894	48,832	長崎県長崎市	443,766	－11,440
6	埼玉県さいたま市	1,222,434	46,120	広島県呉市	239,973	－11,030
7	千葉県船橋市	609,040	39,205	北海道小樽市	131,928	－10,233
8	千葉県千葉市	961,749	37,430	山口県下関市	280,947	－9,746
9	大阪府大阪市	2,665,314	36,503	秋田県秋田市	323,600	－9,509
10	北海道札幌市	1,913,545	32,682	北海道釧路市	181,169	－9,309
11	千葉県柏市	404,012	23,049	兵庫県尼崎市	453,748	－8,899
12	東京都町田市	426,987	21,443	長崎県佐世保市	261,101	－8,473
13	宮城県仙台市	1,045,986	20,860	北海道旭川市	347,095	－7,909
14	埼玉県川口市	500,598	20,519	神奈川県横須賀市	418,325	－7,853
15	東京都八王子市	580,053	20,041	福岡県大牟田市	123,638	－7,452
16	広島県広島市	1,173,843	19,452	愛媛県今治市	166,532	－7,451
17	兵庫県神戸市	1,544,200	18,807	熊本県天草市	89,065	－7,408
18	兵庫県西宮市	482,640	17,303	岩手県一関市	118,578	－7,240
19	神奈川県相模原市	717,544	15,924	静岡県静岡市	716,197	－7,126
20	茨城県つくば市	214,590	14,062	青森県八戸市	237,615	－7,085

市町村別人口及び人口増減率―上位 20 市町村（平成 17 年～22 年）

順位	人口増加率の多い市町村	人口 平成22年	増加率[1] ％ 平成17年～22年	人口減少率の多い市町村	人口 平成22年	減少率[1] ％ 平成17年～22年
1	三重県朝日町	9,626	35.3	奈良県野迫川村	524	－29.5
2	東京都御蔵島村	348	19.2	高知県大川村	411	－23.6
3	茨城県守谷市	62,482	16.4	北海道占冠村	1,394	－23.4
4	熊本県菊陽町	37,734	16.3	奈良県黒滝村	840	－21.9
5	埼玉県伊奈町	42,494	16.3	山梨県小菅村	816	－19.8
6	千葉県白井市	60,345	13.8	沖縄県座間味村	865	－19.7
7	宮城県富谷町	47,042	13.1	奈良県川上村	1,643	－19.7
8	沖縄県北大東村	665	13.1	山梨県早川町	1,246	－18.8
9	埼玉県滑川町	17,323	12.2	長野県平谷村	563	－18.2
10	沖縄県中城村	17,680	11.9	長野県小谷村	3,221	－17.8
11	愛知県長久手町	52,022	11.9	奈良県東吉野村	2,143	－17.8
12	大阪府田尻町	8,085	11.7	群馬県南牧村	2,423	－17.3
13	福岡県粕屋町	41,997	11.4	長野県天龍村	1,657	－17.2
14	富山県舟橋村	2,967	11.0	北海道奥尻町	3,033	－16.7
15	長野県軽井沢町	19,018	10.9	新潟県粟島浦村	366	－16.4
16	東京都稲城市	84,835	10.9	北海道夕張市	10,922	－16.0
17	東京都利島村	341	10.7	北海道歌志内市	4,387	－16.0
18	茨城県つくばみらい市	44,461	10.7	青森県今別町	3,217	－15.7
19	埼玉県八潮市	82,977	9.9	北海道上ノ国町	5,428	－15.4
20	東京都三宅村	2,676	9.7	北海道神恵内村	1,122	－14.9

（注）東京都特別区部は 1 市として計算。
1) 期末時の境界による。

- 都道府県別にみると，かつては西日本の県が老年人口比率が高くなる傾向がみられたが，徐々に東日本の秋田県，山形県，長野県などでその比率が上昇してきた。現在では，人口高齢化が全国的に進行し，2010（平成22）年の国勢調査の結果では，秋田県（29.6％）を筆頭に，島根県（29.1％），高知県（28.8％），山口県（28.0％），山形県（27.6％），和歌山県（27.3％），岩手県（27.2％），徳島県（27.0％），愛媛県（26.6％），大分県（26.6％），鹿児島県（26.5％），長野県（26.5％），新潟県（26.3％），鳥取県（26.3％），富山県（26.2％），長崎県（26.0％）の順になっている。
- 逆に老年人口比率が低い県は，沖縄県（17.4％），神奈川県（20.2％），愛知県（20.3％），埼玉県（20.4％），滋賀県（20.7％），千葉県（21.5％），栃木県（22.0％），宮城県（22.3％），福岡県（22.3％），大阪府（22.4％），茨城県（22.5％）であり，沖縄県はUターン者が多かったり，他の都府県は転入者が多いなどの理由があると考えられる。

⑥　総世帯数は5,195万世帯で，一般世帯は5,184万世帯で，世帯人員は1人世帯が1,679万世帯と最も多く，一般世帯の3割（32.4％）を超えた。世帯の種類別でみると，一般世帯（1985〈昭和60〉年以降は，一般世帯，施設等の世帯に分類）が初めて5,000万世帯を超えた。

⑦　1世帯当たりの構成人員は，1990（平成2）年に2.99人，1995（平成7）年に2.82人，2000（平成12）年に2.67人，2005（平成17）年に2.55人，2010（平成22）年に2.42人と減少してきている。一般世帯（5,184万世帯）を世帯人別でみると，単独世帯（1人世帯）が全体の1/3（1,679万世帯で一般世帯5,184万世帯の32.4％）を占めた（**表1-4**，**表1-5**）。

⑧　家族類型を一般世帯でみると，「単独世帯」（一人暮らし世帯）は全体の1/3（32.4％）（1,679万世帯），「夫婦と子供から成る世帯」は27.9％（1,444万世帯），「夫婦のみの世帯」19.8％（1,024万世帯），「ひとり親と子供から成る世帯」は8.7％（452万世帯）であり，**図1-2**と**表1-6**に示すように単独世帯の増加が著しいことがわかる。

⑨　単独世帯（65歳以上）は，1995（平成7）年では220万人，2000（平

表 1-4 総世帯数，一般世帯数，一般世帯人員，一般世帯の1世帯当たり人員，施設等の世帯数及び施設等の世帯人員の推移―全国
(平成2年～22年)

	年　　次	総世帯[1)]　世帯数（千世帯）	一　般　世　帯			施設等の世帯	
			世帯数（千世帯）	世帯人員（千人）	1世帯当たり人員（人）	世帯数（千世帯）	世帯人員（千人）
実数	平成2年	41,036	40,670	121,545	2.99	104	1,742
	7年	44,108	43,900	123,646	2.82	101	1,794
	12年	47,063	46,782	124,725	2.67	102	1,973
	17年	49,566	49,063	124,973	2.55	100	2,312
	22年	51,951	51,842	125,546	2.42	108	2,512
増減数	平成2年～ 7年	3,072	3,229	2,101	－0.17	－3	52
	7年～12年	2,955	2,882	1,079	－0.15	1	179
	12年～17年	2,504	2,280	249	－0.12	－1	340
	17年～22年	2,384	2,780	572	－0.13	8	199
増減率(％)	平成2年～ 7年	7.5	7.9	1.7	－5.8	－3.3	3.0
	7年～12年	6.7	6.6	0.9	－5.3	0.8	10.0
	12年～17年	5.3	4.9	0.2	－4.5	－1.3	17.2
	17年～22年	4.8	5.7	0.5	－4.9	7.9	8.6

1) 世帯の種類「不詳」を含む。

表 1-5 世帯人員別一般世帯数の推移―全国 (平成2年～22年)

	年　　次	総数	1人	2人	3人	4人	5人	6人	7人以上
実数（千世帯）	平成2年	40,670	9,390	8,370	7,351	8,788	3,805	1,903	1,064
	7年	43,900	11,239	10,080	8,131	8,277	3,512	1,713	948
	12年	46,782	12,911	11,743	8,810	7,925	3,167	1,449	776
	17年	49,063	14,457	13,024	9,196	7,707	2,848	1,208	623
	22年	51,842	16,785	14,126	9,422	7,460	2,572	985	493
増減数	平成2年～ 7年	3,229	1,850	1,710	781	－511	－293	－190	－116
	7年～12年	2,882	1,672	1,663	679	－352	－345	－264	－171
	12年～17年	2,280	1,546	1,280	386	－218	－320	－241	－153
	17年～22年	2,780	2,327	1,102	226	－247	－276	－223	－130
増減率(％)	平成2年～ 7年	7.9	19.7	20.4	10.6	－5.8	－7.7	－10.0	－10.9
	7年～12年	6.6	14.9	16.5	8.4	－4.3	－9.8	－15.4	－18.1
	12年～17年	4.9	12.0	10.9	4.4	－2.7	－10.1	－16.6	－19.7
	17年～22年	5.7	16.1	8.5	2.5	－3.2	－9.7	－18.5	－20.8
割合(％)	平成2年	100.0	23.1	20.6	18.1	21.6	9.4	4.7	2.6
	7年	100.0	25.6	23.0	18.5	18.9	8.0	3.9	2.2
	12年	100.0	27.6	25.1	18.8	16.9	6.8	3.1	1.7
	17年	100.0	29.5	26.5	18.7	15.7	5.8	2.5	1.3
	22年	100.0	32.4	27.2	18.2	14.4	5.0	1.9	1.0

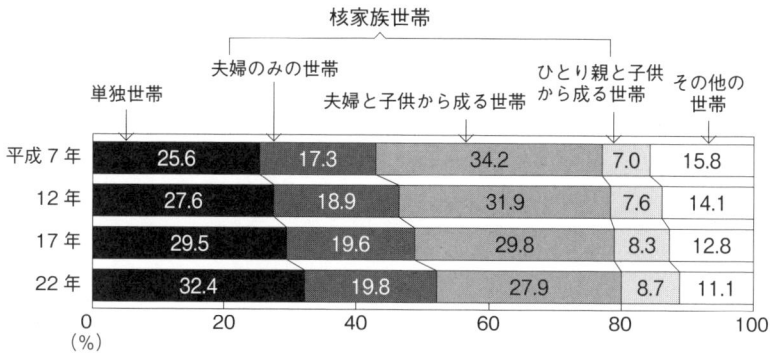

図 1-2 一般世帯の家族類型の割合の推移—全国（平成7年～22年）

(注) 平成7年から17年までの数値は、新分類区分による遡及集計結果による。

表 1-6 世帯の家族類型別一般世帯数の推移—全国（平成7年～22年）

世帯の家族類型	実数（千世帯）				割合（％）			
	平成7年	12年	17年	22年	平成7年	12年	17年	22年
総数[1]	43,900	46,782	49,063	51,842	100.0	100.0	100.0	100.0
単独世帯	11,239	12,911	14,457	16,785	25.6	27.6	29.5	32.4
核家族世帯	25,703	27,273	28,327	29,207	58.5	58.3	57.7	56.4
夫婦のみの世帯	7,606	8,823	9,625	10,244	17.3	18.9	19.6	19.8
夫婦と子供から成る世帯	15,014	14,904	14,631	14,440	34.2	31.9	29.8	27.9
ひとり親と子供から成る世帯	3,083	3,546	4,070	4,523	7.0	7.6	8.3	8.7
その他の世帯	6,958	6,598	6,278	5,765	15.8	14.1	12.8	11.1

(注) 平成7年から17年までの数値は、新分類区分による遡及集計結果による。
1) 世帯の家族類型「不詳」を含む。

成12) 年303万人, 2005（平成17) 年387万人, 2010（平成22) 年479万人と増え続けている（**表 1-7**）。

(2) わが国の人口高齢化の特徴

わが国の人口高齢化の特徴は、次の3つに整理することができる。すなわち、①急速に進行する人口高齢化、②後期老年人口の増加、③地域差があること、である。

表 1-7　世帯の種類，男女別 65 歳以上人口の推移―全国（平成 7 年～22 年）

男女,年次	実数（千人帯）				割合（％）			
	65歳以上人口	うち単独世帯	うち社会施設の入所者	うち病院・療養所の入院者	65歳以上人口	うち単独世帯	うち社会施設の入所者	うち病院・療養所の入院者
総数								
平成7年	18,261	2,202	326	429	100.0	12.1	1.8	2.3
12年	22,005	3,032	485	528	100.0	13.8	2.2	2.4
17年	25,672	3,865	826	539	100.0	15.1	3.2	2.1
22年	29,246	4,791	1,201	449	100.0	16.4	4.1	1.5
男								
平成7年	7,504	460	81	134	100.0	6.1	1.1	1.8
12年	9,222	742	113	164	100.0	8.0	1.2	1.8
17年	10,875	1,051	192	177	100.0	9.7	1.8	1.6
22年	12,470	1,386	280	161	100.0	11.1	2.2	1.3
女								
平成7年	10,757	1,742	244	295	100.0	16.2	2.3	2.7
12年	12,783	2,290	371	364	100.0	17.9	2.9	2.8
17年	14,797	2,814	634	362	100.0	19.0	4.3	2.4
22年	16,775	3,405	921	287	100.0	20.3	5.5	1.7

急速な人口高齢化

　上述したように，わが国の人口高齢化は，他の国に例をみないほどの速さで進行している。先進国であるイギリス，ドイツ，フランス，スウェーデン，アメリカなどと比べてみても，わが国ではきわめて短い期間で高齢化が進行してきている。たとえば，わが国の老年人口比率が7％を超えたのが1970（昭和45）年であったが，1994（平成6）年には14％を超え，わずか24年間でその比率が2倍となった（諸外国の所要年数については**表 1-8** 参照）。

　21世紀をむかえ，わが国は世界でもっとも人口高齢化が進んだ国になっており，迅速な対応が求められている。

表 1-8　65歳以上人口の割合の推移—諸外国との比較
(1950年～2010年)　(%)

年次	日本	中国	韓国	インド	ロシア	イギリス	イタリア	フランス	ドイツ	ブラジル	カナダ	アメリカ
1950年	4.9	4.5	2.9	3.1	6.2	10.8	8.1	11.4	9.7	3.0	7.7	8.3
1955年	5.3	4.1	3.4	3.1	6.3	11.3	8.8	11.6	10.7	3.0	7.7	8.8
1960年	5.7	4.0	3.7	3.0	6.3	11.7	9.5	11.6	11.5	3.1	7.5	9.2
1965年	6.3	3.7	3.4	3.2	6.6	12.2	10.1	12.1	12.5	3.4	7.7	9.5
1970年	7.1	4.0	3.3	3.3	7.7	13.0	11.1	12.9	13.7	3.5	7.9	9.8
1975年	7.9	4.6	3.5	3.4	8.9	14.0	12.2	13.5	14.8	3.8	8.5	10.5
1980年	9.1	5.2	3.9	3.6	10.2	14.9	13.4	13.9	15.6	4.0	9.4	11.3
1985年	10.3	5.7	4.3	3.7	9.8	15.1	13.1	12.9	14.6	4.1	10.3	11.9
1990年	12.1	5.9	5.0	3.8	10.2	15.7	14.9	14.0	14.9	4.5	11.3	12.5
1995年	14.6	6.4	5.9	4.0	12.1	15.8	16.7	15.2	15.4	5.0	12.0	12.6
2000年	17.4	7.0	7.3	4.2	12.4	15.8	18.3	16.1	16.3	5.6	12.6	12.4
2005年	20.2	7.6	9.3	4.6	13.8	16.0	19.6	16.4	19.1	6.3	13.1	12.3
2010年	23.0	8.2	11.1	4.9	12.8	16.6	20.4	16.8	20.4	7.0	14.1	13.1

(資料) United Nations, "World Population Prospects, The 2010 Revision" による。
ただし、日本は国勢調査の結果による。

後期老年人口の増加

　後期老年人口（75歳以上の人口）も、国勢調査の結果をみると確実に増加してきていることがわかる。1970（昭和45）年に224万人（総人口に占める割合が2.1%）であったものが、1980（昭和55）年に284万人（2.5%）、1990（平成2）年に597万人（4.8%）、2000（平成12）年に889万人（7.1%）、2010（平成22）年に1,407万人（11.1%）と増加してきている。2010（平成22）年の国勢調査時点で、老年人口が2,925万人であり、そのうち、前期老年人口（65～74歳の人口）が1,517万人（52%）、後期老年人口（75歳以上の人口）1,407万人（48%）であり、2010（平成22）

年の前期老年人口と後期老年人口とは拮抗している。

　2002（平成14）年の中位推計では,「後期老年人口は2020（平成32）年に1,664万人（13.4％）という具合に増加し，2020（平成32）年までは前期老年人口が後期老年人口を上回り，2022（平成34）年には後期老年人口（1,720万人）が前期老年人口（1,610万人）を逆転すると推計したが，その後の人口高齢化はこの予測を上回るスピードで進行してきている。

　いずれにしても，後期老年人口が増加することは，援護を必要とする高齢者（虚弱，寝たきり，認知症などの高齢者）が増えることになり，これらに対応しうるケアシステムの構築が求められる。また，忘れてならないことは男性よりも女性の割合が高いことである。たとえば，100歳以上の高齢者も女性が多い。厚生労働省によれば，100歳以上の高齢者数は，1963（昭和38）年には153人にしかすぎなかったが，1981（昭和56）年には1,000人を超え，その後うなぎ上りに増加し，2013（平成25）年には5万4,397人になった。それを男女別にみると，男性12.5％（6,791人），女性86.5％（4万7,606人）となっており，女性の割合が高い。

地域差

　人口高齢化率は都道府県によって大きく異なる。また，同じ都道府県内にあっても市町村によって違っている。都道府県レベルでみると，かつては西日本の県で老年人口比率が高く，東日本の県は低いという傾向（いわば「西高東低」）があったが，今日では概して若者が就職や進学などで転出する割合が比較的高い県で老年人口比率が高く，逆に人々が転入する都道府県で低い。人口の社会増が自然増を上回ることによって，人口高齢化の実態が異なってくる。

2　人口高齢化の背景

　高齢者が増加し，人口高齢化が進行する背景にはさまざまな要因が考えられるが，次のように整理できる。

(1) 医療技術の進歩，受診機会の増加

現代社会における医学と医療技術の進歩には，目をみはるものがある。また，わが国においては1961（昭和36）年からの「国民皆保険・皆年金体制の確立」によって，傷病の際には気軽に治療を受けることが可能となった。これらの結果，長寿が実現することになった。

厚生労働省の「生命表」（2010〈平成22〉年以外は完全生命表）によれば，平均寿命は，1947（昭和22）年に男性50.06年，女性53.96年であったが，2000（平成12）年に男性77.72年，女性84.60年，2010（平成22）年に男性79.64年，女性86.39年，2012（平成24）年男性79.94年，女性86.41年と大幅に延びてきている。また，100歳以上の高齢者も増加しており，総務省統計局によれば，2008（平成20）年現在，100歳以上の高齢者は3万6,276人（男性5,063人，女性3万1,213人）となり，すでに2013（平成25）年9月には5万4,397人となっている。

平均寿命が延びた原因は，①乳幼児死亡率の低下，②結核等の感染症による死亡率の減少，③中高年者の死亡率改善をあげることができる。

(2) 食生活の向上・栄養状態の改善

かつての貧しい時代には，限られた食品によって辛うじて栄養補給をしていたが，今日ではさまざまな食品によって必要とされるカロリー摂取が可能となっている。その結果，人間一人ひとりの発達段階におけるバランスのとれた食生活が実現し，寿命が延びてきている。今日では，生活習慣病の予防の観点から，自分の運動量や体調などに応じた必要な栄養補給（カロリー摂取）が強調されるまでになっている。

(3) 合計特殊出生率の低下

晩婚化や非婚化などに伴って出生率が低下してきている。戦後の第一次ベビーブーム期（1947～1949〈昭和22～24〉年，ほぼ出生数は260万人台であり，ピークの1949〈昭和24〉年には270万人）には子どもの数が多かったが，元号が平成になってからは120万人前後にまで減少し，近年では105万人前後で推移している。

表 1-9 合計特殊出生率

大正 14-5.10	昭和 50-1.91	平成 7-1.42
昭和 15-4.11	昭和 55-1.75	平成 9-1.39
昭和 22-4.54	昭和 60-1.76	平成 10-1.38
昭和 25-3.65	平成 1-1.57	平成 11-1.34
昭和 30-2.37	平成 2-1.54	平成 13-1.33
昭和 35-2.00	平成 3-1.53	平成 16-1.29
昭和 40-2.14	平成 4-1.50	平成 17-1.26
昭和 45-2.13	平成 6-1.50	平成 22-1.39

合計特殊出生率（図1-3，表1-9）とは，15～49歳までの女性の年齢別出生率を合計し，それを同じ年齢女性人口の合計で除したものである。すなわち，一人の女性が一生の間に産む子どもの数を表す。近年は1.3人前後で推移している。

なお，人口高齢化の指標としてもっとも使用される用語が，老年人口比率である。すでに述べたように，確かに生活水準の向上，医療技術の進歩などによる死亡率の低下や平均寿命の延びが高齢者の増加の理由（背景）としてあげることができる。しかし，人口高齢化の実態を的確に把握するためには，単に老年人口のみをとらえるのではなく，年少人口の動態と関連させて理解しなければならない。

第2節
要介護高齢者の増加

1 高齢者の側から

生き物である人間は，齢を重ねる伴って，「依存性」（Dependency）が増大する。たとえば，ストレーラー B.L.（Strehler B.L.）は，老化の特性として，次の4点を指摘した。すなわち，①普遍性（早いか遅いかの相違

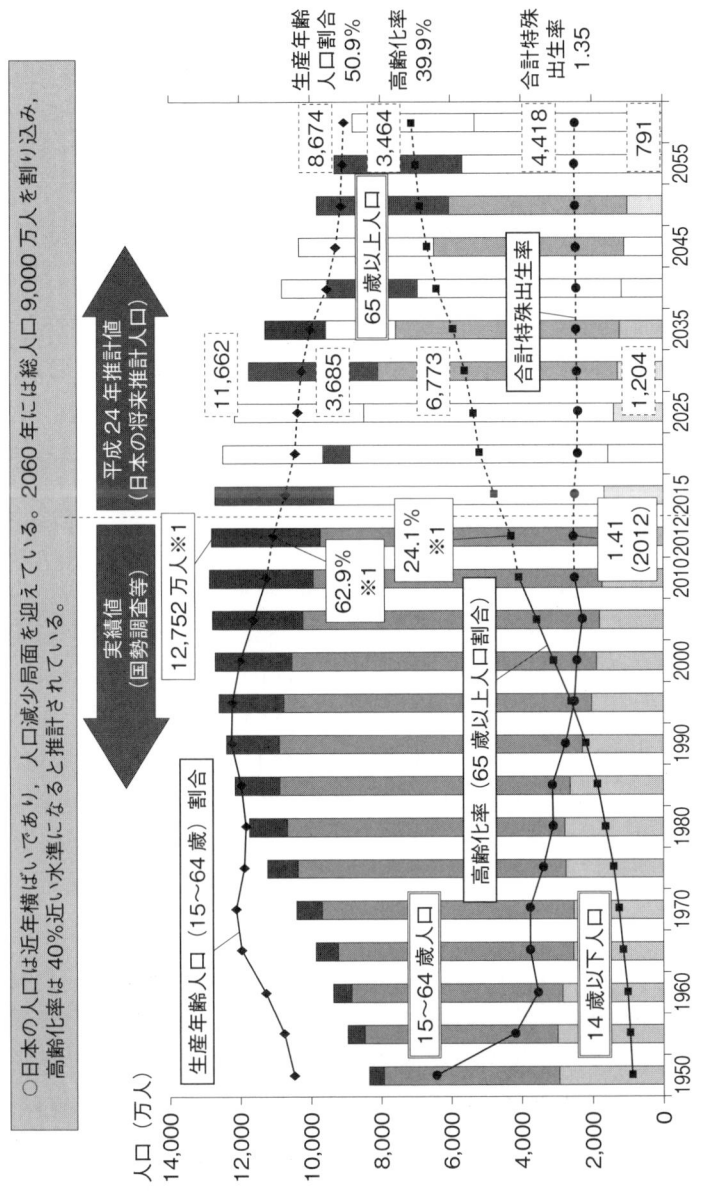

図 1-3　日本の人口の推移

はあるが，すべての人間は老化する），②内在性（老化は環境因子の影響を受けるとしても，本質的には体内の因子によって必ず生じる），③進行性（老化は時間の経過とともに生じ，進行し，元に戻ることはできない），④退行性（老化は身体の機能を衰退させるが，それは身体にとって好ましい現象ではない）である。

老化に伴って抱える問題を，次のように3点で整理できる。

（1）健康問題

心身機能の低下に伴って日常生活動作能力（ADL：Activities of Daily Living）の低下につながり，治療・介護が必要となる。厚生労働省の「患者調査」によれば，患者数（入院および通院）に占める65歳以上高齢者の割合は，1960（昭和35）年の5％（患者総数449万人，65歳以上23万人），2005（平成17）年の47％（患者総数856万人，65歳以上402万人），2011（平成23）年の49％（患者総数860万人，65歳以上425万人）へと増加してきている。

また，厚生労働省の「医療施設調査・病院報告」によれば，平均在院日数（一般病床分）は2001（平成13）年現在で28.3日となっている。ちなみに，アメリカ6.7日，フランス13.5日，ドイツ11.6日，イギリス8.3日である。さらに，2011（平成23）年の「患者調査」によれば，病院退院患者平均在院日数は，0～14歳で8.9日，15～34歳で14.0日，35～64歳で27.3日，65歳以上で44.8日となっており，年齢が高いほど入院期間が長くなる傾向がみられる。

いずれにしても身体は，老化に伴ってさまざまな程度の退行変性（加齢に伴う組織の生理機能の低下によって生じる病変）を生じる。老化による生理機能の低下は予備能力の減少，廃用症候群（屈曲性片麻痺，起立性低血圧など），老年性症候群（感覚障害，精神機能脆弱化，摂食・嚥下障害，低栄養，脱水，免疫機能低下，褥瘡，異常姿勢，歩行障害，易転倒性，排尿障害など）につながり，要介護になりやすい。

(2) 経済問題

多くの人は，一定の年齢に達すると，定年（労働からの引退）をむかえる。そのことは，所得の減少・喪失を意味する。厚生労働省の「国民生活基礎調査（2010〈平成22〉年）」によれば，全世帯の平均所得は538万円（世帯人員一人当たり200.4万円，平均世帯人員2.63人），高齢者世帯のそれは307万2,000円（世帯人員一人当たり195万5,000円，平均世帯人員1.54人）となっている。また，同じ調査結果によれば，公的年金・恩給の総所得に占める構成割合は67.5％と高く，公的年金が老後の生活費の中心を占めている。

(3) 生きがい問題

人間は，地位と役割をもって社会生活を営んでいる。地位には，権限・権威・報酬などの有形と無形の資源が配分されている。また，役割をもつことで自分自身の欲求を充足することにつながるし，周囲からその地位にふさわしい役割を果たすこと（役割期待）が求められる。しかし，齢を重ねることにより，徐々にその人が築いてきた地位が他の人にシフトし，果たすことが期待される役割遂行の機会も少なくなってくる。認知症の研究で有名な長谷川和夫は，かつて次のようなことを指摘している。すなわち，「老年期は二つ以上の喪失が同時に複合し起こる『複合喪失』である」と。確かに，老年期は高齢者にとって，社会的役割が縮小・喪失してくる時期であり，新たな社会的役割（生きがい）の創造が必要になってくる。

「齢を重ねる」，「年寄りになる」ということは，人間にとってきわめて哲学的なことかもしれない。司馬遼太郎は激動の時代に生きた日本人に焦点を当てた作品（小説）を世に出した作家であるが，彼の作品の一つに『箱根の坂（上・中・下）』（講談社文庫）がある。この小説は伊勢新九郎（後の北条早雲）の若かりし頃からの歩みを記したものである。中巻に，「年寄とは自分よりも年齢の若い者の傍らに座って，何か知恵を出すことを求められた時に控え目に意見を言う役割を果たした」と記している。また，シモーヌ・ド・ボーヴォワール（Simone de Beauvoir）はその著書『老い』の中で，「生」に対立するのは「死」ではなく，「老い」であると指摘した。

つまり，生の対極にあるのは，死の手前にある「老い」ということを言ったのである。

1960年代（昭和35～44年）以降，サクセスフル・エイジング（幸福な老い）という考え方が提唱されてきており，わが国で用いられている「生きがい」よりも広い概念となっている。また，1982（昭和57）年頃アメリカでプロダクト・エイジング（生産的加齢，Productive Aging）の概念も提唱されてきており，依存的・非生産的であるとみなされてきた高齢者のイメージを打破する積極的な考え方が含まれている。いずれにしても，生きがいの創造が必要になってくる。

いずれにしても，高齢者福祉の目標は，高齢者の一人ひとりが「豊かで明るく安心した社会生活」を営むことができるような社会システムを確立することである。この場合，加齢に伴って生じる住宅，所得，医療，介護，福祉，社会参加，生きがいなどの高齢者の生活全般にかかわるニーズをどのように充足していくかが問われている。

2　家族の側から

(1) 家族を取り巻く経済・社会状況の変化

第二次世界大戦後のとりわけ高度経済成長期以降，わが国全体が大きく変容した。つまり産業構造，産業別就業者，家族形態，家族の意識などが大きく変わったのである。たとえば，総務庁（当時）が実施した「労働力調査」をみてみよう。

就業者を産業別にみると，59年前の1955（昭和30）年では第一次産業従事者は37.5％，第二次産業では24.4％，第三次産業では38.0％であった。1998（平成10）年になると，第一次産業5.3％（343万人），第二次産業31.5％（2,050万人），第三次産業62.7％（4,084万人）となり，2006（平成18）年では第一次産業4.3％，第二次産業27.0％，第三次産業68.7％と変化してきている。被雇用者は86.2％となり，雇用形態もパートタイマー，フリーアルバイター，派遣労働者らと，激しく多様化してきている。

女性の労働力も変化してきており，1955（昭和30）年の2,099万人から，

約50年後の2006(平成18)年には3,324万人と増加をしてきている。また，わが国の女性労働力人口比率の特徴とされてきた「M字型曲線」(30歳前半の女性は子育て中の人が多いので，就労する人が少なくなる)もなだらかなカーブを示すようになってきている。さらには有配偶女性の就業率もアップしてきている。

このように1960年代（昭和35～44年）以降における高度経済成長を境に，社会全体が大きく変容してきたことがわかる。家族にとっても例外ではない。就業構造の変化に伴って，わが国の家族は大きな変貌をとげた。第一次産業に従事する人々が多い時代であれば，働く場所と住む場所が同じ（職住近接）場合が多く，家族も大家族であった。しかし，企業に勤める人が増加するに伴い，働く場所と住む場所は近くである必要はなくなっていった（職住分離）。とくにサラリーマンは，住む場所は自分の都合（家賃や個人の志向など）によって決めることになってきた。

家族形態としては大家族から小家族へ，家族機能の面からみると，家族機能は低下してきているといえる。扶養意識をみると，各種の意識調査結果によっても以前とかなり変わってきている。かつての伝統的家族が有する家族機能（経済，地位付与，教育，保護，宗教，娯楽，愛情）は縮小・弱体化してきている。

(2) 介護問題

家族構造が様変わりした現代社会にあって，どこまで家族による老親扶養（介護も含める）が可能であろうか。高齢者の医療と所得は社会システムとして機能しているので，家族が一方的に負担することにはならない。しかし，介護に関しては多くの課題が山積している。

1995（平成7）年に，『新たな高齢者介護システムの構築を目指して―高齢者介護・自立支援システム研究会報告書―』（厚生省高齢者介護対策本部事務局監修）が公表された。その中で，次のようなことが指摘された。少し長くなるが引用する。

「今日，高齢者介護の問題は，個人の人生にとってはもちろんのこと，その家族，さらにはわが国社会全体にとっても大きな課題となってい

る。」と冒頭に記し，問題の所在として，次のように整理した。

(1) <u>高齢社会における介護問題</u>⇒高齢者介護は，まさに現代が抱える課題である。……（中略）……介護を要する高齢者数は激増し，介護期間も長期化しており，その意味で今日の介護は，高齢者の「生活を支える介護」であり，かつて家族が担ってきた介護とは量的にも質的にも大きく異なるものである。

(2) <u>「個人の人生」にとっての介護問題</u>
- 老後生活の不安要因（心豊かな老後生活の可能性を喪失させる，大きな不安要因として受け止められている）
- 将来設計としての問題（1・2・4現象→1人の子どもが2人の両親，さらに4人の祖父母を持つという状況）

(3) 家族にとっての介護問題
- 家族の重い負担（介護にかかる社会的コストの半分以上は家族が負っている，家族の心身の負担は非常に重くなっている）
- 介護サービスの立ち遅れ（介護が必要とされる時に，近くに頼れる介護施設や在宅サービスが存在しない，あっても手続きが面倒で時間がかかる，介護の方法など問題を相談できる相手がいない，介護に関する総合的な相談窓口がない）
- 高齢者と家族の関係（家族による介護放棄や虐待の問題が指摘されている，痴呆症（現在は認知症と表記）に伴う財産保護や身上保護はどうあるべきかといった課題）

(4) 社会にとっての介護問題
- 家族介護に伴う問題（退職・転職・休職等により，本人や家族はもちろんのこと，企業や社会全体にとっても大きな損失となっている。しかも，今日の高齢者介護は，家族が全てを担えるような水準を超えており，高齢者の「生活の質（QOL）」の改善の点でも，家族のみの介護には限界がある）
- 女性問題としての介護問題（介護を主婦労働に依存することは主婦にとって大きな負担となっており，特に介護者自身高齢化しつつある状況において，高齢女性にかかる負担は過重である。……（中略）……

女性が介護のために離職を余儀なくされているような場合もみられるが，こうしたことは女性のキャリア蓄積の阻害要因となる）
- 国民経済に見た介護問題（社会全体が負担している介護コストは，国民経済計算上，社会保障給付費に計上されているものだけではなく，目に見えない形で家族や企業，さらには高齢者本人が負っている負担も含んで考える必要がある）。

以上の指摘は，時間を経た今日でも的を射た指摘である。介護問題は単に家族だけではなく，地域社会そして社会全体の共通する課題と認識すべきである。高齢者の「生活を支える介護」をどのように構築していくかが大きな課題である。

≪参考文献≫

① Strehler BL, Mildvan As, General theory of mortality and aging, Science（1960）
② 経済協力開発機構（OECD）『図表でみる世界の主要統計 OECD ファクトブック（2011-2012 年版）』明石書店（2012）
③ 人口学研究会編『現代人口辞典』原書房（2010）
④ 『少子高齢社会総合統計年報 2013』三冬社（2012）
⑤ 厚生労働省編『厚生労働白書』（各年版）
⑥ 厚生労働統計協会編『国民の福祉と介護の動向』厚生労働統計協会（各年版）
⑦ OECD 編（小島克久ほか訳）『格差は拡大しているか　OECD 加盟国における所得分布と貧困』明石書店（2010）
⑧ 総務省統計局ホームページ「国勢調査」「人口推計」「労働力調査」その他
⑨ 厚生労働省ホームページ「国民生活基礎調査」その他
⑩ 日本老年医学会編『改訂版　老年医学テキスト』メディカルビュー社（2002）

第2章

社会福祉の主体（組織）

はじめに

　物事を理解したり文章をまとめたりする際に、「5W1H」を含んで整理すると、自分にも、受け手にもわかりやすい文章にすることができる。すなわち、誰が（主体）、誰に（対象）、何のために（目的）、いつ（時）、どこで（場所）、どのようにして（方法）、という視点から物事を考えていくと、全体像がとらえやすくなる。このことは、社会福祉（とくに社会福祉制度）を理解しようとする場合も同じことがいえる。

　本稿では、第二次世界大戦後における社会福祉施策の展開の足跡をたどり、社会福祉サービスの提供主体（組織）について整理していく。

第1節
主体とは何か

1　整理の前提

　社会福祉の「主体」と「対象」をどのように規定するかという問題は、大きな論点となってきた[1]。なぜならば、社会福祉の主体と対象を明確にすることは、社会福祉の概念（全体像）を規定することを意味し、また社会福祉の固有の領域と存在意義を明確にすることにつながるからである。

　社会福祉の歴史をみると、博愛（Philanthropy）や慈善（Charity）などの形で、保護や援助を必要とする人々を支えてきた歩みがある[2]。それらの担い手は、親類や近隣住民であったり、集落・教区（Parish）全体であったりした。

　以上のような相互扶助等の行為は、資本主義社会の成立に伴う貧困者の激増によって、その比重と役割は相対的に低下することになった。すなわち、労働力の保全培養を目的とする社会政策や、体制維持を目的とする貧困対策としての社会事業に転換せざるをえなくなった。

　第二次世界大戦後のわが国の場合、日本国憲法第25条と生活保護法について争った「朝日訴訟」や「堀木訴訟」などに示されたプログラム規定

説が有力な見解であるとしても，日本国憲法第25条の生存権保障の規定によって，国および地方公共団体—政策主体による社会保障制度・社会福祉制度が確立されてきた。すなわち，医療保障および所得保障に対応する社会保険，生活保護に代表される公的扶助，国民の個別的ニーズを充足する社会福祉事業（社会福祉サービス）などが制度化されてきた。

高沢武司が指摘したように，第二次世界大戦後の社会福祉制度の成立，展開過程で，社会福祉の主体と対象の一元化が起きてきたのである。クライアント（利用者，消費者，対象者）が，本人自身や家族が対応できないとき，政策主体としての行政が対応するという構図ができたのである。

以上の典型が「福祉の措置」といえよう。これは，主として福祉五法に定める援護，育成および更生等の福祉サービスを提供すること（決定すること）を意味する。措置権者（実際上は，福祉事務所や児童相談所の実施機関が福祉の措置を行う）の行政行為として位置づけられている。したがって，たとえば施設入所等でいえば，施設入所は要援護者の当然の権利としてではなく，措置実施機関に義務があることから派生する「反射的利益」であるとされている[3]。

ともあれ，第二次世界大戦後の社会福祉の特徴について端的にいえば，政策主体としての行政が，国民の個別的ニーズに対応しようとすればするほど，多様な福祉制度の整備を図らなくてはならなくなる結果，政策主体が対象を常に規定する傾向がみられたことである。さらには，社会福祉の主体は行政のみが強調されるようになったことである。

政策主体としての行政が福祉施策を展開する際の原則は，次のように整理できる。

① 法令主義：行政が福祉施策を展開するには法令に基づくことが大きな前提となる。

② 公平主義：福祉施策を展開していく前提として，国民（地域住民）の合意が得られることが必要となる。その意味では，福祉政策による具体的サービスを利用する者とそうでない者の均衡を常に考慮することになる。

③ 予算主義：行政が展開する福祉施策の財源は各年度ごとの予算に基

づいている。生活保護費などの義務的経費が不足する場合，何らかの形で予算化しなければならないが，一般的には財源は限られているので，具体的な福祉サービスの量は限定的といえる。

かつてのように福祉サービスの利用者が限られている時代では，行政（政策主体）のみで対応できたと考えられる。しかし，人口高齢化の進行，ノーマライゼーションに代表される新しい福祉思考の台頭を念頭におくとき，国民（地域住民）の福祉ニーズの増大や多様化に対して，政策主体としての行政ばかりではなく，国民一人ひとりがどのように対応していくかが問われてくるのである。

21世紀における本格的な少子高齢社会に対応できる福祉システムの確立が急務とされているといえよう。その意味で，社会福祉の主体を政策，実践および運動の視点から，それぞれをどのように位置づけ，連関させるかが今後の課題といえよう。

2　政策主体と経営主体

(1) 政策主体

国民（地域住民）は，人生のどの段階においても，人間としての尊厳を保つことが保障されなければならない。同時に，すべての国民（地域住民）は生活の主体者としての権利と責任を共有することとなる。ここでいう社会福祉に関する国民（地域住民）の権利とは，社会生活を営むすべての人間にとって，その生活が物質的にも精神的にも健康であることを意味する。このような国民（地域住民）の権利を保障する組織が，国および地方公共団体であり，同時に政策主体といえる。政策主体は，社会福祉施策を立案し，実行する主体である。社会福祉の主体は第一義的には国である。かつては地方公共団体（都道府県および市町村）は，各種の法令の規定や国からの委任に基づき，その責務を遂行する主体として機能してきた。

わが国における社会福祉行政は次のような仕組みで運営されてきた。すなわち，①国は，日本国憲法第25条の理念に基づき，社会全体の視野から，福祉施策を策定し，具体化していく。②地方公共団体は法律に基づいて国

からの委任事務（機関委任事務，団体委任事務）を行い，地域住民に対して福祉施策を具体化していく。③また，地方公共団体は独自の視点から，単独で福祉施策を展開することもある。これを単独事業というが，財政力がある地方公共団体でないと，取り組みは難しい。

　第二次世界大戦後，福祉行政事務のほとんどは一貫して，「機関委任事務」として位置づけられてきた。つまり，福祉五法などに規定されている福祉の措置は，地方公共団体の執行機関の長（知事，政令指定都市市長，市町村長）に委任されており，国の業務を代行している。

　ところが，従来の機関委任事務や許認可権限などが整理・合理化されて，「地方公共団体の執行機関が国の機関として行う事務の整理及び合理化に関する法律」（いわゆる行政一括法）に基づき，施設入所・通所等の福祉の措置が，1987（昭和62）年から団体委任事務とされることになった。また，1990（平成2）年に国会を通過した老人福祉法等（社会福祉関係八法）の改正によって在宅福祉サービスの位置づけの明確化とその推進，特別養護老人ホームなどの措置権の町村への移譲，老人福祉計画および老人保健計画の策定等が盛り込まれることになった。その結果，とくに地域住民に身近な地方公共団体としての市町村の役割が重視されるようになった。

　概括的にいえば，従来は国が政策主体として位置づけられ，国の福祉施策を地方公共団体がそのまま具体化するだけという傾向が濃厚であった。しかし，近年の動向をふまえると，国が全体的視野から福祉施策を打ち出すこと（政策主体）には変わりないものの，地方公共団体にも政策主体としての役割を果たすことが求められるようになってきている。

　とくに21世紀の本格的な少子高齢社会の到来に対応するため，在宅福祉サービスと施設福祉サービスの計画的かつ一元的な供給体制づくりが求められており，その基礎となる自治体としての市町村の役割が重要となってきている。

(2) 経営主体

　経営主体とは，社会福祉制度のもとで，社会福祉事業を経営する主体のことである。経営主体を「公的主体」と「私的主体」に区分して説明する

と，公的主体には国および地方公共団体があり，私的主体（民間組織）には，社会福祉法人およびこれ以外の私的団体または個人がある。

周知のように，社会福祉法では社会福祉事業を「第1種社会福祉事業」と「第2種社会福祉事業」とに分類し，第1種社会福祉事業の経営主体は原則として国，地方公共団体または社会福祉法人に制限されている。第2種社会福祉事業の経営主体には制限はなく，この事業について届け出をすれば誰でも経営できることになっている（しかし，保育所は通所施設であるので第2種社会福祉事業に区分されており，児童福祉法第35条では児童福祉施設を設置する場合，都道府県知事の認可を得ることになっている。この場合，一般法としての社会福祉法の規定よりも，特別法としての児童福祉法の規定が優先すると解釈されてきた）。

第二次世界大戦後，わが国における社会福祉は公的福祉施策を中心に展開してきた。そして，その柱は「生活保護」と「施設設置」であったといっても過言ではない。従前においては施設の設置と運営に関しては，従前の社会福祉事業法第5条第2項に委託の根拠を定め，さらには同法第56条で社会福祉法人への助成および監督について規定することによって，「公の支配」に属するとして，委託費としての措置費と補助金の支出を可能とした。その結果，教護院（当時）などの一部の施設を除き，多くの施設は社会福祉法人が経営し，措置の実施機関からの委託を受け，施設を運営しているのが実情であった。

しかし，1980年代（昭和55～平成元年）以降では，従来の「福祉の措置」（措置制度）の枠組みに収まらない経営主体が各地で設立されるようになった。灘神戸生活協同組合（当時）のように消費生活協同組合が，組合員の相互機能を活用して福祉事業を開始したり，福祉事業を前面に打ち出した「福祉生活協同組合」が設立されるようになってきた。これらは，障害者やその家族が中心となって設立した「共同作業所」と同じ性格を有していた面があり，民間による社会福祉事業の一形態といえよう（図2-1）。

また，有償在宅福祉サービスを提供する経営主体ができてきた。1980（昭和55）年には武蔵野市福祉公社が設けられ，準備期間を設け翌年の6月から有償サービスを提供するようになった。これを契機に，原則として

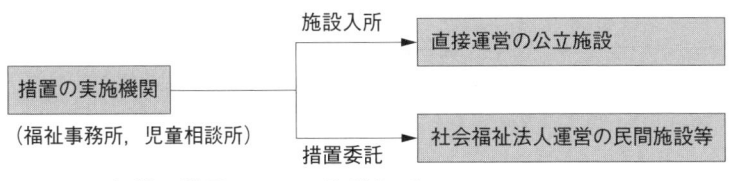

```
                              施設入所    ┌─────────────────────────┐
        ┌──────────────┐ ─────────→ │  直接運営の公立施設       │
        │ 措置の実施機関 │           └─────────────────────────┘
        └──────────────┘            ┌─────────────────────────────┐
        (福祉事務所, 児童相談所) ──→ │社会福祉法人運営の民間施設等 │
                              措置委託  └─────────────────────────────┘
```

図 2-1　福祉の措置としての施設入所

2年間の有償在宅福祉サービスの実績と公益事業(介護研修,お年寄り相談など)を実施すれば,財団法人の認可の途が開かれ,「財団法人」がホームヘルプサービスなどの福祉事業の経営主体となるケースが増加した。

3　実践主体

社会福祉実践をどのように概念規定するかは難しい問題である。たとえば,秋山智久は,社会福祉実践を「国民大衆のニードに総体的に応えられていくというマクロ的な課題の枠組と共に,個々の福祉サービス消費者(クライアント)の具体的なニードに対応するというミクロの実践をも含んでいる」と整理している[4]。

現代社会における社会福祉の機能を,国民(地域住民)が社会生活を営むうえで直面する福祉問題に対する公私による援助活動の総体と理解するならば,社会福祉実践の輪郭がみえてくる。社会福祉施策を具体化する過程では,クライアントとその家族の個別的事情に応じた援助のやり方が重要となってくる。そして,具体的な援助活動を担当する者が,社会福祉従事者である。もう少し広くとらえると,ボランティアも実践主体として含めることができよう。

以上のように考えると,実践主体とは社会福祉施策を実体化・具体化する担い手として位置づけることができる。あるいは,援助を必要とするクライアントやその家族に対して必要な援助(福祉サービス)を提供する人ともいえよう[5]。

実践主体の中核としての社会福祉従事者は,1987(昭和62)年度末現在で,約77万2,000人とされた[6]。さらに,1989(平成元)年に示された

「高齢者保健福祉推進 10 ヵ年戦略」において，ホームヘルパーや特別養護老人ホームなどの整備計画が進行するに伴い，社会福祉従事者数も各段に増加した。2003（平成 15）年には社会福祉従事者総数は 154 万 4,298 人に増加した[7]。

また，ボランティアも福祉事業の実践主体と位置づけることができる。社会福祉施設や在宅福祉サービスで活動しており，都道府県および市町村の社会福祉協議会（社協）に登録しているボランティアの数は，1989（平成元)年 9 月現在約 390 万で，ボランティア保険に加入しているボランティアは約 72 万人であった。その後，「17 年平成ボランティア活動年報」によれば，ボランティアは 740 万人となっている。ボランティア活動の頻度にかかわりなく，ボランティアの数が増加することはある意味では重要であり，国民（地域住民）が福祉に関心をもち，多少なりとも福祉にかかわる人（ボランティア）が増えていくことを評価すべきであろう。

4 運動主体

国民（地域住民）の福祉の向上を図り，社会福祉サービス（社会福祉制度）を改善・充実させるための運動を「社会福祉運動」と呼称すると，この運動の主体としては，社会福祉サービスの対象者（利用者），社会福祉従事者，さらには国民（地域住民）をあげることができる。

歴史的にみれば，社会福祉の対象は政策主体が一定の論理に基づいて規定してきた。わが国の場合，第二次世界大戦前には，社会事業の対象は政策主体によって，一方的に厳しく制限され，社会全体の防衛的見地から，社会の平均的な生活水準に達しえない個別的事情を有する人に対して限定的な援助がなされてきた。まさに，イギリスの救貧法の劣等処遇原則（Principle of Less-Eligibility）と同じ程度の援助しかなされなかったのである。そこでの対象者には恩恵的・慈恵的に援助がなされるだけで，権利という論理はまったく存在しなかった。

戦後，日本国憲法や生活保護法などの法体系を根拠にようやく権利としての社会福祉の実態化が問われるようになった。朝日訴訟（1957〈昭和 32〉

年)や堀木訴訟(1970〈昭和45〉年)などを通して,国民の権利としての社会福祉を求めるようになったのである。これらの社会福祉の権利を主張する訴訟は判決のうえでは敗れたものの,政策主体としての国の福祉施策の前進につながる影響を与えることになった。

すでに述べたように,政策主体が展開する社会福祉施策は,単に体制維持や社会改良的な性格ばかりでなく,法令主義・予算主義などに基づいているので,国民の福祉ニーズに柔軟に対応できないという限界を本来的に有している。そこに,クライアントの権利を譲り,権利を要求し,代弁する社会福祉運動が生ずる契機がある。

運動主体としてのクライアント,社会福祉従事者,そして国民(地域住民)が,具体的なケースを通して,政策主体に社会福祉サービスの向上・改善を求めることは,社会福祉そのものの前進につながるといえよう。

第2節
新たな組織と伝統的組織の競合

1　NPO法人

1995(平成7)年1月17日午前5時46分に発生した地震〔大都市直下を震源とするマグニチュード7.2(後に7.3と改訂・修正)の阪神・淡路大震災。後に兵庫県南部地震と公式に呼称されている〕を契機に,被災地と被災者への支援活動に携わるボランティアとボランティア活動に対する国民の意識が大きく変わることになった。その後の議論の展開のなかで,個々のボランティアを支援し,組織としての活動を可能とするために,「特定非営利活動促進法」(NPO法)が議員立法で国会に上程され,1998(平成10)年に衆議院本会議で可決成立した。その後,参議院でも審議可決した。同法は保健,医療または福祉の増進を図る活動や社会教育の推進を図る活動等の20の分野の特定非営利活動を行う団体に法人格を与えることで,民間によるボランティア活動の推進を図ることを目的とした法律である。

法案(当初は市民活動促進法案として検討)の中心的役割を担った能代

輝彦によれば，法案について「1896（明治29）年の民法でうまれた現行法人（財団法人，社団法人），公益法人制度を，100年ぶりにソフトでしなやかな制度に変えた大変革」として記している[8]。その意味で，法律に基づく行政サービスや利益を追求する営利法人の事業では充足できない社会的ニーズに柔軟に対応できる存在として期待されているのである。

内閣府によれば，2012（平成24）年3月末現在，認証を受けたNPO法人は4万5,140法人であり，そのうちの58％は保健，医療または福祉の増進を図る活動を行っている。とくに，2000（平成12）年からの介護保険制度導入を機に，認証を受けたNPO法人が介護サービスの指定事業者として介護サービス分野に参入している（**表2-1**）。

2　社会福祉法人

社会福祉法人は，1951（昭和26）年制定の「社会福祉事業法」時代から社会福祉事業の主体の一つとして制度的に位置づけられ，措置制度の下で行政からの受託組織として社会福祉事業にかかわってきている。すなわち，行政以外の民間組織の旗頭として絶対的な地位を保持してきた。

この社会福祉事業法に基づき，社会福祉事業が定義・例示され，第1種社会福祉事業の主体は原則として国，地方公共団体そして社会福祉法人に制限された。第2種社会福祉事業は第1種社会福祉事業と比べて，比較的利用者への影響が小さいために，公的規制の必要性が低い事業と位置づけられ，この事業の主体は国，地方公共団体，社会福祉法人に「その他の者」が付け加えられ，幅広い組織に門戸が開放されていたが，一部の事業（たとえば，保育所を寺院や個人が設置運営）を除き，社会福祉法人以外の営利法人等が第2種社会福祉事業に参画することはなかった（**図2-2**）。

社会福祉法人は社会福祉事業（第1種社会福祉事業と第2種社会福祉事業）を経営する主体として位置づけられているが，余力がある場合は社会福祉事業以外に，公益事業（社会福祉と関係のある公益を目的とした事業で，老人保健施設や有料老人ホームの経営など）を行うことができ，さらには収益事業（その収益を社会福祉事業または一定の公益事業に充当する

表 2-1a 特定非営利活動法人の認定数の推移

認定数は改正特定非営利活動促進法施行後急速に増加。現在、121 件の申請が審査中(平成 25 年 7 月末時点)であり、今後も着実な増加が期待される。
総認定件数 492 件、所轄庁認定 233 件[認定 136 件、仮認定 97 件(平成 25 年 7 月末日現在)]

年度	平成10年	平成11年	平成12年	平成13年	平成14年	平成15年	平成16年	平成17年	平成18年	平成19年	平成20年	平成21年	平成22年	平成23年	平成24年	平成25年最新7月末現在
認証法人数	23	1,724	3,800	6,596	10,664	16,160	21,280	26,394	31,115	34,369	37,192	39,732	42,386	45,140	47,548	47,973
認定法人数	–	–	–	3	12	22	30	40	58	80	93	127	198	244	407	492

特定非営利活動促進法は平成 10 年 12 月施行。認定制度は平成 13 年 10 月に創設
認定法人のうち国税庁認定と所轄庁認定が重複する法人は総認定件数において 1 法人と数える
上記グラフにおける認定法人数は各月末日時点の法人数を示す
下表認証法人数及び認定法人数は各年度末の法人数を示す
下表平成 24～25 年度の認定法人数には、仮認定法人数を含む
出所:内閣府

第 2 節 新たな組織と伝統的組織の競合

表 2-1b 所轄庁別認証・認定特定非営利活動法人数の状況

認証数・認定数ともに、東京・神奈川といった首都圏や、大阪、愛知、福岡などの大都市圏が多い。改正法施行後一年が経過し、全国各地で所轄庁認定・仮認定法人が誕生しており、認定が出ていない都道府県は残り2県(福井県、滋賀県)のみとなっている。

所轄庁	認証法人数	所轄庁認定法人数	所轄庁仮認定法人数	国税庁認定法人数
北海道	1,102	3	1	2
青森県	362	1	1	
岩手県	440	3	1	
宮城県	338	2		1
秋田県	325			2
山形県	390	2		1
福島県	755	3		1
茨城県	710	4	1	5
栃木県	567	2	1	4
群馬県	795	3	1	
埼玉県	1,573	5	5	2
千葉県	1,559	7	5	7
東京都	9,280	34	30	132(3)
神奈川県	1,367	6		8
新潟県	402		2	3
富山県	338	1		
石川県	354	1	2	
福井県	246			
山梨県	415		1	1
長野県	941	1		4
岐阜県	734	2	1	2
静岡県	649		1	1
愛知県	1,016	1	4	5

所轄庁	認証法人数	所轄庁認定法人数	所轄庁仮認定法人数	国税庁認定法人数
三重県	651		2	1
滋賀県	598			
京都府	500	2	1	
大阪府	1,652		2	2
兵庫県	1,271	3		4
奈良県	483			1
和歌山県	364		1	
鳥取県	240		1	
島根県	261	3	3	1
岡山県	399	1		
広島県	440			1
山口県	415	1	1	
徳島県	319			
香川県	321			1
愛媛県	411	2		2
高知県	303	1	1	1
福岡県	793		1	1
佐賀県	351	2		
長崎県	450	1	2	2
熊本県	372			
大分県	500	1		
宮崎県	400			1
鹿児島県	815			2

所轄庁	認証法人数	所轄庁認定法人数	所轄庁仮認定法人数	国税庁認定法人数
沖縄県	589		2	2
札幌市	859	3	3	6
仙台市	398	1	1	2
さいたま市	370	3	2	1
千葉市	336			
横浜市	1,376	8	4	12
川崎市	328	2	1	
相模原市	186	1		2
新潟市	231			1
静岡市	286		1	
浜松市	224		1	1
名古屋市	739	4		9
京都市	790	1		5
大阪市	1,480	7	4	3
堺市	247			
神戸市	692	3	2	3
岡山市	295	3	1	4
広島市	370			1
北九州市	268			
福岡市	626	1		2
熊本市	316		1	7(1)
全国	47,973	136	97	263(4)
総認定法人数			233	492

認証法人数は7月末日現在。認定法人数は所轄庁認定(7月末日現在)及び国税庁認定(8月1日現在)の合計。
国税庁認定法人数のうち括弧書きは所轄庁認定との重複法人数であり、総認定法人数よりその数を除く。

従来、社会福祉法人の所轄庁は、その行う事業が
・都道府県の区域内である場合は、都道府県
・指定都市の区域内である場合は、指定都市
・中核市の区域内である場合は、中核市
・2以上の都道府県の区域にわたる場合は、国(地方厚生局を含む。)
[地域の自主性及び自立性を高めるための改革の推進を図るための関係法律に関する法律](第二次地方分権一括法)の施行に伴い、平成25年4月1日より、主たる事務所が一般市の区域内にある社会福祉法人であって、その行う事業が当該市を越えないものに限り、認可・指導監査等の権限が都道府県から一般市へ譲渡。

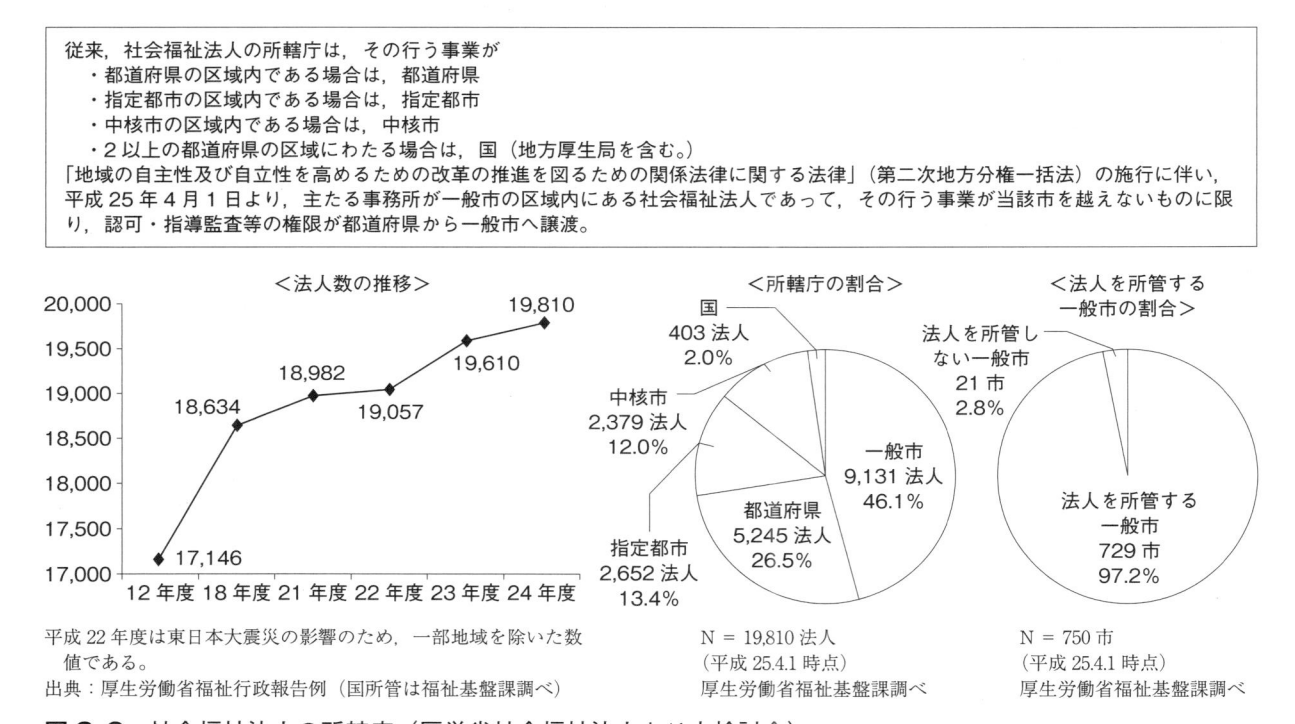

<法人数の推移>

12年度 18,634
18年度 18,982
21年度 19,057
22年度 19,610
23年度 19,810
24年度 17,146

平成22年度は東日本大震災の影響のため、一部地域を除いた数値である。
出典：厚生労働省福祉行政報告例（国所管は福祉基盤課調べ）

<所轄庁の割合>

国 403法人 2.0%
中核市 2,379法人 12.0%
指定都市 2,652法人 13.4%
都道府県 5,245法人 26.5%
一般市 9,131法人 46.1%

N＝19,810法人
（平成25.4.1時点）
厚生労働省福祉基盤課調べ

<法人を所管する一般市の割合>

法人を所管しない一般市 21市 2.8%
法人を所管する一般市 729市 97.2%

N＝750市
（平成25.4.1時点）
厚生労働省福祉基盤課調べ

図2-2 社会福祉法人の所轄庁（厚労省社会福祉法人あり方検討会）

ことを目的とする事業，空き地を利用した駐車場の経営，公共施設内の売店の経営など）を営むことができるとされている。しかし，ほとんどの社会福祉法人は社会福祉事業の経営にとどまっている[9]。

　しかし，民間組織が第2種社会福祉事業に新規に参入しようとする場合，実際上は社会福祉法人としての認可を得ることが求められ，社会福祉法人以外の組織が社会福祉事業に参入することは困難であった。しかし，人口高齢化の進行に伴い，介護ニーズが増大するようになり，ホームヘルプサービスやデイサービスなどの居（在）宅サービスの充実が緊急の政策課題になった。そこで，介護保険制度導入前の取り組みとして，ホームヘルプサービスやデイサービス分野への参入を社会福祉法人以外の，医療法人や農業協同組合等の組織にも認めるような措置がとられるようになった。

　2000（平成12）年の介護保険制度導入後は，社会福祉法で第2種社会福祉事業として位置づけられる在宅サービスには，民間組織としての社会福祉法人が運営している事業所ばかりではなく，医療法人，農業協同組合，消費生活協同組合，営利法人，NPO法人の事業所に門戸を大きく開放するようになった。厚生労働省による「2011（平成23）年介護サービス施設・事業所調査」の結果によれば，在宅サービスの種類ごとに経営主体ごとの特徴が出ている。すなわち，営利法人は訪問介護（全体の58.6％，以下同様），訪問入浴介護（52.5％），通所介護（46.2％），特定入居者生活介護（67.5％），福祉用具貸与（91.6％），特定福祉用具販売（93.8％）などが最も多く，医療法人では訪問看護ステーション（39.4％），通所リハビリテーション（77.2％）が高い割合を示しており，介護保険制度導入前は社会福祉法人（社会福祉協議会を含む）が高い比重を占めていたが，制度導入後は在宅サービスの提供組織が多様化したことがわかる（**図2-3**）。

【施設属性別（入所・通所系事業所合計）】

◆ 高齢者及び障害者・児童施設等の数が大幅に増加
◆ 児童福祉施設等のシェアが大幅に減少

（単位：施設、%）

	高齢者施設等	障害者・児童施設等	児童福祉施設等	その他施設等	合計
H12	25,076(43.4)	5,677(9.8)	24,134(41.7)	2,920(5.1)	57,807(100.0)
H18	68,759(51.0)	38,976(28.9)	24,301(18.0)	2,805(2.1)	134,841(100.0)
H23	82,475(51.0)	53,466(33.1)	23,080(14.3)	2,700(1.7)	161,721(100.0)

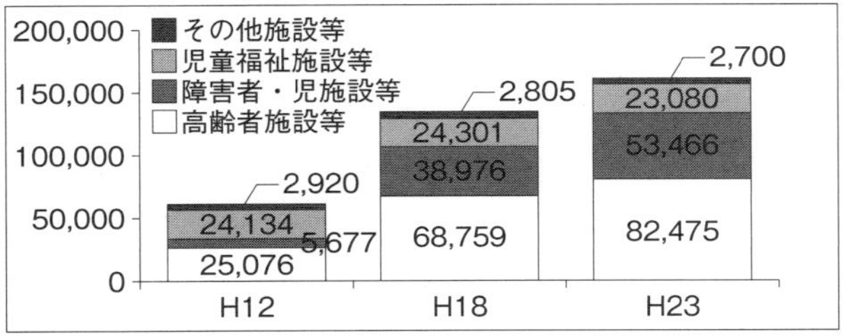

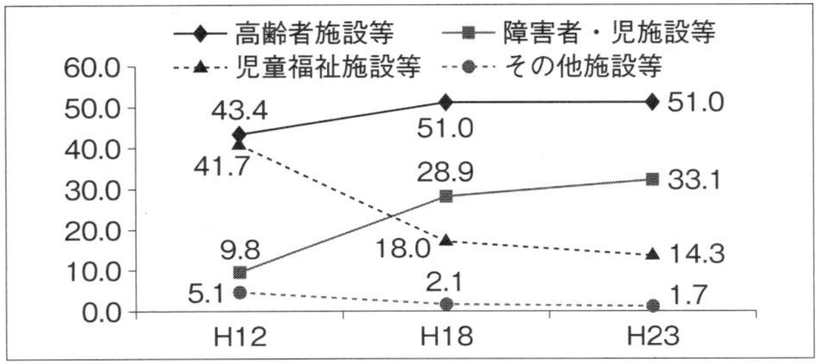

【経営主体別（入所・通所系事業所合計）】

◆ 社会福祉法人経営の施設の数は増加しているが、シェアは微減
◆ 営利法人経営の数及びシェアが大幅に増加

（単位：施設、%）

	公営	社会福祉法人	医療法人	営利法人	その他	合計
H12	17,779(30.8)	31,914(55.2)	1,702(2.9)	3,548(6.1)	2,864(5.0)	57,807(100.0)
H18	16,730(12.4)	65,685(48.7)	7,101(5.3)	34,798(25.8)	10,527(7.8)	134,841(100.0)
H23	13,724(8.5)	72,794(45.0)	8,554(5.3)	51,461(31.8)	15,188(9.4)	161,721(100.0)

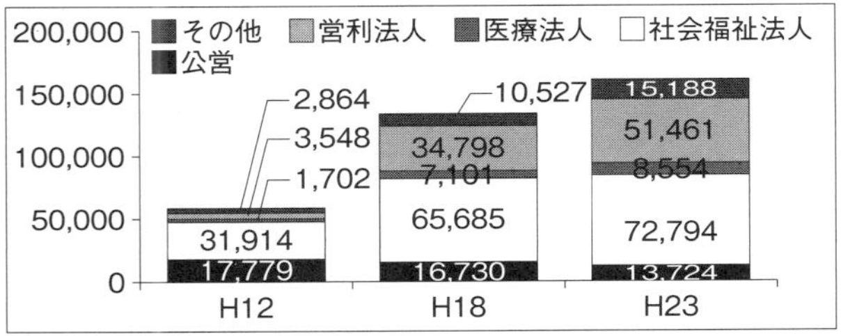

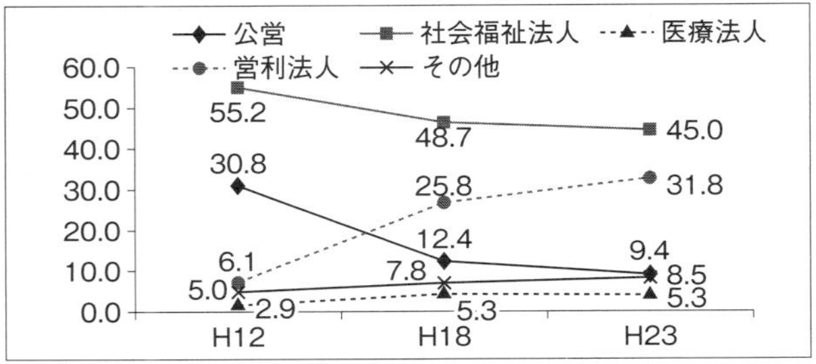

出典：厚生労働省社会福祉施設等調査及び介護サービス施設・事業所調査

図2-3　社会福祉施設の経営主体の状況

≪注・引用文献≫

1) もともと，主体（主観）という言葉は，哲学的概念である。ヘーゲル以降，存在論的意味においては，下に置かれたもの，根底にあるもの，基本の意味で用いられる。また，スコラ哲学では，作用の対象，ある性質，状態を担うものをいう（林達夫ほか監修『哲学事典』，平凡社，1971，675）。
2) 仲村優一ほか『ワークブック社会福祉』有斐閣，1979，9〜10。
3) 厚生省社会局老人福祉課『老人福祉法の改正』中央法規，1984，79〜80。なお，本文で述べた，必ずしも十分ではないにせよ，いわゆる措置制度によって，全国的に共通する援助システムが成立し，ミニマム的な意味での福祉制度が確立するようになったことは評価できよう。
4) 秋山智久ほか『社会福祉方法論講座〔1〕』誠信書房，1981，210。
5) メイヤー（C. Meyer）はソーシャル・ワークを共通の人間のニーズを充足する際の社会の関心の制度的表明であり，社会福祉政策（Social Policy）をもとに考案された市民―消費者―クライエント―患者の対するサービスを配達する組織的活動＝社会福祉プログラムの実践機構である，と位置づけられている（C.H. Meyer, Social Work Practice, second edition, Free Press, 1976）。
6) 厚生省大臣官房政策課『平成2年度版社会保障入門』，中央法規，1990，89，221。
7) 厚生省『厚生白書（平成元年度版）』，厚生統計協会，1990，93。
8) 能代明彦編『日本のNPO法―特定非営利法人活動促進法の意義と解説―』ぎょうせい，平成10年に法案成立までの経緯が記されている。
9) 社会福祉法人経営研究会編『社会福祉法人経営の現状と課題』全国社会福祉協議会，2006，74〜81。

第3章

小規模自治体における高齢者保健福祉計画の策定

はじめに

　1990（平成2）年のいわゆる「福祉関係八法改正」に基づき，地方自治体は老人保健福祉計画の策定が義務づけられた。すなわち，居（在）宅サービスと施設サービスを一元的に実施する体制を確立するために，老人保健法に基づく「老人保健計画」と老人福祉法に基づく「老人福祉計画」の策定が求められた。本稿は1995（平成7）年1月に記したものであり，地方自治体に計画的に福祉施策を取り組むことを求めたという意味では画期的であり，今となれば内容的に古くなっているが，当時の問題状況を知る手がかりとして掲載する。

第1節
問題の所在

　市町村の数は，1995（平成7）年4月1日現在，3,234（市：663，町：1,994，村：577）である（その後，いわゆる平成の合併が進み，2013〈平成25〉年12月末日現在で1,719市町村で，その内訳は市が790，町が746，村が183である。私たちはそのどこかの市町村に住居を定め，社会生活を営んでいる。国民の約80％の人々は，東京23区や政令指定都市以外の市町村に住み社会生活を営んでいるのである。
　そこで，本論に入る前に基礎的自治体の市町村の数や現況を正確に把握しておくことにする。

1　小規模自治体としての市町村

　『平成6年版全国市町村要覧』（当時の自治省行政局振興課編）によれば，1994（平成6）年4月1日現在の全国の市町村数は3,235（政令指定都市を含む市の数は663，町村2,572）であり，これに特別地方公共団体である東京23区を加えれば合計3,258市町村地区（以下，市町村と略する）となる。そこで，町村だけを人口規模からみてみると，人口1万人未満の

町村が1,509（全体の約58％）あり，2万人未満でラインを引くと2,239町村（約87％）となっていて，規模の小さな町村がかなり多いことが理解できる（市の場合も数は少ないが，人口2万人未満が10市ある。本稿では，これを「小規模自治体」という）。

また，『平成5年度版過疎対策現況』（当時の国土庁地方振興局過疎対策室監修）によれば，いわゆる新過疎法に基づき指定されている市町村の数は，1994（平成6）年4月1日現在，1,199（市が41，町村が1,158）となっており，町村の全体からみると約45％の町村が過疎地域となっている。

過疎地域市町村の輪郭を描くと次のようになる。

① 平均人口が6,738人（全国市町村平均3万8,187人）と少ない。
② 歳入決算額からみると，地方交付税の占める割合が44.0％（全国市町村平均15.7％）と高く，逆に地方税は10.5％（全国市町村平均37.7％）と低い。
③ 歳出決算額でみると，産業構造の関係から農林水産費の割合が15.3％（全国市町村平均5.3％）と高く，逆に民生費11.7％（全国市町村平均16.3％）や教育費12.5％（全国市町村平均14.9％）などの費目で低くなっている。
④ 財政力指数からみると，平均0.18（全国市町村平均0.41，市平均0.72，町村平均0.32）であり，過疎地域の市町村は財政的にきわめて弱い。
⑤ 老年人口比率でみると，20.6％（全国12.1％，1990〈平成2〉年国勢調査結果）と高い。
⑥ 若年層の自然減・社会減等を背景に人口高齢化に一層の拍車がかかることになった結果，集落機能や地域活力の低下の問題が生じるとともに，高齢者対策が急務となっている。

もちろん，本稿でいう小規模自治体が必ずしも過疎地域の指定を受けている市町村とは限らないが，現況の面からみればかなりの共通項を有しており，住民に対する行政サービス（もちろん，保健福祉サービスも当然含む）を展開するうえで，かなりの問題や課題があることをまず確認しておきたい。

2 小規模自治体と高齢者保健福祉計画

さて，1990（平成2）年の「老人福祉法等の一部を改正する法律」は，とりわけ町村にとって福祉行政の大転換をもたらすことになった。すなわち，一方では，市町村中心主義が位置づけられ，住民にとって身近な自治体である市町村が全面的でないにしても施設福祉サービスと在宅福祉サービスを総合的・一元的にきめ細かく提供することになったのである。他方では，市町村に老人福祉計画（以下，老人を高齢者に置き換える）の策定が義務づけられることになったのである。

しかし，1994〈平成6〉年における3,258にものぼる自治体の高齢者保健福祉計画策定過程において，自治体内の策定体制づくりやサービス目標量の設定等に関して，実に多くの問題が生じてきた。総じて，指摘された問題点は各自治体に共通するものであるが，とりわけ小規模自治体にとっては深刻かつ構造的課題に結びつくものも少なくはなかったのである。

ともあれ，以上の観点から，まず高齢者保健福祉計画に至る経緯を整理し，次に計画策定の意義と問題点，そして今後に残された課題をまとめていくことにする。

第2節
高齢者保健福祉の義務化に至る経緯

第二次世界大戦後のわが国の福祉制度は，1964（昭和39）年の母子福祉法（同法は1981年に母子及び寡婦福祉法と改正）の制定を機に，「福祉六法」体制が整い，福祉制度の礎が築かれた。そして1960年代（昭和35～44年）の後半以降における高度経済成長と軌を同じくして，福祉施策の展開（福祉制度の充実）がなされてきた。

1 戦後における福祉制度

戦後の社会福祉の特徴は「要援護者」に対象を限定し，日本国憲法第

25条の理念（生存権保障）を軸に，国と地方自治体が主体となって，福祉六法に定める福祉サービスを「措置」というロジックで制度化し展開してきた。ところが，人口高齢化が急速に進行するに伴い，従来のような経済的要件を柱に福祉サービス利用者を絞り込むことが困難となり，また高度経済成長期以降の産業構造の変化から第二次，第三次産業に従事していた年金受給者が増加していくに伴い，これまでのような「低所得」におさまりきれない階層に属する人々が増加し始めた。

その結果，措置による福祉制度を超えた取り組み（たとえば，武蔵野市福祉公社によるサービスの提供。このことが，1982〈昭和57〉年からのホームヘルプサービス利用要件の一つである低所得階層の撤廃につながる）や，受益者負担の導入（たとえば，1980年からの特別養護老人ホームなどにおける入所者本人からの応能負担による費用徴収制度導入。このことは，後の基礎年金制度の発足に伴う，障害者関係施設における費用徴収につながる）という流れになった。

以上のことは，一定の利用要件に基づく「措置制度」を問い直す契機になったともいうことができ，国の財政事情と絡みながら，福祉制度の見直しそして改革への流れにつながるのである。

1973（昭和48）年10月の第四次中東戦争による石油危機を契機に，福祉見直し論が高まり，わが国の福祉制度は大きな転機をむかえることになった。しかし，福祉見直し論が一段落し，質を変えた形で本格的な福祉制度改革は，1980（昭和55）年以降に始まることになった[1]。

2 本格的な福祉制度改革

本格的な福祉制度改革は，まず1980（昭和55）年以降の行財政改革の視点から始まり，次に1990（平成2）年以降の21世紀における本格的な「高齢社会」を視野においた改革へと展開してきた。

すなわち，行財政改革の視野からは，肥大化した財政赤字を解消し，チープ・ガバメント（安価な政府）を実現するため，行財政改革を目指して設置された第二次臨時行政調査会による答申に基づいて，措置費に代表され

る高額補助金の負担割合の変更等が強力に推進され，国家責任を基調とする福祉制度が大きく変容する契機となったのである（**表3-1**の1980～1987〈昭和55～62〉年までの足跡を参照）。また，高齢社会を視野に入れた改革は，1989（平成元）年に策定された「高齢者保健福祉推進十ヵ年戦略」（いわゆるゴールドプラン）と，これを実現するための「福祉関係八法」改正を嚆矢としている。

とくに，福祉関係八法改正に伴う改革は，次の5点から戦後における福祉制度そのものを問い直すものとなった。

第一は，市町村中心主義を採り入れたことである[2]。このことは，市町村が最も住民に身近な自治体であり，行政サービスを実施するうえで基礎的単位となるからである。市町村主義を導入する伏線は，1987（昭和62）年施行の「地方公共団体の執行機関が国の機関として行う事務の整理及び合理化に関する法律」（いわゆる行革一括法）にあった。これ以前は，多くの福祉行政事務は国の機関委任事務とされていたが，行革一括法を機に，福祉行政事務の多くが団体委任事務化され，社会福祉法人の認可権が都道府県に移譲された。地方自治を推進する立場からすれば，機関委任事務自体については議論があるが，国家責任を求める側からすると，国が全体的に共通に福祉施策を展開するという意味では一定の評価をすることができたのである。ともあれ，地方自治体を強く拘束する機関委任事務から，地方公共団体の裁量を認める団体委任事務化と権限委譲が，福祉関係八法改正に基づく都道府県から市町村への権限移譲に連動していくことになる。

第二は，在宅福祉サービスを明確に法律として位置づけたことである。このことによって，市町村の単独事業的色彩が濃厚であった在宅福祉サービスが法的にも社会的にも認知されることになったといえる。また，措置権の一部が町村へ移譲されたことにより，施設福祉サービスと在宅福祉サービスの実施主体が市町村に一体化されることになった結果，「総合的な福祉サービス」の実施体制が整ったのである。また，従来の施設福祉サービス中心主義から脱却し，在宅福祉サービスを重視する路線は，在宅福祉サービスのコスト上の論議からではなく，むしろ高齢者らの福祉サービスを必要とする者が，「可能な限り住み慣れた地域で生活したい」という希

表3-1　福祉制度改革の主な足跡

昭和55年 (1980年)	①養護老人ホーム及び特別養護老人ホームに係る費用徴収基準の改訂実施（7月） ②臨時行政調査会設置法（12月），「第2臨調」
昭和56年 (1981年)	①行政改革に関する第一次答申（7月） ②当面の在宅老人福祉対策のあり方について（意見具申）……中央社会福祉審議会（12月）
昭和57年 (1982年)	①行政改革に関する第三次答申（基本具申）（7月） ②有料家庭奉仕員派遣事業（10月）
昭和58年 (1983年)	①老人保健法施行（2月） ②行政改革に関する第五次答申（最終答申）（3月） ③社会福祉事業法改正（5月） ④臨時行政改革推進審議会（行革審）発足（7月）
昭和59年 (1984年)	①身体障害者福祉法改正（8月） ②「児童手当制度の当面の改革方策について」（意見具申）……中央児童福祉審議会（12月）
昭和60年 (1985年)	①「老人福祉の在り方について」（建議）……社会保障制度審議会（1月） ②生活保護費及び措置費の負担割合の変更（4月）　国7/10，都道府県3/10 ③児童手当法改正（4月） ④補助金問題閣僚会議設置（5月） ⑤補助金問題検討会発足（5月） ⑥老人保健制度の見直しに関する中間意見……老人保健審議会（7月） ⑦臨時行政改革推進審議会の答申（7月） ⑧児童扶養手当法改正施行（8月） ⑨「国民生活の変化等に対応した生活保護制度のあり方について」（意見具申）……中央社会福祉審議会（12月） ⑩「養護老人ホーム及び特別養護老人ホームに係る費用徴収基準の当面の改訂方針について」（意見具申）……中央社会福祉審議会（12月） ⑪「精神薄弱者援護施設等に係る費用徴収基準の改正について」（意見具申）……中央児童福祉審議会費用負担部会（12月） ⑫「身体障害者更生援護施設に係る費用徴収基準のあり方について」（意見具申）……身体障害者福祉審議会（12月）
昭和61年 (1986年)	①措置費の負担割合の変更（4月）　国5/10，都道府県5/10（61年度～63年度の暫定措置） ②基礎年金制度発足（4月） ③児童手当法改正施行（6月） ④身体障害者更生援護施設の費用徴収制度（7月），精神薄弱者援護施設の費用徴収制度（7月），本格的実施 ⑤老人保健法改正（12月）

昭和62年 (1987年)	①老人保健法改正施行（1月） ②児童福祉施設最低基準等の改正（3月） ③地方公共団体の執行機関が国の機関として行う事務の整理及び合理化に関する法律（いわゆる行革一括法）施行（4月） 　→団体委任事務化，法人認可権限委譲 ④社会福祉士及び介護福祉士法制定（5月） ⑤「養護老人ホーム及び特別養護老人ホームに係る費用徴収基準の当面の改訂方針について」（意見具申）……中央社会福祉審議会老人専門分科会（12月）
昭和63年 (1988年)	①改正労働基準法施行（4月） ②民間事業者による在宅介護サービス及び在宅入浴サービスのガイドラインについて（通知）（9月）
平成元年 (1989年)	①「今後の社会福祉のあり方について」（意見具申）……3審議会合同企画分科会（3月） ②ケアハウス創設（4月） ③老人日常生活用具給付等事業の対象拡大（4月） ④中央社会福祉審議会に「地域福祉専門分科会」の設置（6月） ⑤高齢者保健福祉推進十ヵ年戦略（ゴールドプラン）の策定（12月）
平成2年 (1990年)	①「地域における民間福祉活動の推進について」（中間意見）……地域福祉専門分科会（1月） ②在宅介護支援センター事業開始 ③「老人福祉法等の一部を改正する法律」成立（6月）
平成3年 (1991年)	①「老人保健施設のあり方について」（意見具申）……老人保健審議会（7月） ②老人保健法改正（10月） ③社会保障将来像委員会設置…社会保障制度審議会（11月）
平成4年 (1992年)	①老人訪問看護制度創設（4月） ②介護実習・普及センター創設（4月） ③「老人保健福祉計画について」（通知）……厚生省老人保健福祉部長（6月）
平成5年 (1993年)	①社会保障将来像委員会（第一次報告）…社会保障制度審議会（2月） ②地域老人保健福祉計画策定義務化（4月） ③町村への特別養護老人ホームなどの措置権移譲（4月） ④「老人福祉施策において当面講ずべき措置について」（意見具申）…中央社会福祉審議会老人福祉専門分科会（12月） ⑤障害者基本法制定（12月）
平成6年 (1994年)	①「21世紀福祉ビジョン」（報告）…高齢社会福祉ビジョン懇談会（3月） ②健康保険法等改正（6月） ③社会保障将来像委員会（第二次報告）…社会保障制度審議会（9月） ④「新たな高齢者介護システムの構築を目指して」（提言）…高齢者介護・自立支援システム研究会（12月） ⑤「高齢者保健福祉推進十ヵ年戦略の見直しについて」（新ゴールドプランの策定）…三大臣合意（12月） ⑥「今後の子育て支援のための施策の基本的方向について」（エンゼルプランの策定）…（12月）

望に応えようとするための改革として評価すべきであろう。とはいえ，「誰もが，どこでも，いつでも，適正で質の良いサービスを，安心して，気軽に受けることができる」ようなサービス供給体制を確立するには，現状において多くの課題が山積していることを忘れてはならない。

　第三は，一定の経済状態を要件とする限定された対象者から，経済状態を問わない「福祉サービス利用者」へとシフトするに至ったことである。この背景には，人口高齢化に伴う寝たきり高齢者らに代表される要援護者の増加ばかりではなく，家族形態の変化，家族機能の低下，女性の就労率の増加，そして扶養意識の変化などによる家族介護機能の低下という理由もある。

　第四は，福祉サービスの供給組織の多様化が示されたことである。これからの福祉サービスの拡大や多様化の下では，確かに地域住民（ボランティア）や企業による多様なサービス供給組織をも視野に入れた委託が以前から進んできており，各地で福祉生協等による独自のサービスが提供されてきている。その意味でサービス供給組織は多様化してきているといえる。しかし，忘れてならないことは，福祉サービスの実施主体は行政であり，サービスの供給責任は行政が有しているということである。行政が福祉サービス実施上の基本的役割を十分に果たすことはいうまでもない。また，福祉サービスの一定以上の水準を維持する責務がある。

　第五は，都道府県と市町村に高齢者保健福祉計画の策定が義務づけられて，このことによって福祉と保健医療との連携が制度面からも求められるようになったことである。これら二つの分野間の連携の必要性は，以前から福祉関係者にも認識されてきていた。たとえば，民間の立場から，全民児協（全国民生委員児童委員協議会）が1987（昭和62）年に「21世紀に向けての民生委員児童委員活動―制度創設70周年を期しての活動強化方策」を示し，重点活動の一つとして，「在宅援助のためのネットワークづくり」を掲げ，その中で福祉・保健・医療のネットワークづくりの必要性を提唱した（しかし，行政を含む全体的な流れには至らなかった）。しかし近年，制度面からみると地方自治体における福祉と衛生の関係部局の統合の働き，高齢者ケアプラン策定指針の公表，そして介護保険構想をみる

と，両者の連携の度合いはかなり加速されていくものと考えられる。

第3節
高齢者保健福祉計画の意義と問題点

　改正された福祉関係八法全体の施行期日は1991（平成3年）年1月1日からとされたが，事項によっては時間的余裕が必要なものもあり，施行期日を4段階に分けることになった。最後の第4段階として施行期日が設定された事項が，①特別養護老人ホーム・養護老人ホーム及び身体障害者更生援護施設への入所決定等の事務の市町村への移譲，②都道府県の福祉事務所等の再編，③地方高齢者保健福祉計画の策定の義務づけに関するものであった。

1　高齢者保健福祉計画策定の意義

　高齢者保健福祉計画策定の意義をどのように理解できるだろうか。たとえば，村川浩一は次の5点を指摘している[3]。すなわち，①地方公共団体が21世紀に向かっての高齢社会，とりわけ地域における高齢者のための総合的なケアシステムを形づくること，②保健・福祉サービスは地域住民に最も近い地方公共団体において実施されるべきという市町村中心主義に基づき実施される中で，計画策定が進行すること。③計画において保健福祉サービスの目標量が掲げられることは，生活の質にとって不可欠のものであること，④サービス提供体制の構築が生活を支援する具体的・実効性のある内容の方向性として位置づけられたこと，⑤計画は学識経験者や地域住民の参加・理解・共感を得て，作成・実施されるべきものであること，としている。

　また，高田真治は，高齢者保健福祉計画の内包する可能性として，①地方という観点からは計画が「地方自治の試金石」となること，②計画という観点からは，計画が「福祉関連施策総合化の要石」になること，③計画が，地方・地域に根ざした，より包括的な「地域福祉計画へ発展していく

礎石」となることを指摘している[4]。

ここで，計画策定の意義を筆者なりの立場で整理すると，福祉関係八法改正の評価と重複する部分もあるが，以下の3つに整理することができる。

(1) 部分としての計画から「独立した計画」へ

いうまでもなく，行政を計画的に展開することは，統合性（一貫性・継続性）と公平性の見地から重要なことである。とりわけ，住民によって安全，健康そして福祉等の生活全般に直接的にかかわる基礎的自治体としての市町村の役割は大きいものとなる。そこで，地方自治法の第2条第5項をみると，「市町村は，その事務を処理するに当たっては，議会の議決を経てその地域における総合的かつ計画的な行政の運営を図るための基本構想を定め，これに即して行なうようにしなければならない」と定めている。同条第5項は1969（昭和44）年の地方自治法の改正によって付け加えられたものであり，この規定により，すべての市町村に基本構想（長期構想または長期総合計画ともいう）の策定が義務づけられることになった[5]。

周知のように，地方自治体の総合計画は，①前途の基本構想（多くの場合，10年先の実現すべき政策の大綱や運営方針等で構成）を中心的な柱にして，②基本計画（多くは，5年間程度の中期的計画で，基本構想を体系化し具体化したもの）と③実施改革（年度ごとに実施すべき事業として具体化した計画）の3つの柱で構成することが一般的である。しかし，市町村によっては，基本構想を政策の大綱にとどめ，基本計画に10年程度の長期的な性格をも併せ持たせる場合もある。

いずれにしても，一連の総合計画の一分野（または部分）として，社会福祉が計画化されてきたことは事実である。しかし，社会福祉の分野そのものが独立した行政計画として策定されることは皆無といってもいいすぎではなかった。

しかし，老人福祉法第20条の8（市町村老人福祉計画に関する新設条文）と老人保健法第46条の18（市町村老人保健計画に関する新設条文）の定めに基づいて，すべての市町村（正確には普通地方公共団体としての3,235市町村と，特別地方公共団体としての東京23区の計3,258市町村）に計

画策定が義務づけられたのである。
　しかも，高齢者保健福祉推進10ヵ年戦略（通称ゴールドプラン）と連動する形で，1999（平成11）年度までの到達目標の具体的な数値が求められるようになった。従来の厚生行政の枠組みは「予算の単年度主義」によって施策が展開されてきたが，このことからすればきわめて画期的な変化を遂げるに至ったと評価できよう。

(2) 国（全体）から地方（地域）へ

　地域社会に根ざした「在宅福祉サービス」が政策的に重要な課題として受け止められるようになったのは，1981（昭和56）年12月の中央社会福祉審議会の意見具申からである。その具申は，「これまでは，在宅福祉対策，特に虚弱老人等に対する福祉対策は，事実上，施設福祉対策を補完するものとして扱われる傾向が強かった。」とし，「今後の方向」として，次の3点を示した。すなわち，

① 心身上の障害を有する場合でも，家族，友人等の人間関係を保持しながら，現在の住み慣れた，地域の中で生活を維持できるよう，まず居宅処遇で対応することを原則とすること

② 介護者の負担軽減をはかりつつ，家族の扶養機能をいっそう堅固なものにするため，福祉サービスについては，原則として，所得の高低にかかわらず，援助を必要とするすべての老人を対象とすること

③ 在宅福祉サービスの推進は，行政への全面的依存ではなく，地域住民，ボランティア，民間福祉団体等による自主的な支援活動が組み込まれた福祉供給システムを整備すること

の3点である。
　以上のような方向性が示され，1982（昭和57）年10月1日以降，ホームヘルプサービスの利用要件から経済的状態（低所得）が除かれた。しかし，これは国の通知の段階に止まり，市町村レベルでの本格的な在宅福祉サービスの展開（充実）には至らなかった。本格的な在宅福祉サービスの展開と地域社会の重視は，1989（平成元）年3月の福祉関係3審議会合同企画分科会の意見具申（「今後の社会福祉のあり方について」）と，これに

基づく1990(平成2)年6月の福祉関係八法改正によってである。

　以上のことは,社会福祉の一般法である社会福祉事業法第3条(改正前:社会福祉事業の趣旨,改正後:基本理念)と同法第3条の2(改正後:地域等への配慮)に象徴されている。これらの条文には,高橋紘士が指摘しているように,改正前には含められていなかった新しい視点(福祉サービスの「必要」規定,「参加」規定,「多様化」規定,「地域への配慮」規定,「計画」規定)がある[6]。

　つまり,改正前の第3条を逆から解釈すると,正常な社会生活を営むことができない状態にあることが援護,育成または更正の措置を要する者とされ,その者に対して援助することが社会福祉事業とされていたのである。その意味では,この条文がある限りサービス利用者,参加,地域重視,そして地域における計画という考え方が生まれる余地はなかったといえよう。

　ともあれ,福祉関係八法改正によって,福祉サービスや保健サービスは,住民に最も身近な地方自治体である市町村において実施されるべきとする大きな原則が掲げられることになったのである。このような市町村中心主義の考え方は,Care in the Community(従来のような全国的,一律のサービスに甘んじるのではなく,基礎的自治体としての市町村が地域の実情をふまえながら積極的に福祉サービスや保健サービスを展開する)の視点とともに,さらに進んでCare by the Community(制度化されたサービスに地域住民の福祉活動が上乗せされ,サービスの厚みが増す)を志向することになる。したがって,その方向性と具体策を示すものが高齢者保健福祉計画の重要な役割といえる。

(3)「限定された対象者」から「サービス利用者」へ

　人口高齢化が進行するに伴い,援護を要する高齢者は増加する傾向にある。また,1994(平成6)年の「国民生活基礎調査」による,寝たきり期間別にみた寝たきり高齢者の半数近く(47.3%)が3年以上の寝たきりであり,これに1年以上3年未満の者(26.8%)を加えると,実に寝たきりの者の4人中3人までが,1年以上の寝たきりの状態であることになる。

　かつて,自立・自助を基調とする「日本型福祉社会」論が提唱されたが,

この論にそって在宅介護を行った場合,『平成6年版国民生活白書』でも指摘しているように,家族介護者にとって身体的・精神的負担が大きいばかりではなく,介護せずに外部で就労して得られる労働報酬を考慮すると,経済的にも最も負担が大きくなると考えられる[7]。また,今後の家族形態の変化・縮小,扶養意識の変化・低下,そして女性の社会進出の増大等を考慮すると,日本型福祉社会論が志向する「選別的福祉」(対象者を限定的,制限的にとらえる)や「自立・自助」(公的責任から私的責任を強調)の視点は成り立たなくなる。もちろん,何をおいても日本型福祉社会論が成り立たない要因は,要援護高齢者そのものの増加にあることを忘れてはならない。

以上の理由によって,「普遍的福祉」(サービスの普遍化,サービス利用者という考え方の流れなど)の展開につながるのである。「利用者」という考え方は,従来の一方的な受け手というニュアンスを含むものではなく,むしろ主体性を持ってサービスを活用(利用)する人という積極的な意味を有している。

本来的には「高齢者自身やその家族の福祉ニーズ」に基づいて福祉サービスの供給が決定されるべきであるが,現実にはサービスの供給量によって福祉サービスの量・質が決定され,限定的・制限的利用要件によって,サービス利用者が少ないという悪循環がもたらされていたのである。

以上のことをふまえると,高齢者保健福祉計画策定のもつ意味は大きい。すなわち,実態調査等を通じて高齢者の福祉ニーズを把握し,人口推計を加味したうえでサービスの供給量と供給体制等を設定することになる。福祉ニーズに応じて福祉サービスの供給が可能となれば,高齢者やその家族はサービスを利用することにつながる。その意味で,高齢者保健福祉計画策定の意義は大きい。

2 高齢者保健福祉計画の策定過程における問題点

改めて確認するまでもなく,高齢者保健福祉計画は,①都道府県と市町村に策定が義務づけられた行政計画であり,②福祉と保健・医療との一体

的な計画であり，③基本構想等の関連計画と調和する計画である，という特色（性格）を有している。そのことにより逆に，本格的な策定作業が始まる前後から，さまざまな問題点が指摘されることになった。

たとえば，①推計人口の乖離（市町村が可能性を期待して策定する，いわゆるマスタープランに示した推計人口とサービス供給量を視野に入れた高齢者保健福祉計画の推計人口との相違），②計画策定の民間コンサルタントへの委託の問題（行政内部のスタッフ不足なども関連するが，計画策定の外注の是否が指摘された），③住民の参加の問題（各種団体の代表者を委員に指名するなど，住民参加の意味が形骸化しているという指摘）などの問題が生じた。

さて，ここでは以下の3点に絞って計画策定過程における問題点を整理することにする。

（1）準備期間の不足と不十分な事務局体制

厚生省（当時）は，地方高齢者保健福祉計画が円滑に進むようにするために，1990（平成2）年度から「地方老人保健福祉計画研究班」を組織し，計画策定に必要な枠組みや考え方などのとりまとめ作業に着手した（**表3-2**）。

表3-2　高齢者保健福祉計画に関連する報告と通知

平成2年 （1990年）	①地方老人保健福祉計画研究班中間報告（6月）
平成3年 （1991年）	①老人保健福祉計画の策定―その基本的考え方 　…地方老人保健福祉計画研究班（3月） ②障害老人の日常生活自立度（寝たきり度）判定基準 　…同研究班・寝たきり検討部会（10月） ③老人保健福祉計画策定指針の骨子について 　…同研究班・ガイドライン検討部会（11月）
平成4年 （1992年）	①老人保健福祉計画策定に当たっての痴呆性老人の把握方法等について 　…同研究班の痴呆性老人調査・ニーズ部会（2月） ②市町村将来人口の推計について 　…同研究班人口等調査手法部会（4月） ③老人保健福祉計画について（通知） 　…厚生省（6月）

1991（平成3）年3月に示された「老人保健福祉計画の策定―その基本的考え方」を受けて，同年に全国の策定モデル市町村として策定に取り組んだ鎌倉市などの市町村や1992（平成4）年度に都道府県内のモデル市町村となった市町村を除き，多くの市町村は1993（平成5）年度から策定作業に取りかかることになった。
　ところが，小規模自治体であればあるほど，職員の専従体制を整えることができず，1人の職員がルーチン・ワークをこなしながらの策定作業の準備をせざるをえなかった現実があった。しかも，4月の人事異動の時期とも重なり，土木等の他の課から初めて福祉行政を担当することになった職員が策定作業に取り組むようになった自治体があったことも確かである。さらには，外部の民間コンサルタント会社に全面的に委託しようとする自治体の存在がマスコミを通じて報道されたりもした[8]。
　行政が外部の民間コンサルタント会社に委託することは，必ずしも悪いとはいいきれない。限定された時間の中で，基礎的作業を委託することは，たとえば行政内の建築部局のプロジェクトや企画部局が担当するマスタープラン策定などで行われている。最終計画案までも委託することは行政の立場から論外であるにしても，要は，どこまでの作業過程を委託するかであろう。
　本来的にいえば，高齢者に限定しているとはいえ，高齢者保健福祉計画は福祉の総合計画としての性格を有し，基本構想・基本計画・実施計画という三位一体のものとして位置づけられる。その意味では，かなり綿密な作業が必要となる。今回の策定過程において指摘された問題は，次回のローリング（見直し）の際には払拭されなければならないことを確認しておきたい。

(2) 国と地方自治体の目標のずれ

　周知のように，高齢者保健福祉計画の策定は，老人福祉法第20条の8（市町村老人福祉計画）と第20条の9（都道府県老人福祉計画）に基づき，また老人保健法第46条の18（市町村老人保健計画）と第46条の19（都道府県老人保健計画）に基づいて，地方自治体に義務づけられることになっ

た。その結果，市町村高齢者保健福祉計画と都道府県のそれとは，分立的に策定されるのではなくて，一方では市町村における計画が都道府県計画に積み上げられるとともに，他方では都道府県内における保健福祉圏の設定に基づいて都道府県が調整を行うという，相互に関連する計画となるものとして法律上で規定された。

以上のことからすると，市町村高齢者保健福祉計画と都道府県のそれとは，「二層計画」(高田真治[9])または「2段構えの計画」(村川浩一[10])という性格を有する計画と位置づけられることは正しい。しかし，条文をよく読むと，別の解釈も成り立つ。つまり，今回の法改正によって新設条文に基づく高齢者保健福祉計画は，「二層計画」というよりは，むしろ国,都道府県,市町村という「三層計画」という表現ができるとも考えられる。この理由としては2つある。すなわち，第一の理由は法律上の規定と現実の行政間の力関係であり，第二の理由は国が設定したゴールドプランの目標量に関係していることである。

まず，第一の理由についてみることにする。たとえば，老人福祉法の規定をみると，以下のようになっている。

- 老人福祉法第20条の8第3項：「厚生大臣は,市町村が前項(筆者注：同条第2項のこと)の目標を定めるに当たって参酌すべき標準を定めるものとする。」
- 同法第20条の9第5項：「都道府県は,都道府県老人福祉計画を定め,又は変更したときは,遅滞なく,これを厚生大臣に提出しなければならない。」
- 第20条の10(都道府県知事の助言等)：「都道府県知事は,市町村に対し,市町村老人福祉計画の作成上の技術的事項について必要な助言をすることができる。
  2　厚生大臣は,都道府県に対し,都道府県老人福祉計画の作成上の技術的事項について必要な助言をすることができる。」

つまり，①厚生大臣は,市町村が計画の目標(サービスの量等)を設定する際の参考にすべき標準を定め，②都道府県は計画を策定または変更した時,厚生大臣に提出する義務があり，③都道府県知事は市町村に対して

計画策定上重要な助言をすることができ，④厚生大臣は都道府県に対して計画策定上重要な助言をすることができる，と定められているのである。したがって，以上の規定に基づいて国は，地方高齢者保健福祉計画の策定に関する根拠を有することになり，さらにはこれまでの（また現在の）中央集権的な行政関係（構造）からすれば，今回の計画策定に関する限り「三層計画」という方が，実態を的確に表現していると考えられる[11]。

いま一つは，ゴールドプランの目標量に基づいて，国によるサービスの目標量が示された点があったことにある。たとえば，1993（平成5）年10月24日付の朝日新聞は,「1％の壁」という表現で報道している[12]。つまり，ゴールドプランの特別養護老人ホームの整備目標量は24万人であり，ゴールドプランの目標年度における老年人口の推計人口からすると，約1.1％であり，施設設置が国の予算枠で決まる現状からすると，「1％」を地方自治体は無視できない，としている。おそらく，国による行政指導という形で，都道府県や政令指定都市に整備目標として示されたものと推察できる。その意味からしても，「三層計画」ということができよう。

ともあれ，今回の計画策定の出発点には，ゴールドプランの掲げた目標量の存在を否定できず，さらには計画策定過程に文書によらない国による行政指導が随所にみられたことも事実といえる。その意味では，人口構造や産業構造等の面からみて，固定資産税や住民税等があまり見込めないため，自主財源に乏しい（財政力指数の低い）自治体（結果的に小規模自治体が多くなる）ほど，サービスの目標量，事業量の設定には苦慮したことが推察できる。

確かに，国と都道府県が計画の目標量等を示して調整することは，市町村によるサービス目標量・事業量のミニマム（最小量）を示す側面があったという意味で評価できるが，まったく逆の見方からいえばミニマムであったはずのものが，結果的にマキシマム（最大量）に陥った側面も否定できない。さらには，示された計画の目標量や事業メニューを充足しない限り，市町村独自の事業はあまり歓迎されなかったともいえる。こういったことから，国・都道府県と市町村との間には「ずれ」が生じ，地方自治の観点から問題が残ったのである。

(3) 住民参加の不十分さ

　高齢者保健福祉計画策定の意義の一つには，2000（平成12）年3月末日までを目標とする，各自治体の行政計画としての保健福祉サービスの具体的数値が示されたことであり，その結果計画に掲げられる数値を達成するために段階的に事業化されていった。

　もちろん，計画策定は単なる「将来のサービス数値」を示すことだけに意義があるのではない。より重要な意義は，地域住民が計画策定過程に参加することによって，自治体＝地域社会レベルの保健福祉サービスの量と質を確定することばかりでなく，保健福祉サービスに対する地域住民の関与度合いを設定することにもある。なぜならば，高齢者を含む地域住民にとって，行政が提供する保健福祉サービスの充実は，「豊かで明るく安らぎの持てる社会」を実現するための必要条件といえるが，地域住民の保健福祉サービスへの参加・活動がなければ，それを実現することは困難だからである。

　しかし，今回の高齢者保健福祉計画策定過程において住民参加の不十分さが指摘されたことは記憶に新しく，最も大きな問題点となった。たとえば，福岡県社会福祉協議会は，1993（平成5）年6月に県内95市町村（2つの政令指定都市を除く）に対してアンケート調査（「第2回・市町村老人保健福祉計画作成状況調査」）を行った。その調査結果（回答80市町村，回収率84.2％）から「住民参加・要望反映」の項目をみると，**表3-3**にあるように計画策定過程において要望を反映するという意味での住民参加の度合いはかなり低調であることが明らかとなった（もっとも，調査時期が計画策定過程の初期の段階であったため，低い数値しか出ていないという理由のあることも確かにあるが，計画終了時点から振り返ってみても，全体的には要望を反映するという意味での住民参加の度合いの面からも，かなり低調であった）。

表3-3　住民参加・要望反映

ヒアリング	懇談会	公聴会	アンケート	その他	計
10	15	1	18	8	52

実は，計画策定過程における「住民参加」がもつ意味は，以上のような要望などを反映することだけにあるのではない。つまり，可能な限り多くの住民が正式のメンバーとして，最初の段階から計画策定にかかわる仕組み（体制）が設定されていることも重要である。

　しかし，現実をみると，一部の自治体では計画を審議する委員を公募したケースもあったが，多くの自治体の場合，従来のやり方を踏襲して地域社会に伝統的に根づいている各種団体の代表者，保健医療機関の代表者，福祉関係の代表者，学識経験者，議会の代表者，行政の代表者を選定し，審議していく手法がとられる傾向がみられた。

　以上のような従来のやり方で計画策定メンバーを設定する方法は，全体的に諸団体を網羅しながら順調な策定作業の進行が期待できることになる。このことからすれば，社会福祉関係の代表者ということになると，歴史を有する老人クラブなどの代表者ということになり，当事者団体の代表や従事者の代表が選ばれる可能性が低くなるのである。

　当事者団体はメンバーの居住地を超えて設立される「機能別組織」の傾向が強く，とくに小規模自治体レベルではメンバーの数は少なく，組織としては未成立の場合も少なくない。形式的には実態調査への回答やヒアリングなどの際に，サービスの充実等を表明する機会があるといえるが，当事者が有する社会生活上の困難さと，必要とするサービスの量と質を計画の中に盛り込む直接的な表明の機会は，正式なメンバーとして位置づけられて初めて可能となる。この意味では，計画策定過程において十分な「住民参加」が実現されたとはいい難いのである。

第4節 今後の課題

　今回の高齢者保健福祉計画策定過程において，かなりの問題点が指摘され，多くの課題が残されることになった。それらは次に示すような，大きく4つの課題に絞って整理するとができる。なお，紙幅の関係上，箇条書き的なまとめになることをあらかじめお断りしておきたい。

1　地方自治体における政策の選択

　一連の高齢者保健福祉計画策定作業全体を通じて明らかになったことは，すべての住民（自治体の首長・議会・職員，そして地域住民を含む）が自治体の将来像をどのように描き，保健福祉サービスをどのように展開すべきであるのか，という点にあった。

　人口規模とその集積度の観点からしても，小規模自治体ではインフラストラクチャ（社会共通資本）の整備が著しく立ち遅れており，地域住民の日常生活に密接に関連する上水道・下水道，交通機関，病院，そして福祉施設等の整備は地方自治体にとって大きな課題となっている。このことに加えて，自治体保健福祉サービスの量と質をどのように設定していくべきかという課題にも直面していくことになったのである。

　保健福祉サービスの充実を自治体のトップである首長に期待することは容易である。しかし，その成否は地域住民一人ひとりの肩にかかっているのである。

2　地方自治体の財源対策

　いうまでもなく，援護の必要な高齢者を支える保健福祉サービスを展開するためには，実に多くの人的資源と資金が必要となってくる。今回の計画策定過程で見通しが立たなかった問題と課題が「財源の確保」についてである。

　厚生省が明確な財源対策を示さないなどのため，自治体レベルでは財政担当課と計画策定担当課との調整がつかず，サービス目標量・事業量を低く設定し直さなければならない自治体も少なくなかった。とくに，この点は財政力の弱い小規模自治体ほど顕著であった。

　確かに，厚生省・大蔵省・自治省の3省合意によるゴールドプラン公表後，老年人口比率の高い自治体における財政需要を反映させるための地方交付税算定上の改善（たとえば，地域福祉基金費の増額と割増配分，単独事業分の社会福祉経費の増額と割増配分，ホームヘルパー派遣世帯数に応

じた密度補正など) がなされたりもしているが, 根本的な解決に至っていないのが現状である。

財政問題は自治体における保健福祉サービス水準を大きく規定する要因であるだけに, 抜本的な解決方策が求められているといえよう。

3 計画の実施状況の点検と見直し

高齢者保健福祉計画策定過程において多くの問題が出現したものの, 厚生省老人保健福祉局老人福祉計画課の集計資料をみると, 1994 (平成6) 年3月31日の時点で, 約97％の市町村で計画策定作業を完了した。

そこで, 残された課題が, ①計画の実施状況の点検 (見守りや監視体制の確立), ②見直し (ローリングプランの作成作業) の2つということである。

①に関しては必ずしも十分ではないにしても, 策定された計画が年度ごとに確実に具体化されていく必要がある。それを誰が見守り監視していくかという課題である。このことは行政の関係課や議会に一任するという考え方が成り立つが, 住民参加という観点からすれば, 計画策定において設置された審議組織がその役割を担っていくという考え方もできる。なぜならば, 計画策定が完了したことですべてが終わるのではなく, 計画策定が完了した時点から, 新しい第一歩が始まるからである。

②に関していえば, 1995 (平成7) 年度に国勢調査が実施されることになっており, 老年人口などが集計される。当然, 計画と実態との間に食い違いが生じていないかをチェックする必要が生じてくる。今回の計画策定は高齢者に焦点をおいたものであるだけに, 高齢者がもつ心身上の特性からしても計画と実態との間に相違が生じる可能性が高くなる。この意味においても計画の見直し作業が必要となってくる[13]。

今一つの理由は, 全国的な計画策定終了後に厚生省の政策にかなりの修正と変化がみられるようになってきたことにもある。たとえば, 1994 (平成6) 年に入り, 全国の自治体の目標値 (量) が集計された結果, ゴールドプランの目標値との間にかなりの相違がみられた。そこで, 消費税増税

との絡みでゴールドプランの見直し（新ゴールドプランの策定）がなされ，またいわゆる「介護保険構想」も打ち出されている。介護保険（注：2007〈平成19〉年に法として成立）による介護体制の確立という視点は，自治体の計画策定の際に含まれていなかったため，近い将来において計画そのものの見直しが必要となってくるのである。

4 福祉計画の総合化

自治体レベルで策定される行政計画は行政全体の方向性を示す「総合計画」（基本構想・基本計画・実施計画）を柱に，国土利用計画，都市計画，農業振興地域整備計画，過疎振興計画などがある。これらの計画は法律に基づいてすべて策定が義務づけられているとは限らないが，計画が行政の指針となっている。そして，福祉の領域ではこれまで述べてきた高齢者保健福祉計画が新たに加わったのである。

今回の策定された計画は，高齢者にターゲットを絞り，しかも寝たきり高齢者らの援助を要する人へのサービス目標量や人材の確保等に主眼がおかれる傾向が強かった。もちろん，生きがいや健康の維持に関するサービスやボランティア活動等についても，計画の中では一つの柱としては位置づけられてはいたが，策定された計画をみる限りでは十分とは言い難い。

さらに忘れてはならない課題としては，社会福祉すべての分野を網羅した計画（福祉総合計画）ではないということである。一部の自治体では，福祉総合計画（総合福祉計画）が策定されたりもしているが，多くの自治体では行政計画は高齢者保健福祉計画にとどまっている。

新ゴールドプランが掲げる基本理念（利用者本位，自立支援，普遍主義，総合的サービスの提供，地域主義）は何も高齢者だけに当てはまるのではなく，障害者や児童・母子らにも共通する理念といえよう。そして，自治体が次なる段階として，独自に福祉全体を視野においた「福祉総合計画」の策定に取り組むことを期待したい。

≪注・引用文献≫

1) 福祉制度改革の流れは，拙著『高齢者福祉処遇』中央法規，1991年，第1章と第2章において整理している。また，福祉制度改革に対する論点の整理は，宮田和明「社会福祉制度改革の到達点と残された課題」『社会福祉学』第34-1号，日本社会福祉学会，1993年が参考になる。
2) 1989年（平成元）3月の福祉関係三審議会合同企画分科会の意見具申（「今後の社会福祉のあり方について」）では，社会福祉の新たな展開を図るための基本的な考え方＝「6つの方向」として，①市町村の役割重視，②在宅福祉の充実，③民間福祉サービスの健全育成，④福祉と保健・医療との連携，⑤福祉の担い手の養成と確保，⑥福祉情報の提供体制の整備，を示した。
3) 村川浩一「地方老人保健福祉計画の策定」『保健福祉計画とまちづくり』（長寿社会講座第3巻）第一法規，1993，20～22。
4) 高田真治「地方老人保健福祉計画の策定視点―その背景と展望」『月刊福祉』第75巻8号，全国社会福祉協議会，1992年7月，33。
5) 長野士郎『逐条地方自治法』（第11次改訂新版）学陽書房，1993，42～43によると，制定の趣旨は，「今日の急激な地域経済社会の変動の中にあって市町村が真に住民の負託に応え適切な地域社会の経営の基本を確立することが必要であると考えるが，このことは最近の各種の地域問題に関する諸法制が整備されることとの関連においても改めて強く認識されるにいたったからである。したがって，ここにいう基本構想は，当該地域の発展のために立てられる各種の具体的な計画のすべての基本となるべきものでなければならない」としている。
6) 高橋紘士「社会福祉改革と地域福祉の課題」『社会福祉研究』第53号，鉄道弘済会，1992，18。
7) 経済企画庁『平成6年版国民生活白書』大蔵省印刷局，1994，93。これと同じような指摘が，健康保険組合連合会（健保連）「老人ケアの社会的コストに関する調査研究報告」においてなされている。すなわち，制度化された介護コスト1兆5,770億円に対し，家族介護コストは2兆821億円と推計されているのである。
8) たとえば，朝日新聞のシリーズ「あなたの老後は―老人医療の現実」の8回目「市町村福祉」（1993〈平成5〉年3月5日）では，市町村が高齢者保健福祉計画の民間コンサルタント会社に委託している状況を報道している。
9) 前掲，4)
10) 前掲，3)
11) 1992年（平成4）6月30日付の厚生省老人保健福祉計画部長通知（「老人福祉計画について」）において，計画策定全般にわたる内容等が記され，通知の持つ意味からしても自治体に大きな影響を与えるともいえる。
12) 朝日新聞西部本社版の5回シリーズ「老い先迷路―点検制度改革」の第5回目の「1％壁」（1993年10月24日）。また，ゴールドプランの目標量の低位性について筆

は当初から指摘していた(「福岡都市圏における老人福祉に関する施策及ぶ福祉施策の現状と課題調査」九州経済調査協会,1993年3月参照。)
13) 高齢者保健福祉計画に関するローリング(見直し)の必要性については,当初,かなり関係者の間でも認められていたが,最近の介護保険構想が浮上して以来,吹き飛んだように見うけられる。

≪参考文献≫

① 厚生省監修『老人保健福祉計画作成ハンドブック』長寿社会開発センター(1993)。計画策定に関する地方老人保健福祉計画研究の報告や厚生省通知等が収録されており,便利である。
② 白澤政和『「老人保健福祉計画」実現へのアプローチ』中央法規出版(1994)。各自治体の先進地の事例を紹介しながら,福祉関係者が何をなすべきかを明らかにしている。
③ 河合克義編『住民主体の地域保健福祉計画』あけび書房(1993)。単に高齢者保健福祉計画の策定に限定するのではなく,住民の要求実現の視点から示されている。
④ 大友信勝編『検証高齢者保健福祉計画—住民参加型へのアプローチ』KTC中央出版(1994)。例題から理解できるように,計画策定過程における参加の意味と名古屋市の市民グループの取り組み状況が参考となる。
⑤ 三浦文夫編『図説高齢者白書1994』全国社会福祉協議会(1994)。年報的性格を有し毎年発行されており,高齢者施策に関する全体像を把握するうえで大いに参考となる。また,特集として収録されている論文は,計画を考えるうえで学ぶべき点が多い。

第4章

社会福祉基礎構造改革の理念と課題

はじめに

　21世紀における本格的な少子高齢社会の到来を目前にして，第二次世界大戦後に形成されてきたわが国の社会福祉制度のあり方が問い直され，大きく変わろうとしている。現在，取り組まれている社会福祉基礎構造改革は，戦後に基礎が築かれた福祉制度を総点検し，新しい時代の要求に適合した制度を創造しようとする試みといえる。

　今日，日本国憲法第25条に謳われている生存権保障の具体化を求め，国家責任（行政責任）を追求していく時代から，新たな発想と視点を有する福祉制度を構築しなければならない時代をむかえようとしていることは確かである。

　そこで本稿においては，まず第二次世界大戦後における福祉制度の到達点を確認して検証していく。次に社会福祉のパラダイムの転換の意味を整理したうえで，社会福祉基礎構造改革の意義と内容を整理し，最後に今後の課題を整理することにする。

第1節 第二次世界大戦後における社会福祉の到達点

1　戦後の社会福祉制度の展開

　第二次世界大戦直後のわが国は，敗戦後の経済的混乱と国民生活窮乏の事態に直面し，各種の緊急対策を迫られることになった。海外からの引揚者，「戦災孤児」，そして「傷痍軍人」らの生活困窮者への保護と援助を目的として，戦後の社会福祉制度の歩みは始まったのである。また，当時の経済的貧困と衛生状態に起因する結核などの伝染性疾患（感染症）への対策も厚生行政の柱であった。

（1）社会福祉制度の枠組みの構築

　社会福祉制度の基礎づくりは，まず昭和20年代前半（1945～1949年）

に社会福祉の分野に対応する特別法である「福祉三法」(児童福祉法，身体障害者福祉法，生活保護法)の制定によって出発することになった。そして，1951(昭和26)年に社会福祉の一般法である社会福祉事業法が制定され，その後1960(昭和35)年の精神薄弱者福祉法，1963(昭和38)年の老人福祉法，1964(昭和39)年の母子福祉法(1981〈昭和56〉年に母子及び寡婦福祉法と改正)を制定し，いわゆる「福祉六法」体制が整うことになった。このようにわが国の社会福祉制度は1960年代(昭和35～44年)前半までにその基礎が作られたのである。とくに社会福祉事業の全分野にわたる共通的かつ基本的事項を規定する法律として制定された社会福祉事業法は，戦後の社会福祉制度を規定する枠組み法として位置づけられることになった[1]。

社会福祉事業法制定の中心的役割を果たした厚生事務次官(当時)木村忠二郎は，その著書の中で，次のように記した[2]。

「最近になって，日本国憲法で，『社会福祉』(Social Welfare)という言葉が，もちいられ，これに応じて『社会福祉事業』という言葉がもちいられるようになった。この言葉はまだ熟したものとはおもわないけれども，消極的な貧困の状態におちいったものを保護するにとどまらず，貧困の状態におちいることを防止することから，さらにすすんでは積極的な福祉の増進までをもその目的にふくませたいという意気ごみをあらわしたものとして，これをもちいようという傾向がある。」と述べている。
当時の経済・社会的状況からすれば，経済的困窮者を中心とする社会的施策の内容は，戦前の社会事業のそれとほとんど変わらなかったといえるが，木村忠二郎を中心とする「開明官僚」にとって，戦後の厚生行政の方向性(事後対策としての救貧だけでなく，予防的な意味合いを含む防貧事業等の積極的側面をとくに強調)を示すためにも，あえて「社会福祉事業」という用語を使用することにしたのであろう。

福祉三法が成立した当時の状況の下で，占領軍司令部(GHQ)から「昭和25年度において達成すべき厚生省主要目標及び期日についての提案」が示された。

すなわち，その中の目標として，①厚生行政地区の確立，②市厚生行政

の再組織，③厚生省により行われる助言的措置及び実施事務，④公私社会事業の責任と分野の明確化，⑤社会福祉協議会の設置，⑥有給専門吏員に対する現任訓練の実施，があってそのための立法化が急がれたのである。その後，1950（昭和25）年10月16日に社会保障制度審議会からの「社会保障制度に関する勧告」を受け，国会の審議を経て，1951（昭和26）年3月29日に社会福祉事業法が公布されることになったのである。

　制定当時の社会福祉事業法は全部で89条で構成され，その内容は法の目的，定義（第1種社会福祉事業，第2種社会福祉事業），社会福祉事業の趣旨，社会福祉事業の経営主体，事業経営の準則，社会福祉審議会，福祉に関する事務所，社会福祉主事，社会福祉法人，助成及び監督，社会福祉事業としての施設の設置，共同募金及び社会福祉協議会，などの規定を含むものであった[3]。

　その後に部分的改正（追加等）があったものの，基本的には制定当時の枠組みのままで今日に至っているのである。

(2) 社会福祉制度の転機

　1970（昭和45〜54）年代以降，社会福祉の潮流は，「地域福祉」の推進という方向に大きく展開し，それに伴って福祉教育・ボランティアの養成，在宅サービスの展開，施設の社会化・地域開放などの必要性が提唱されるようになり，社会福祉制度のあり方も問い直されるようになった。そこで，福祉施策も福祉施設への入所を中心とするものから，在宅における生活を支援する施策を視野に入れるようになり，たとえば1978（昭和53）年度から短期入所事業（当初は短期保護事業といわれた）が，翌年度からはデイサービス事業が国の補助事業として位置づけられ，全国の市区町村において在宅サービスが開始されることになった。

　とはいえ，これらの在宅サービスは当初はモデル事業の域を出ず，しばらくの間広がりに欠ける状態であったといえる。

　1980年代（昭和55〜平成元年）に入り，社会福祉制度も大きな転機をむかえることになった。その理由の一つは，1981（昭和56）年の「国際障害者年」である。1950年代（昭和25〜34年）からデンマークにおいて

形成されてきたノーマライゼーションに代表される，わが国にとっては新しい社会福祉の思想（哲学）が本格的な広がりを持ち始め，社会福祉制度のあり方が問い直されることになった。

いま一つの理由は，人口高齢化に伴って生起する高齢者の介護問題である。要介護性はその人の経済状態に関係なく，加齢に伴って心身機能が低下することで生ずる。そのために，生活保護に代表される経済的要件を満たした場合に選別的に援助を行う方式（選別主義サービス）から，経済状態を問わない方式（普遍主義サービス）への転換が求められるようになってくるのである。「いつでも，どこでも，だれでも」という福祉サービスに関するキャッチフレーズは普遍主義サービスを象徴するものといえよう。

2　社会福祉の到達点

1980年代後半から1990年代（平成2～11年）にかけて社会福祉制度にかかわる新しい動きが出てきた。その一つは，「社会サービス」という用語が厚生行政の年次報告書である『厚生白書』に用いられたことに象徴され，いま一つは，「福祉関係八法改正」である[4]。

（1）厚生行政の新しい視点

1986（昭和61）年版の『厚生白書』の中で初めて「社会サービス」という用語を用い，次のように解説した。すなわち，社会サービスとは，「国民生活の基盤を成すサービスで，公的部門が供給主体となり又は何らかの制度的な関与を行うことによって，民間部門における供給と併せ，サービスの安定供給や質の確保を図っていく必要のあるサービスを指すものとされており，代表的な社会福祉サービス，高齢者や障害者の就労やまちづくり，などが挙げられる。」とし，保健・医療・福祉のサービスという観点が必要であることを指摘した。つまり，ここでいうところの社会サービスは，イギリスの「Social Service」の概念をふまえて記しているものと考えることができるが，これまでの社会福祉制度を超えたサービスの総合化

の必要性を提唱したものと理解できる。さらに，1987（昭和62）年版の『厚生白書』では，「サービスを受ける側に対する配慮（受け手志向）が大切である。」ことも記された。

以上のような新しい視点を厚生行政の公式報告書『厚生白書』に盛り込んだこと自体がきわめて画期的なことであり，新たな厚生行政の胎動と理解できる[5]。

（2）福祉関係八法改正に基づく新たな視点

これまで社会福祉事業法の見直し（改正）に関しては幾度か検討されたりしたが，この見直し作業そのものがそのまま戦後の社会福祉制度の大転換につながるという理由から，手つかずの状態で今日まで至ってきた。

それでも，1990（平成2）年6月の「福祉関係八法改正」（正式には「老人福祉法等の一部を改正する法律」）の際に，社会福祉事業法もかなりの改正がなされた。とくに注目すべき改正点は，同法第3条の「社会福祉事業の趣旨」（改正後は，「基本理念」）である。旧規定では，「社会福祉事業は，援護，育成又は更生の措置を要する者に対し，その独立心をそこなうことなく，正常な社会人として生活することができるように援助することを趣旨として経営されなければならない。」と規定していた。ここの意味は，「援護・育成・更生の措置を要する者」とは，正常な社会生活を営むことができない人であり，その人を正常な社会生活を営むことができるように援助することが社会福祉事業に他ならず，結果的には社会福祉の対象を限定（制限）し，選別することになったのである。

新条文（3条）では，「国，地方公共団体，社会福祉法人その他社会福祉事業を経営する者は，福祉サービスを必要とする者が，心身ともに健やかに育成され，又は社会，経済，文化その他あらゆる分野の活動に参加する機会を与えられるとともに，その環境，年齢及び心身の状態に応じ，地域において必要な福祉サービスを総合的に提供されるように，社会福祉事業その他の社会福祉を目的とする事業の広範かつ計画的な実施に努めなければならない。」（下線は筆者注）としている（**表4-1**）。

(3) 社会福祉の到達点

福祉六法体制が確立した1964（昭和39）年から35年目をむかえた今，わが国における社会福祉は新たな飛躍の時期をむかえている。これまでの足跡からみた社会福祉の到達点は次のように整理できる。

新しい福祉思想の普及と具現化

ノーマライゼーションに代表される福祉思想が広まるに伴い，従来の施設入所主義から居（在）宅サービスを含む「保健福祉サービス」として取り組まれるようになってきた。

自立と共生を目指す福祉文化の創造

生活保護が当初意図していた狭い意味での自立—経済的自立—にとどまらず，経済的自立，身体的自立，心理的・精神的自立を含む「社会的自立」の必要性が認識されるようになってきた。また，障害者自身による自立生活運動に象徴されるような当事者グループの主体的な活動が展開されるよ

表4-1　社会福祉事業法第3条の新旧比較（1990〈平成2〉年6月改正）

改　正　前	改　正　後
（社会福祉事業の趣旨） 第3条　社会福祉事業は，援護，育成又は更生の措置を要する者に対し，その独立心をそこなうことなく，正常な社会人として生活することができるように援助することを趣旨として経営されなければならない。	（基本理念） 第3条　国，地方公共団体，社会福祉法人その他社会福祉事業を経営する者は，福祉サービスを必要とする者が，心身ともに健やかに育成され，又は社会，経済，文化その他あらゆる分野の活動に参加する機会を与えられるとともに，その環境，年齢及び心身の状況に応じ，地域において必要な福祉サービスを総合的に提供されるように，社会福祉事業その他の社会福祉を目的とする事業の広範かつ計画的な実施に努めなければならない。 （地域等への配慮） 第3条の2　国，地方公共団体，社会福祉法人その他社会福祉事業を経営する者は，社会福祉事業その他の社会福祉を目的とする事業を実施するに当たっては，医療，保健その他関連施策との有機的な連携を図り，地域に即した創意と工夫を行い，及び地域住民等の理解と協力を得るよう努めなければならない。

うになってきており，まさに障害を有する者とそうではない者とが「共に生きる社会」を創造していこうとする動きがみられるようになってきた。

生活の質（QOL：Quality of Life）の追求

単なる物質的な側面から量的にとらえる生活水準という尺度ではなく，安全・安心・快適さを保障する住宅や交通などのハード面でのバリアフリーの促進，ふれあいのある豊かな人間関係などを含む快適な生活権の保障とその具体化が必要とされてきている。

福祉活動への主体的な参画

いわゆる阪神・淡路大震災（兵庫県南部地震）を契機に，ボランティア（ボランティア活動）に対する国民の認識が大きく変わりつつあるように思われる。震災当時，時間と労力を提供できる人は募金活動を行ったりし，取り敢えず被災地の人々への救援活動を行うという光景がいたる所でみられた。これらの行為は人によって異なると考えられるが，重要な点は「問題の共有化」または「共感的理解」がみられたことである。その意味では行政依存の体質を克服し，行政の取り組みを超えた主体的なかかわりがみられるようになってきたことである。さらには，特定非営利活動促進法（いわゆるNPO法）の施行を機に，従来の枠組みを超えた福祉活動の可能性が期待できるようになってきたことである。

第2節
社会福祉基礎構造改革の取り組み

1　社会福祉のパラダイム（思考の枠組み）の転換

1990（平成2）年以降における世界の先進国は，第二次世界大戦後の最大の転機をむかえている。「揺りかごから墓場まで」（From the cradle to the grave），というスローガンに象徴される「福祉国家」を支えてきた社会保障・社会福祉のシステムが，経済のグローバル化と人口構造の変化によって再検討を迫られているのである。

(1) 先進国の状況

20世紀（とくに第二次世界大戦後）における世界各国に共通する経済社会モデルは，「成長の理論」に基づいてきた。すなわち，この考え方によれば，経済の高度成長が雇用の機会を創出し，人々の豊かな生活を実現するとともに，人々のライフステージに適合した高い水準の社会保障・社会福祉制度を確立するというものであった。

しかし，技術革新，貿易自由化，そして発展途上国の世界経済への参入などによる「経済のグローバル化」が，今や先進国の独り勝ちを許さなくなってきている。しかも，先進国は人口構造の面で少子化と高齢化が急速に進行しており，低経済成長による税収不足と社会保障・社会福祉サービスの予算増というアンビバレント（二律背反的）な厳しい状況に直面している。

(2) 21世紀の枠組み

そこで，21世紀において経済社会の枠組みをどのように設定するかが大きな課題となっているわが国では，21世紀における新たなる経済社会システムの創出のために，行政・財政・社会保障・経済・金融・教育の6分野において取り組みが行われている。ここでのコンセプトは「規制緩和」と「競争」にあり，このことによって最先端技術の面で革新を呼び起こし，開発（発展）途上国を含めた他の国々との区別化を図り，低経済成長（安定成長）をベースにする「成熟社会」へ転換を図ろうとしている。

マクロ的にいえば，原油に代表される天然資源を有しない日本にとっての将来の選択肢は，対外的には原材料を輸入し，それをもとに付加価値の高い商品を生産・輸出して外貨を獲得する。国内的には社会福祉制度の充実（とくに介護サービスの充実）を大きな柱と位置づけて，それによって雇用増などを図るという経済の循環構造を確立していくことが求められる。

2 社会保障構造改革の取り組み

1996（平成8）年11月に社会保障関係審議会会長会議による「社会保

障構造改革の方向(中間まとめ)」が取りまとめられた。そこでの議論は「少子・高齢化の進行，経済基調の変化，財政状況の深刻化等のなかにあって，今後の社会保障についての国民の不安を解消し，成熟した社会・経済にふさわしい社会保障とするため，社会保障の役割を再認識しつつ，21世紀に向けてその構造を見直すべき時期にきている。そのため，今後，国民の同意に基づく選択の下，社会保障構造改革を着実にすすめていくことが必要である。」という認識から出発している[6]。

基本的な方向としては，21世紀における少子高齢社会に対応するためには，社会保障の仕組みを全面的に見直すことが必要とされ，医療保険，年金保険および社会福祉の各制度の再構築を目指すことになっている。

社会保障構造改革の視点は，次のように示されている。

(1) 制度の横断的な再編成などによる全体の効率化

多様な需要に，より適切に対応するサービス提供体制を確立し，老後の不安等の解消を図るとともに，安全網（セーフティネット）としての社会保障に隙間や無駄，重複が生じないようにするという観点から，①高齢者介護体制の確立，②医療制度全般の効率化，③年金に係る将来の現役世代の負担の適正化，④少子化問題への総合的対応，⑤入院・入所時の費用負担の調整の検討，をあげている。

(2) 在宅医療・介護に重点を置いた利用者本位の効率的なサービスの確保

自立支援・利用者本位の仕組みを重視する観点から，①在宅医療・介護に重点を置いた処遇の確保等，②情報開示と利用者によるサービス選択の尊重，③適切な自己負担によるサービス費用に対する意識の喚起，④民活促進等による質の確保と全体としての費用の適正化の必要性，を指摘している。

(3) 全体としての公平・公正の確保

公平・公正の実現は社会全体の仕組みを通じて目指さなければならない

が，①世代・制度を通じた公平・公正，②資産の活用，③低所得者への配慮，④社会保障の適用における個人の取り扱いに関する検討の必要性，を示している。

(4) 留意すべきその他の視点

留意すべき視点として，①保健・福祉サービスにかかわる主体の役割分担と連携強化—国・都道府県・市町村の役割分担と連携強化，住民参加の非営利組織やボランティアなどの活動支援，②社会保障施策と他施策との連携強化による総合的対応，が強調されている。

3 社会福祉基礎構造改革の検討過程と意義

社会保障構造改革の第一歩が介護保険制度の創設であり，これに連動する形で医療保険・老人保健制度，年金保険制度，そして社会福祉制度の改革が進められている（図4-1）。

(1) 社会福祉事業等の在り方に関する検討会の議論

社会福祉基礎構造改革は，その前段階の「社会福祉事業等の在り方に関する検討会」（以下，「在り方検討会」と略す）による6回にわたる議論（1997〈平成9〉年9月9日から同年11月25日まで）の結果をふまえて開始された。「在り方検討会」の議論の経過とその中身は，『社会福祉の基礎構造改革を考える—検討会報告・資料集』に詳しいが，議論された内容を要約すると，次のようになる[7]。

改革の方向

ⅰ）対等な関係の確立

サービスの利用者を弱者保護の対象としてとらえるのではなく，個人の自立と自己実現を支援する福祉サービスにふさわしい利用者とサービス提供者との対等な関係を確立する。

ⅱ）個人の多様な需要への総合的支援

心身の状況や家庭環境などに応じて個々の利用者が持つさまざまな需要

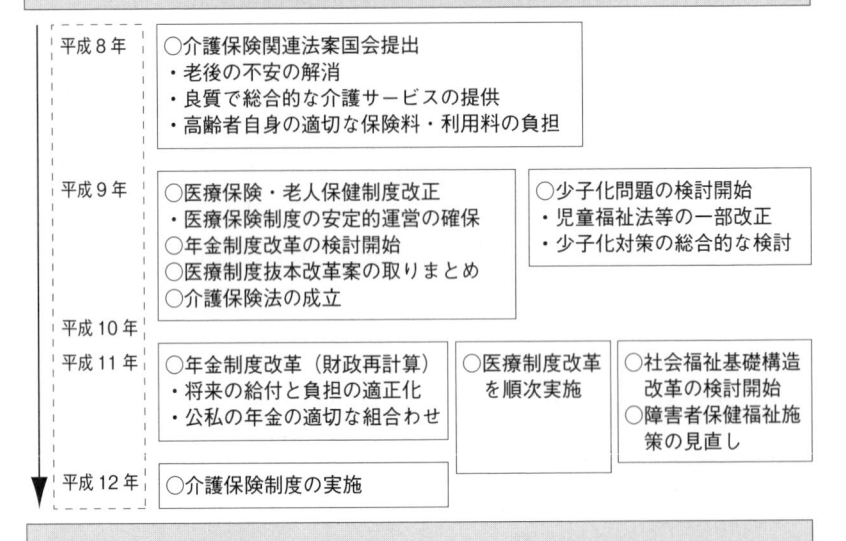

```
┌─────────────────────────────────────────────────────────┐
│  社会保障構造改革の第一歩としての介護保険制度の創設に引き続き，    │
│       医療・年金・社会福祉の改革に順次着手                 │
└─────────────────────────────────────────────────────────┘

平成8年   ○介護保険関連法案国会提出
         ・老後の不安の解消
         ・良質で総合的な介護サービスの提供
         ・高齢者自身の適切な保険料・利用料の負担

平成9年   ○医療保険・老人保健制度改正        ○少子化問題の検討開始
         ・医療保険制度の安定的運営の確保    ・児童福祉法等の一部改正
         ○年金制度改革の検討開始            ・少子化対策の総合的な検討
         ○医療制度抜本改革案の取りまとめ
         ○介護保険法の成立

平成10年
平成11年  ○年金制度改革（財政再計算）  ○医療制度改革   ○社会福祉基礎構造
         ・将来の給付と負担の適正化    を順次実施       改革の検討開始
         ・公私の年金の適切な組合わせ                   ○障害者保健福祉施
                                                      策の見直し

平成12年  ○介護保険制度の実施

┌─────────────────────────────────────────────────────────┐
│       制度の再編成／利用者本位の効率的なサービスの確保         │
└─────────────────────────────────────────────────────────┘
```

図 4-1　社会保障構造改革の進め方
出所：厚生省（当時），平成9年

を総合的にとらえるとともに，それに対応して必要となる福祉・保健・医療などの各種のサービスが地域において相互に連携し，効果的に提供される体制を構築する。

　ⅲ）信頼と納得が得られる質と効率性

　サービス利用や費用負担について，国民の信頼と納得が得られるよう，適正な競争を通じて良質なサービスの効率的な提供の仕組みを構築する。

　ⅳ）多様な主体による参入促進

　利用者の幅広い要望に応えるため，多様な提供主体による福祉サービスへの参入を促進する。

　ⅴ）住民参加による福祉文化の土壌の形成

　社会連帯の考え方に基づき，幅広い住民の積極的な参加を得て豊かな福祉文化の土壌を形成する。

ⅵ）事業運営の透明性の確保

　サービスの内容や事業運営に関する情報を公開し，利用者による適切なサービスの選択と事業運営に対する信頼を確保する。

　ⅶ）福祉文化の創造

主な検討事項

　ⅰ）社会福祉事業

　現行の社会福祉事業の概念の見直しとその範囲・区分・規制・助成等の基本的なあり方を検討する。

　ⅱ）措置制度

　措置制度はサービス利用者にとってその選択や利用しやすさの面で問題がある。そのため，契約による制度を基本とするなどして，措置制度の全体的な見直しを検討する必要がある。

　ⅲ）サービスの質

　サービスの質を確保するため，専門職等の位置づけなどを行い，また契約による利用に対応した利用者保護等の仕組みを検討する必要がある。

　ⅳ）効率化

　事業者間の適正な競争を促進するなどして，サービスの質と効率性の向上を図る手法を検討する必要がある。

　ⅴ）施設整備

　措置制度の見直しの際に，サービスの対価としての収入を施設整備の費用に充当することを認めるなど，費用調達のあり方を検討する必要がある。

　ⅵ）社会福祉法人

　福祉サービスへの多様な主体の参入が進むなかで社会福祉法人のあり方等を検討する必要がある。

　ⅶ）社会福祉協議会，ボランティア団体等

　社会福祉協議会，ボランティア団体等と協働して，ネットワークづくりや身近な生活支援活動に一層取り組み，また民生委員には地域で果たす役割にふさわしい位置づけを行う必要がある。

　ⅷ）共同募金

　募金方法や配分方法の見直しを検討する必要がある。

ⅸ）人材養成・確保

福祉にかかわる人材の確保についても市場原理の活用を考えるべきであり，利用者への配慮・倫理面を重視した人材養成等が必要である。

ⅹ）地域福祉計画

まちづくりの視点を含めた地域福祉計画の策定の検討を進める必要がある。

ⅺ）福祉事務所

福祉事務所は保健所等の他の機関との連携と統合を含め，保健・医療・福祉の総合的な行政実施体制のあり方等について検討する必要がある。

以上のような視点に基づき，社会福祉事業のあり方を検討することは，戦後の社会福祉制度全体を見直すことになり，これまで本格的に手がつけられていなかった。しかし，今回の「在り方検討会」で問題点の抽出という形であるにしても，公的に整理されたこと自体が画期的な出来事といえよう。

(2) 社会福祉基礎構造改革の本格的な検討

経　過

「在り方検討会」の報告書が取りまとめられた後，1997（平成9）年11月26日に中央社会福祉審議会に「社会福祉構造改革分科会」が設けられ，同月28日から審議を開始した。1998年6月17日に「社会福祉基礎構造改革について（中間まとめ）」を公表し，同年12月8日に「社会福祉基礎構造改革を進めるに当たって（追加意見）」（本稿では内容については割愛）を提示するに至った。

社会福祉基礎構造改革の意義

前期の「中間まとめ」で示された社会福祉の基本的方向として，7つの原理「①対等な関係の確立，②地域での総合的な支援，③多様な主体の参入促進，④質と効率性の向上，⑤透明性の確保，⑥公正かつ公平な負担，⑦福祉の文化の創造」があり，これらは先に提出された社会福祉事業等の在り方検討の報告書の考え方とほとんど変わらない。しかし，「中間まとめ」では権利擁護のための相談事業等を新たに追加しており，社会福祉

事業法の抜本的改正を視野に入れたものであった。

　考えてみれば，時を超えていつの世にも通用する完璧な社会制度は存在しない。制度そのものがその時代の人々のニーズを満たすことを念願において形成されてきたものであるので，本来的には改廃を含む見直しを絶えず行っていく必要があるといえる。

　「在り方検討会」の改革のポイントは大きく次の3つである。

● 措置制度から契約によるサービス利用制度への転換

　周知のように生活保護を除く福祉五法に基づく福祉サービスには，サービス利用者の権利規定がなく，措置の実施機関（援護の実施機関）がそれを職権に基づいて行う（いわゆる職権主義）ことと法的に位置づけられ，そのことが長年にわたって問題点として指摘されてきた[8]。たとえば，老人福祉法に基づく特別養護老人ホームへの入所は希望者からの請求権（高齢者に与えられた権利）によるものでなく，行政に措置義務があることから生じる「反射的利益」であるとされていることに象徴される[9]。今回の検討においては，上記のことが指摘されたこと，措置制度という行政処分に起因するサービスの選択制の不十分さ，費用負担の不公平さ，そして効率性の欠如等があげられた。

　そこで，「契約」による利用制度への転換により，利用者の選択や権利性を確保し，一方，サービス提供者の創意工夫を活かしたサービス提供体制を確立する方向性が示された。契約の概念の基底にあるものは，サービス利用者と行政（またはサービス提供者）との対等な関係であり，パートナーシップである。このことに今回の改革の積極的な意義を見い出すことができる。

　しかし忘れてならないことは，物事の長所と短所は常に対極にあるとは限らず，裏表の関係にある場合もあるということである。このことは，措置制度と契約によるサービス利用制度にも当てはまる。契約によるサービス利用制度では，利用者の生活権を十分に担保するための法律上の規定などの整備がなされなければならないということは，いうまでもない。

● 多様なサービス提供組織の参入

　社会福祉法人は，民間の社会福祉事業家として①公共性の確保，②自主

性の尊重，③経営組織の確立，④財政的基盤の確立という4つの目的を果たすために，社会福祉事業を営むための「特別の法」(社会福祉事業法第22条)のもとに制度化されている。そして，措置権者からの措置委託制度によって福祉サービスを提供する構造が確立しており，逆にいえば民間福祉施設は，良い意味でも悪い意味でも，福祉行政の枠組みの中に組み込まれているのである[10]。

　しかし介護保険制度導入後は，介護サービスに関してはこれまでのように社会福祉法人が営む組織のみがサービスを提供するとは限らなくなり，社会福祉法人はもとより医療法人，株式会社，農業協同組合，特定非営利組織(NPO法人)などの組織でもサービス供給が可能となった。そのため，これらの組織間で競争関係が生まれて，サービス利用者からすれば選択の幅と機会の増大につながることになり，ここに今回の意義を見い出すことができる[11]。

　もちろん，サービス提供組織間において良い意味での競争が行われることが前提であり，民間のサービス提供組織はサービスの質の確保，自己責任，そして経営の合理化の面で自己抑制が求められているのである。「悪貨が良貨を駆逐する」ことがないような条件整備が是非とも必要である。

● 地域における総合的支援と福祉文化の土壌の形成

　利用者中心主義(Client-Centeredness)は，これからのサービス提供をするうえでの基本原理といえる。利用者本位の考え方に立って，利用者を一人の固有な存在として認識し，その人のニーズを総合的・継続的に把握し，最も身近な場(その人が生活している地域)において必要なサービスを総合的に提供していくことが求められる。

　また，社会福祉に対する住民の積極的かつ主体的な参加(たとえば，福祉のまちづくり活動など)を通じて，福祉に対する関心と理解を深めることにより，自助・共助(互助)・公助があいまって，地域に根差したそれぞれに個性ある福祉の文化を創造することが改革の理念の一つにあげられているが，これは大事なことである。

　社会福祉基礎構造改革を進めるにあたって留意すべきことは，「変えるべきもの」，「変えるべきでないもの」，そして「創り出さなければならな

いもの」を峻別していかなければならないことである。社会福祉基礎構造改革という激流のなかにあって，それに対応しながらも，たとえ一人であっても最も援助を必要とするその人を支えていくという「社会福祉の不変の理念」を守っていかなければならないといえよう[12]。

第3節
今後の課題

1　公的責任のあり方

　すでに述べたように，今後は「経済の低成長」と「少子・高齢化」を前提として，新しい社会福祉の枠組みを構築しなければならない。

　わが国が目標として戦後50年間かけて築いてきた「福祉国家」とは，完全雇用を前提とした社会保障と社会福祉サービスを制度化した政治体制を意味する。ここでは，労働可能な人には働く場が社会の中に用意され，得た収入で生活を営むことができる。もしも，働くことができない人には社会保障と社会福祉サービスが提供されることになる。すなわち，自らの力で収入を得ることができなかったり，独力で社会生活を営むことができない人々（児童，障害者および高齢者）に対して，国または地方公共団体がこれらの人々へのさまざまな生活面での支援サービス（福祉サービス）を提供するシステムである。

　この場合，「支援サービス（福祉サービス）の必要性の有無」と「必要とされるサービスの種類」に関しては，行政が関与（判断）する。そして，具体的サービスの提供は，行政の直接的サービスまたは民間への委託によって行われる（これがわが国でいう「措置制度」である）。この制度は，行政責任を全うするという意味においては長所であるが，他方，サービス利用者の権利性や選択性という面で問題点がある。

　いずれにしても，新しい時代をむかえようとする今，行政，サービス提供者，利用者それぞれの役割分担を明確にしておかなければならないことはいうまでもない。

(1) 行政の役割の明確化

　福祉サービスの面で行政の役割（守備範囲）をどのように設定するかについては，従前から大きなテーマであり，いわば古くて新しい問題といえる。元来，行政の役割は根拠となる法令に基づき，一定の予算を確保し，配置されたスタッフで施策を展開することにある。その意味では，行政施策の及ぶ範囲とその効果は最初から「有限」であるといえる。（もちろん，福祉施策等が現実に合わなければ，これらの枠組みを検証し改廃を含む改善等を図らなければならないことはいうまでもない）。結論的にいえば，行政はオールマイティではない。なぜならば，行政施策の財源は国民（住民）の租税等によって賄われているからである。

　グローバリゼーションの大きな流れの中で，経済の低成長と少子高齢社会をむかえようとしている今，サービスの負担の問題と行政の役割について真剣に議論して結論を出さなければならない[13]。

(2) 自助―共助（互助）―公助の確立

　今後の枠組みは，自助―共助（互助）―公助といえる。西欧の市民社会の考え方は，個人がまず基本にあり，次いで家族，地域社会，地方自治体，国という広がりの中で人間を位置づけることにある。一人の人間である個人が自らの社会生活と人生に責任を持つが，しかし自らの力で生活できない場合，地域住民による支え合いによって社会生活を可能にし，それでも生活できない場合に地方自治体が制度的に支え，最終的に国家が支えるという構図である。わが国の場合，「個人」対「国（行政）」という面が強調されるあまり，中間項〔共助（互助）〕が無視されてきたということができる。

(3) サービス提供組織の多様化

　先進国で争点となってきたことは，行政主導型の公的サービス提供は必ずしも長所ばかりではなく，短所もあるということであった。その短所としては，非効率を生みやすく，国民（住民）に大きな負担を強いることになりやすい点であった[14]。

少子高齢社会の到来を背景に，福祉サービスの需要が増大することを考えれば，行政が直接的に福祉サービスを提供するのではなく，提供主体を民間の多様な組織にも求めるべきである。もちろん，民間組織が100％良いというわけではない。営利社団法人や株式会社に代表される民間組織は，効率と利潤を求めることを旨とするため，サービスの展開範囲やサービスの利用者を限定しがちである。

　そこで，①行政が担わなければならない領域，②行政と民間とで担当する領域，③民間に100％任かせる領域を整理する必要がある。さらには，現行施策の総点検に取り組み，施策の新たな枠組み（プライオリティ，すなわち優先順位の再検討など）を設ける必要がある。

2　サービスの量・質の供給体制の確立

　周知のように，「介護保険法」は1997（平成9）年12月17日に公布され，2000（平成12）年4月1日から施行されている。要介護性（要介護状態または要支援状態）に対応する社会制度として介護保険が位置づけられており，この制度が円滑に運営されなければならない。なぜならば，制度に対する国民（住民）からの信頼と支持がなければ，制度そのものが成立しないからである。

　保険としての介護保険が，議論の過程で指摘されてきた問題点の一つが，「保険あってサービスなし」という指摘であった。つまり，介護サービスの基盤整備が十分ではないので，介護保険料を拠出していたとしても，被保険者が必要な介護サービスを利用できるとは限らないということである。

　社会保障構造改革の一環として位置づけられる介護保険は，後期高齢期における要介護性に対応する新たな制度として成立することになった。介護保険制度には2つの意義がある。一つは理念上の意義であり，デンマーク流の高齢者福祉の原則（生活の継続性の原則，自己決定の原則，自己資源の活用・開発の原則）の確立をねらっている[15]。つまり，在宅サービスを重視することによって，可能な限り住み慣れた場所でその人の生活を継

続できるように支援することにあり，この方法はノーマライゼーションの考え方に通じる。

いま一つは医療保険財政の改善ということにある。在宅サービスの充実を図ることによって，老年期における長期療養ニーズを医療保険から切り離すことにある（1999〈平成11〉年1月21日時点における厚生省（現厚生労働省）の試算によれば，1997（平成9）年度の国民医療費は29兆1,500億円，1998（平成10）年度は29兆2,200億円，1999（平成11）年度は30兆1,000億円であり，そのうち老人医療費は1995（平成7）年度以降1/3を占めている）。

ともあれ，まずは「いつでも，どこでも，必要なサービスが利用できる」ためには，サービスの量の確保が緊急の課題であることはいうまでもない。そのため，保険者である市区町村が作業に取りかかっている「介護保険事業計画の策定」と「老人保健福祉計画」の見直しが急務となっている。さらにいえば，サービスの量的側面だけではなく，サービスの質の確保もきわめて重要である。

3　利用者の選択権の確立

社会保障構造改革，社会福祉基礎構造改革および介護保険制度に共通している概念の一つが，サービスの選択的利用である。たとえば，介護保険制度の基本理念としてあげられている考え方は，①要介護状態の軽減・予防の重視，②医療との十分な連携，③被保険者の自由な選択とサービスの総合的・効率的提供，④民間活力の活用，⑤在宅における自立した日常生活の重視，という5つであり，これまでとはかなり異なったサービス提供体制の確立を目指しているといえる。

（1）十分な情報の提供と相談体制の確立

福祉サービスの分野に市場メカニズムを採り入れて，被保険者自身がサービスを選択して利用する考え方は，21世紀におけるサービス提供システムとして合理性がある。サービスの必要性に関する認定は別にして，

行政が具体的サービスをすべて行う必要は必ずしもないといえる。

　利用者からすれば，①十分なサービスの量が用意され，②サービスの質が確保されていて，③最終的に自分自身の判断と選択に基づいて利用できれば，サービスの提供者は行政であれ民間であれ，誰でも構わない。

　しかし問題は，利用者にサービスに関する情報が行き渡り，利用者が選択してサービスを利用できるだけの条件が十分に確立されているか，にある。利用者への情報提供─相談体制の確立─サービスの選択的利用という構図が成立していなければならないのである。

(2) 利用者保護・権利擁護のシステム

　サービスの選択的利用が成立するためには，いくつかの前提条件が満たされていなければならない。

　第一は，利用者自身がサービスに関する情報を理解し判断・選択する能力を有していることである。これがサービスの選択的利用の大前提となる。利用者が制度に関する知識と情報を十分に得ることができ，それらを基礎に判断し，サービスを選択して利用することができなければならない。

　第二は，利用者が判断・選択できない状況にある場合，それを適正に代理するシステムが確立されていなければならない。現在，法務省民事局において検討されている「成年後見制度」の確立はもちろんであるが，この制度の適用に至らない場合もあるため，スウェーデンなどで導入されている知的障害者の「オンブズマン制度」の導入も積極的に採用すべきである。

　第三はサービスの質が第三者によって的確に評価され，良質なサービスが提供される仕組みが確立されていなければならない。民間がサービス提供にかかわることは効率性からはサービス供給主体の面で広がりが期待できるものの，その反面，利用者にとってはサービスの質の確保という面での不安が残る。

　そこで，サービスの質の確保・維持に関しては，「社会福祉基礎構造改革の検討状況の報告（まとめ）」には「サービスの質を確保するため，その考え方を明確にするとともに，サービス基準の設定や第三者評価の導入を図る。」という考え方が示されている。問題は，これをどのような組織が，

どのような基準で、チェックするかということにある。形式に流されない、実質的なチェック体制の確立が重要となり、この分野における行政の役割はきわめて大きいのである。

おわりに

　サービス供給組織が多様化していくなかで、行政はサービス供給上の基盤整備に全面的にその役割と責任を持つことになる。行政は、厳しい財政状況のなかでの難しい舵取り役を期待されているのである。そして、これまでのようなトップダウン方式ではなく、水平的な意味での行政と民間とのパートナーシップの確立が今ほど求められているときはないのである。

≪注・引用文献≫

1) 鬼﨑信好「福祉制度改革と今後の課題」(『教育と医学』第36巻第3号、慶應通信、1998年) を参照。
2) 木村忠二郎『社会福祉事業法の解説』時事通信社、1951、15〜17。
3) 鬼﨑信好『高齢者福祉処遇』中央法規出版、1991年を参照。
4) 周知のように、ここでいう、福祉関係八法改正とは、①児童福祉法、②身体障害者福祉法、③社会福祉事業法、④精神薄弱者福祉法、⑤老人福祉法、⑥母子及び寡婦福祉法、⑦老人保健法、⑧社会福祉・医療事業団法の8つの法律を改正し、21世紀における福祉サービスの供給を確立し構築することを目的とした。
5) 鬼﨑信好共著『新社会福祉方法原論』ミネルヴァ書房、1996、19〜21。
6) 社会保障構造改革に関しては平成10年版の『厚生白書』に整理されているのでこれを参照。
7) 「社会福祉事業等の在り方に関する検討会」の審議過程は『社会福祉の基礎構造改革を考える―検討会報告・資料集』(中央法規出版、1998) に詳しい。また、社会福祉基礎構造改革の議論の足跡は『社会福祉基礎構造改革の実現に向けて―中央社会福祉審議会社会福祉構造改革分科会中間まとめ・資料集』(中央法規出版、1998) に詳しい。
8) 佐藤　進「措置福祉制度の歴史的意義と新たな展開」(『社会福祉研究』第64号、鉄道弘済会、1995)、57。
9) 厚生省社会局老人福祉課『老人福祉法の解説』中央法規出版、1984、78〜88を参照。
10) 鬼﨑信好共編『四訂　社会福祉』中央法規出版、1993、272〜274。
11) 鬼﨑信好「公的介護保険の基本的問題」(『教育と医学』第46巻11号、慶應義塾大

学出版会,1998）を参照。また,介護保険制度の展望に関しては江南大学編の拙稿にて整理している。
12) 徳川輝尚「社会福祉基礎構造改革と福祉サービスの質の確保」（『社会福祉研究』第73号,1998）における主張は,同窓生である筆者の意見と同じである。
13) 白澤政和ほか訳・著『ケアマネジャー実践ガイド』医学書院,1997（128〜129）で,広井良典は「介護問題は,そうした退職に伴う年金や医療の問題と一段違うレベルにある問題として理解される必要があり,象徴的にいえば,従来からある『65歳問題』としての高齢化問題ではなく,『80歳問題』つまり高齢化一般の問題というより,「後期高齢者」（75歳ないし80歳以上の高齢者）の増加に伴う,新しい問題としてとらえるべきである。」という指摘をしている。
14) 手塚和彰「国の福祉にどこまで頼れるか」中央公論社,1999,22参照。
15) 鬼﨑信好「北欧における高齢者福祉—（その1）デンマークの場合」（『熊本学園大学付属社会福祉研究所報』第26号,1998）を参照。

第5章

介護保険制度と民間事業者

はじめに

　1997（平成 9）年 12 月 9 日に介護保険法および介護保険法施行法が衆議院で可決成立し，直ちに同月 17 日に公布され，2000（平成 12）年 4 月 1 日からの介護保険制度の導入が決定した。介護保険法そのものが 220 条（附則 5 条を含める）からなる大きな法律であり，しかも同法施行までに国（当時，厚生省）が定めなければならない政省令は約 300 近くの項目にわたるため，そのための作業が急務となっている。

　政省令は厚生省で準備が整い次第，そのつど，厚生大臣の諮問機関である医療保険福祉審議会（当時）でその内容等が審議され，その結果が公表されてきている。

　今年 1999（平成 11）年 8 月 23 日には，介護サービスを提供する事業者に支払われる介護報酬の「仮単価」が示された。最終的には，介護報酬の単価は来年 2000（平成 12）年 1 月に正式決定する予定であるが，今回示された仮単価に決定する予定である。今回示された仮単価は当初伝えられていた金額を上回っているものが多く，今後は，訪問介護（ホームヘルプサービス）を中心に民間事業者の参入に一層の拍車がかかることになるものと考えられる。

　そこで，第一に介護保険制度の準備作業上の問題点を明らかにし，第二に介護サービス提供の面で期待されている民間事業者の制度上の位置づけを行い，第三に民間事業者の実態を筆者がかかわった調査結果をふまえたうえで，今後の課題を整理したい（本稿は 2000〈平成 12〉年の介護保険制度導入の際に社会福祉法人以外の民間事業者に門戸を開放したことに伴う問題点を整理している。このことは今日においても変化していないといえる）。

第 1 節
介護保険制度をめぐる問題点

　1999（平成 11）年 10 月からは，要介護認定の受付が開始されることになり，2000（平成 12）年 4 月 1 日からは全国一斉に介護保険法に基づく

介護給付（介護サービス）が開始される予定であるが，そのための準備に費やすことができる時間は少なくなってきている。とはいえ，制度導入までに何とかクリアしておかなければならない問題が山積していることも事実である。問題点を整理すれば，次の4点に大きくまとめることができる。

1　介護サービスの量の確保

　高齢者が可能な限り在宅で生活を継続できるように支えていくためには，生活全般にかかわる介護サービスを充実していくことが求められている。しかし，たとえば，現在のホームヘルプサービスの実施状況を考えても，サービス内容（ヘルパー数と訪問回数など）は十分ではなく，介護保険制度導入に伴う介護サービス供給の基盤整備が保険者（市町村）にとって緊急課題の一つとなっている。そのための基礎的作業が，介護保険事業計画の策定と老人（高齢者）保健福祉計画の見直しである。

　周知のように，介護保険給付は，①「法定給付」（国が政令でその標準を定めることになっている）を大きな前提としている。しかし，保険者は，第1号被保険者の保険料を財源として，②「上乗せサービス」（法定給付の上乗せ），③「横出しサービス」（市町村特別給付），④「保健福祉事業」（介護者への支援・高額サービス費の貸付など）も実施できることになっている。そのため，これらのサービスをどのように計画の中に組み込んでいくかを検討する必要がある。また，第1号被保険者の保険料の負担増を避けるとすれば，市町村の一般財源を基にする「高齢者一般福祉施策」をどのように実施するかも重要となる。

2　的確な要介護認定

　介護サービスを利用するためには，「申請→訪問調査→介護認定審査会による審査・判定→保険者の認定→申請者への通知→介護サービス計画の作成→介護サービスの利用」，という一連の手続きが必要である。これらの中で要介護認定等の作業（介護サービスの必要性の有無，介護サービス

が必要である場合，どの程度提供しなければならないかを把握し認定すること）は被保険者（介護サービス利用者），保険者（市町村）のいずれにとっても重要なこととなる。迅速かつ的確な認定作業が行われてこそ，介護保険制度が成り立つのである。

　厚生省は，過去3か年（1996～1998〈平成8～10〉年度）にわたる「高齢者介護サービス整備事業」の一環として，要介護等の認定モデル事業（訪問調査→介護認定審査会による審査判定→介護サービス計画の作成）に取り組んできた。このモデル事業の結果をふまえ，一次判定のためのソフトや介護認定審査会の審査判定基準などがかなり改善されてきたものの，訪問調査員が，限られた回数・時間で被保険者の日常生活動作能力（ADL）などを的確に把握することは難しいといわざるをえない。

3　個人負担

　1999（平成11）年8月23日に介護報酬の仮単価が公表され，サービスの種類ごとに細かく示されている。繁雑さを避けるために，ここでは要介護度別にまとめて記すと，**表5-1**のようになっている。

　介護保険制度の導入に伴い，被保険者は介護保険料を拠出（負担）し，介護サービスを利用する際には1割を負担することが原則となる（なお，上乗せサービスや横出しサービスを利用する場合は，全額個人負担となる

表5-1　介護報酬の仮単価　　　　　　　　（単価：円）

サービスの種類		平均利用額
在宅サービス	要支援	64,000
	要介護1	170,000
	要介護2	201,000
	要介護3	274,000
	要介護4	313,000
	要介護5	368,000
施設サービス	特別養護老人ホーム	325,000
	老人保健施設	354,000
	療養型病床群	431,000

可能性が高い)。1999年4月20日現在,1割負担の上限額を定める案(たとえば,標準世帯：月額3万7,200円,住民非課税世帯：2万4,600円)が検討されていたり,特別養護老人ホームへの経過措置的な負担軽減策が検討されているものの,収入の低い高齢者にとって負担が重いことに変わりはない。このことは在宅の高齢者にとって大きな問題である。

4　介護サービスの質の確保

　前述のように介護サービスの平均利用額と介護報酬の仮単価が公表されたが,居(在)宅サービスの柱である訪問介護(ホームヘルプサービス)の身体介護部分は当初予想された額よりも高く,しかも地域ごとに加算される案が示された。そのために,介護サービス事業に参入を目指している民間事業者の動きがより活発になるものと考えられる。

　介護サービスの供給に民間事業者を参入させて,競争原理に基づき介護サービスの供給量を確保しようとする考え方は,当然のことながら成り立つ。介護サービスの利用者からすれば,行政が介護サービスを直接的に供給しようが民間が提供しようが,関係はない。要は,介護サービスを必要とする時に,良質のサービスが利用できれば良いのである。しかし重要なことは,介護サービスの質が十分に確保されていなければならないことは念を押すまでもない。

　そこで,介護サービスの質の確保のために,①介護サービス利用者と介護サービス事業者(指定居宅サービス事業者)との標準的契約書(契約約款),②利用者保護の仕組み(苦情等の相談体制),③介護サービスの標準指針,④介護サービスに関する評価体制,⑤情報の提供等の体制などの確立が緊急の課題である。

第2節
介護保険制度における民間事業者の位置づけ

　戦後一貫して,福祉サービス供給主体は,「行政」もしくは行政からの

委託先としての「社会福祉法人」がその中核となってきた。もちろん，有料老人ホームの設置運営には株式会社などが関与してきたが，全体の比率からすればごくわずかであり，法制度上，社会福祉法人以外の民間事業者（民間組織）がかかわる余地はほとんどなかった。

1　福祉の措置

　わが国における福祉サービス（施設サービスと在宅サービス）の利用を考えた場合，「福祉の措置」を抜きに説明することはできない。福祉の措置を簡単に説明すると，これは主として福祉六法に定める援護，育成および更正等の福祉サービスを決定すること（または提供すること）を意味している。つまり，ある人が自分の判断で自由に福祉サービスを利用することはできず，行政がその人の心身の状態・程度や住・生活環境等を把握し，そのうえで福祉サービスが必要と判断した結果，初めて福祉サービスを利用できることになる。そして具体的な福祉サービスは，行政が直接提供するか，もしくは社会福祉法人が経営する施設等に委託されて提供されるのである。

　行政（国や地方公共団体）以外の民間が福祉サービスにかかわろうとすれば，数少ない例外を除き，社会福祉事業法に基づく社会福祉法人格を取得し，社会福祉事業として行政から認可を受けなければならない。

　ここで特別養護老人ホームを例にとって説明すると，特別養護老人ホームは入所施設であるので，社会福祉事業法で第1種社会福祉事業として位置づけられており，その経営主体は国，地方公共団体そして社会福祉法人を原則としている。そのために，社会福祉法人以外の個人や民間組織は特別養護老人ホームを設置して経営することはできない。また，特別養護老人ホームは，老人福祉法に基づく老人福祉施設の一つとして位置づけられているので，当然のことながら老人福祉法の適用を受けることにもなり，その設置を行おうとすれば，行政（都道府県知事等）の認可を得なければならない。

　さらには同法で「措置の受託義務」（福祉の措置の実施機関である市区

町村からある高齢者の入所の委託を受けた場合，特別養護老人ホームは正当な理由がない限りこれを拒んではならない旨）を規定しているために，定員を超えている場合や入所予定者が感染性の疾患を有している場合を除き，行政からの措置委託（入所依頼）を拒否できないことになっている。

要するに，福祉行政―福祉の措置―民間施設（社会福祉法人立の施設）という構図ができあがっており，民間施設は否応なしに「福祉行政の構造」の中に組み込まれてきたのである。

逆に民間施設からすれば，施設認可を受けて定員枠を得てさえおけば，人口高齢化の進行を背景に入所希望者そのものが多く，しかも市町村からの措置委託（入所依頼）があるので，定員割れの心配はまったくない。また，国の基準による入所者1人当たりの措置費（委託費）が月ごとに振り込まれるので，とりあえず施設の経営面の心配はない。施設の建設費そのものは，日本国憲法第89条（公の財産の支出又は利用の制限）の絡みで行政の指揮監督を受けることにはなるが，公費の補助金によってかなりの部分（制度上は75％）を賄うことができ，残りの社会福祉法人負担分については社会福祉・医療事業団からの低利の融資制度がある。さらには，借入金に対しては地方公共団体（都道府県）が利子補給を実施しており，設置先の市町村によっては市町村単独で補助を行っている。

以上のような社会福祉法人（施設）への手厚い補助制度は，社会福祉事業の公共性を確保し，国を中心とする行政の責任を全うするために位置づけられているものであることはいうまでもない。

2　介護サービスへの民間参入の根拠

介護保険法の基本的理念として，次の考え方が示されている。
① 　要介護状態の軽減・予防の重視：予防を重視し，サービスの提供を迅速に行うとともに，関連施策との連携を図りながら，リハビリテーションの充実・利用にも配慮する。
② 　医療との十分な連携：介護保険給付（介護サービス）は医療と密接な関係があるため，医療との十分な連携を図る。

③ 被保険者の自由な選択とサービスの総合的・効率的提供：被保険者自身がサービスを選択し，また専門家を被保険者自身とその家族を支援する仕組みに位置づける。
④ 民間活力の活用：従来の社会福祉法人による供給組織だけでなく，これ以外の組織による介護サービスの供給を推進する。
⑤ 在宅における自立した日常生活の重視：保険給付の内容・水準は，被保険者のもつ能力に応じて在宅において自立した日常生活を営むことができるように配慮する。

以上の高齢者ケアの基本的な考え方は，介護サービス提供の前提として「福祉」と「保健医療」との連携を一層求めることになり，サービスの選択的利用を一層促進することになる。

介護保険制度は，民間企業の参入や企業間の競争を想定しており，この点は本来的には利潤追求を目的としていない社会福祉法人とは相容れない点がある。これまでの社会福祉法人やその他の法人が運営する施設は「消費経済体」として位置づけられてきており，いかに措置費を適正に使って施設利用者に対してより良いサービスを提供できるかが問われてきた。したがって，そこでは施設経営という生産経済体よりも施設を適正に運営するという消費経済体の視点が要求されてきたのである。

たとえば，施設の運営費となる措置費の原則は，①費目間の流用禁止：この点は1970年代（昭和45～54年）後半以降かなり弾力的に行われてきており，近年，一定の条件つきであるが措置費の剰余金の「法人」本部への繰り入れが認められるようになってきている，②一物一価の原則に基づく平等な措置費の算定：同種類の施設で，同じ施設規模，同じ所在地であれば，施設利用者1人当たりの措置費は同額となる。そのため，施設利用者への処遇に熱心に取り組んでいる施設も，そうでない施設も措置費は同じという状態が続いてきている。その意味では，措置制度の枠組みの下で，社会福祉法人とその施設は保護されてきたともいえる。

しかし，介護保険制度導入は，社会福祉関係者にとって，いわば「黒船来航」ともいうことができよう。また，福祉施設関係者にとっては現在の状況は，「前門の虎，後門の狼」といえるかもしれない。つまり，一方で

は病院との競合が始まり，他方では新規参入の民間組織との競争をしていかなければならなくなったのである。

3 民間事業者が関与する分野

　介護保険サービスの利用までの一連のプロセスは,「申請→訪問調査（一次判定）→介護認定審査会による審査・判定（二次判定）→保険者（市町村）の認定→介護サービス計画の作成→介護サービスの利用」である。行政以外の民間組織（福祉施設，病院，民間事業者を含む）が介護サービスに関与可能な部分は，被保険者とその家族からの申請代行，訪問調査，介護サービス計画策定，介護サービスの提供である。

　総じていえば，民間組織が介護保険制度にかかわり，介護報酬を得ようとするならば，都道府県知事の指定事業者になるか介護保険施設としての指定を得る必要がある。すなわち,①在宅支援事業者（正確に表現すると，指定居宅介護支援事業者であり，訪問調査や介護サービス計画の作成にかかわる），②在宅サービス事業者（指定居宅サービス事業者であり，訪問介護等の居宅サービスの提供にかかわる），③介護保険施設（指定介護老人福祉施設，介護老人保健施設，指定介護療養型医療施設—療養型病床群・老人性痴呆疾患（当時の表記）療養病棟・介護力強化病院）が介護サービスの提供に携わり，介護報酬が支払われることになる。

　当然，介護保険施設は施設サービスのみを提供するにとどまらず，少しでも介護報酬を増やすために，併設の在宅介護支援センターなどが居宅介護支援事業所の指定を受け，これまで以上に在宅サービスの供給に参入することになる。

第3節
今後の課題

　最後に介護保険を巡る課題を整理しておく。

1 サービスの質の確保

　介護サービスの分野は規制緩和と多様な供給組織の存在を前提としている。一定の条件をクリアした企業には門戸を大きく開放し，民間の力を活用することによって介護サービスの供給量を確保し，競争原理の下で質の向上を図りたい，ということである。

　厚生省は，介護保険制度導入によって2000（平成12）年度には約4兆2,000億円の市場規模が存在することになると試算している（実際は3兆6,000億円であった）。また，ニッセイ基礎研究所の試算によれば，介護保険給付に加えて自己負担する分を含めると，約8兆5,000億円もの巨大なマーケットが出現することになると予測している。

　一方，介護保険制度導入に伴い，異業種からの介護サービス参入も急ピッチとなっている。厚生省が都道府県から集約した「民間企業の介護保険サービスへの参入意向状況調べ」（1999年8月3日の「全国介護保険担当課長会議資料」）をみると，医科機器販売会社，警備会社，薬品卸，タクシー会社，薬局，教育出版社，保険会社等の民間企業が参入の意向をもっており，大手の異業種も含めてサービス供給組織が多様化するものと考えられる。

　企業の論理では，「品質とコストをいかに管理するか」が大前提となる。しかし，訪問介護（ホームヘルプサービス）に象徴されるように，この仕事自体が労働集約型であり，人間の手を通してサービスが具体化される面が強い。能力あるスタッフを確保し，かつコストを下げようとすれば，雇用形態の工夫が必要である。たとえば，一人ひとりが希望する就労時間帯を優先するならば，ある人は午前中のみの就労，別の人は午後から出勤という具合に働き手を組み合わせていくことも必要になる。それ以上に収入を得たい場合は，その人が別の仕事を自分で確保し，会社は契約時間帯以外を拘束しないことにする。このことは，介護サービス分野における労働力の流動化に一層の拍車をかけることに繋がる。

　ただし，サービス面での品質管理（サービスの質の維持）は何としても実現しなければならない。万一，それが不可能となったならば，サービス利用者が減少するだけではなく，社会的な批判を浴びることになるであろう。

2 苦情処理体制の整備

筆者は「高齢者のための在宅介護サービス及び介護費用調査」(1997〈平成9〉年11月実施,経済企画庁委託,福岡県で実施)に参画した。この調査は民間事業者（557事業者を対象に郵送法で調査し,有効回答169事業者）に消費者保護の取り組み状況に関して設問を用意して調査した。たとえば消費者保護に関して配慮しているか否かについてなどの回答を求めた（複数回答）（**図5-1**）。

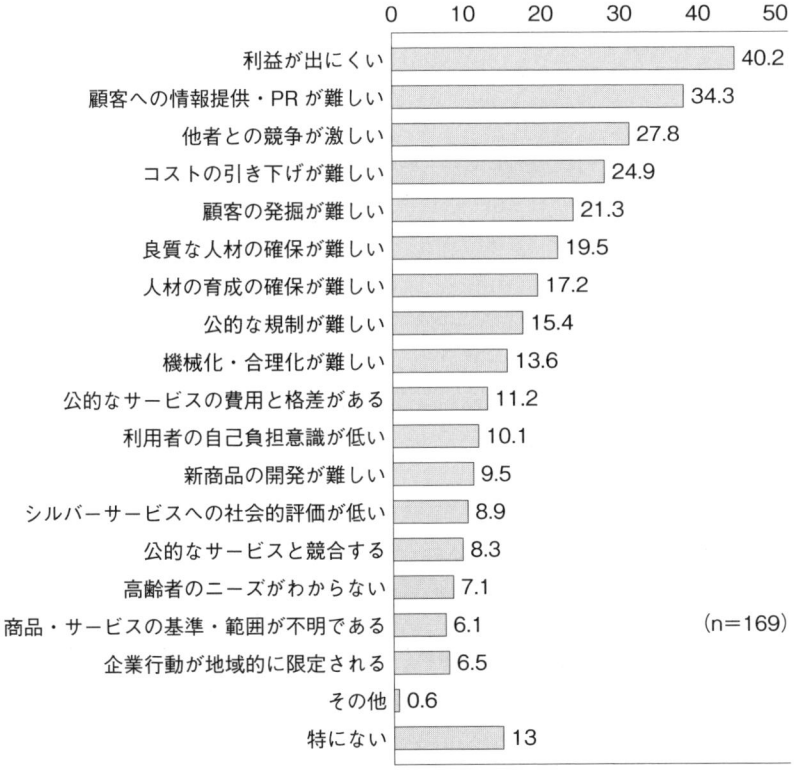

項目	%
利益が出にくい	40.2
顧客への情報提供・PRが難しい	34.3
他者との競争が激しい	27.8
コストの引き下げが難しい	24.9
顧客の発掘が難しい	21.3
良質な人材の確保が難しい	19.5
人材の育成の確保が難しい	17.2
公的な規制が難しい	15.4
機械化・合理化が難しい	13.6
公的なサービスの費用と格差がある	11.2
利用者の自己負担意識が低い	10.1
新商品の開発が難しい	9.5
シルバーサービスへの社会的評価が低い	8.9
公的なサービスと競合する	8.3
高齢者のニーズがわからない	7.1
商品・サービスの基準・範囲が不明である	6.1
企業行動が地域的に限定される	6.5
その他	0.6
特にない	13

(n=169)

図5-1 問題点
(資料)経済企画庁「高齢者のための在宅介護サービス及び介護費用調査」(1997年,福岡県分)

消費者保護に関する回答結果（**図 5-2**）を多い順にみると，①サービスの安全性・質の管理へ配慮が71.6％，②従業員の育成・研修が58.6％，③プライバシー保護に配慮が56.8％，④サービス提供の仕組みを平易に説明が43.8％，などとなっている。

そのほか「特にない」が9.5％，「無回答」が6％もあるものの，ほとんどの事業者が何らかの形で消費者保護に取り組んでいることがわかった。

事業内容別でみると，サービスの種類によって力の入れ方に違いがみられる。人（職員）の手によってサービスが具体化される事業（ホームヘルプサービス，デイサービス，ショートステイ，在宅入浴サービス，訪問看護サービス）は，サービスの安全性・質の管理，従業員の育成・研修ばかりではなく，生活全般の相談にのるように配慮していることに特徴がみら

項目	%
サービスの安全性・質の管理に配慮している	71.6
従業員の育成・研修に努めている	58.6
プライバシー保護に配慮している	56.8
サービス提供の仕組みについて特にわかりやすく説明している	43.8
生活全般の相談にのるように配慮している	33.1
サービス提供の仕組みについて特にわかりやすく説明している	43.8
プライバシー保護に配慮している	15.4
その他	3.6
特にない	9.5

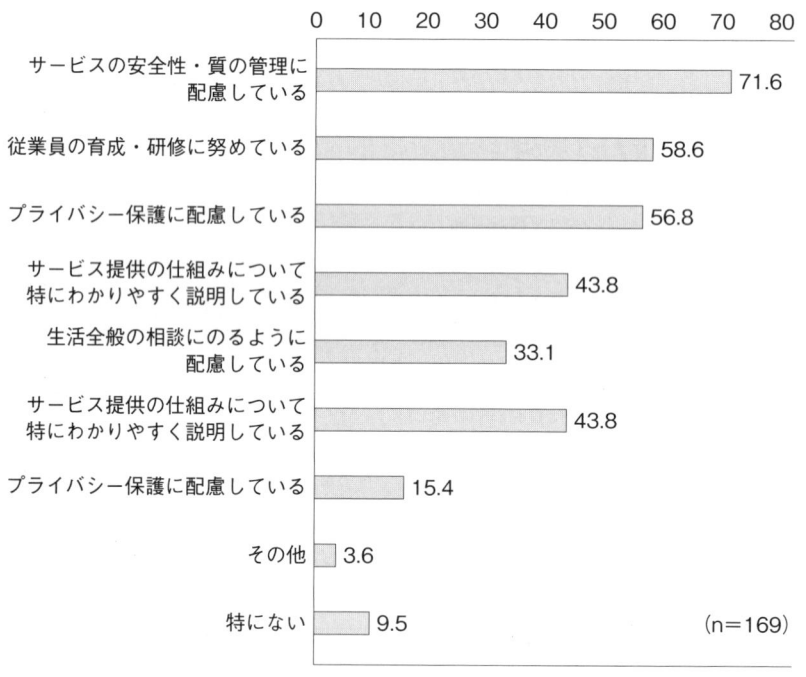

(n=169)

図 5-2　消費者保護
（資料）経済企画庁「高齢者のための在宅介護サービス及び介護費用調査」(1997年, 福岡県分)

れた。また，福祉機器・介護用品の製造または販売に関しては，サービスの安全性・質の確保への配慮は当然のことながら，約款や苦情処理体制などへ配慮していることがわかる。

　介護サービスの分野に民間を参入させて競争原理を働かせ，サービス面の量と質の確保を図ろうとする考え方は成り立つ。しかし，このことは次のような「諸刃の剣」と表現できる。つまり，一方では介護サービスの領域に競争原理に基づくサービス提供が実施されることになるが，他方では介護市場の拡大によって悪質な業者が入り込む恐れもある。

　とくに在宅サービスの分野では利用者の家がサービスの提供の場になることが多くなるため，消費者保護の見地から社会全体の仕組みとして，苦情処理体制やサービスの評価システムの確立が求められる。それと同時に，事業者自身の取り組みと業界全体の対応が重要となる。「悪貨が良貨を駆逐する」ことがないような仕組みを行政，市民（住民），介護サービス事業者が知恵を出して確立することが望まれる。

≪参考文献≫

① 鬼﨑信好ほか編『介護保険キーワード事典』中央法規出版（2001）
② 鬼﨑信好ほか編『世界の介護事情』中央法規出版（2002）
③ 増田雅暢『介護保険見直しの争点』法律文化社（2003）
④ 日本社会保障法学会編『医療保障法・介護保障法』法律文化社（2001）
⑤ 本沢巳代子『公的介護保険』日本評論社（1996）
⑥ 池田省三『介護保険論—福祉の解体と再生』中央法規出版（2011）
⑦ 堤　修三『介護保険の意味論』中央法規出版（2010）
⑧ 結城康博『介護—現場からの検証』岩波新書（2008）

第6章

要介護認定を
めぐる課題

はじめに

　周知のように，わが国の介護保険制度は社会保険の一種として位置づけられ，2000（平成12）年度から導入されることになっている。介護保険が「保険」である以上，一定の保険事故（介護保険法では要介護状態または要支援状態であること）の認定がなされなければならない。これが介護保険給付（利用者からみると介護保険サービス利用）の重要な要件の一つであり，介護保険制度の根幹ともいえる。迅速で，的確なそして適正な保険事故の認定（以下，要介護認定）が行われてこそ，介護保険制度が円滑に運営されるのである。

　そこで，本稿では，筆者が責任者として参画した，①1998（平成10）年度の要介護認定モデル事業の概要を整理し，②1999（平成11）年度の問題点，③介護保険制度の開始に向けての課題と展望を論じていきたい。

第1節
1998（平成10）年度の要介護認定モデル事業の概要

　まず，1998（平成10）年度における要介護認定モデル事業の経緯と実施体制について，簡潔に整理しておきたい。

1　これまでの経緯

　厚生省（当時）は1996（平成8）年度から「高齢者介護サービス体制整備事業」の一環として「要介護認定に関する試行的事業」（いわゆる，要介護認定などのモデル事業）を実施してきた。1996（平成8）年度は全国の60市区町村が対象となり，1997（平成9）年度からはほとんどの市区町村が対象（1996年度にモデル事業を実施した地域は，介護サービス計画＝ケアプラン作成も実施）となった。1998（平成10）年度には全国の3,255市区町村が対象となり，要介護認定に併せてケアプラン作成も行った。

2 実施体制

(1) 実施地域

厚生省がとりまとめた資料（1998〈平成10〉年度の高齢者介護サービス体制整備支援事業）によれば，実施地域は全国の3,255市区町村の1,787地域（単独市町村の一部：14地域，単独市町村の全域：1,258地域，複数市町村：453地域，単一の市の複数地域：62地域）であった。

なお，以下に記す具体的な数値は，1,753地域からの厚生省集計分であるので，総計が合わない場合がある。

(2) 調査対象者

調査対象者は100人（在宅50人，施設50人）で，これは例年どおりである。

(3) 介護認定調査員

介護認定の第一歩である訪問調査を担当する介護認定調査員は1万4,416人であり，**表6-1**から理解できるように，保健婦（現保健師，以下同じ。4,857人；33.7%），看護婦（現看護師，以下同じ。2,944人；20.4%），介護福祉士（2,127人；14.8%），ソーシャルワーカー（1,253人；8.7%），ホームヘルパー（823人；5.7%），社会福祉士（700人；4.9%）の順で，これら6職種で，約9割を占めている。

調査に要した時間は1件当たり40分，事務処理時間37分，移動時間15分の合計1時間32分となっている。

(4) 介護認定審査会

介護認定審査会委員の人数は，厚生省が一つの目安を5人としたので，5人構成が47%で，これに6人構成（25%）と7人構成（10%）を加えると，8割を超える。委員の構成は，**表6-2**からわかるように医師（35.3%），社会福祉施設関係者（11.7%），保健婦（9.8%），看護婦（8.7%），歯科医師（8.2%）の順であり，これらを合わせると7割を超えている。

介護認定審査会の1回当たりの開催時間は2時間10分であった。

表6-1 介護認定調査員の構成

職　種	人　数	%
医師	9	0.1
歯科医師	1	0.0
薬剤師	27	0.2
保健婦	4,857	33.7
助産婦	9	0.1
看護婦	2,944	20.4
理学療法士	110	0.8
作業療法士	52	0.4
社会福祉士	700	4.9
介護福祉士	2,127	14.8
ソーシャルワーカー	1,253	8.7
福祉事務所における現業員	342	2.4
ホームヘルパー	823	5.7
寮母など	168	1.2
教育関係者	1	0.0
社会福祉施設関係者	402	2.8
社会福祉団体関係者	159	1.1
その他の福祉関係者	47	0.3
行政関係者	315	2.2
その他	70	0.5
合計	14,416	100.0

1地域当たり平均8.2人（厚生省資料）

表6-2 介護認定審査会委員の構成

職　種	人　数	%
医師	4,171	35.3
歯科医師	967	8.2
薬剤師	515	4.4
保健婦	1,164	9.8
助産婦	11	0.1
看護婦	1,027	8.7
理学療法士	538	4.6
作業療法士	147	1.2
社会福祉士	451	3.8
介護福祉士	553	4.7
ソーシャルワーカー	208	1.8
福祉事務所における現業員	13	0.1
ホームヘルパー	61	0.5
寮母など	16	0.1
教育関係者	77	0.7
社会福祉施設関係者	1,378	11.7
社会福祉団体関係者	276	2.3
その他の福祉関係者	148	1.3
行政関係者	35	0.3
その他	63	0.2
合計	11.819	100.0

1地域当たり平均6.7人
（厚生省資料，1998年度）

第2節
1998（平成10）年度の要介護認定基準

1998（平成10）年度の要介護認定モデル事業の大枠は基本的に変更はなかったが，詳細にみれば，要介護認定基準に関してかなりの修正が行われた。

1 一次判定基準の設定とその流れ

1998（平成10）年度の要介護認定モデル事業は，過去2年間に行われてきたものと比較すると，かなりの変更点があった。それを要約すると，①要介護認定基準の明確化（要介護認定基準で一次判定を行うことを明示），②要介護状態と要支援状態との認定基準の分離，③介護認定審査会における要介護度の変更などに関するルール化などであった（図6-1）。

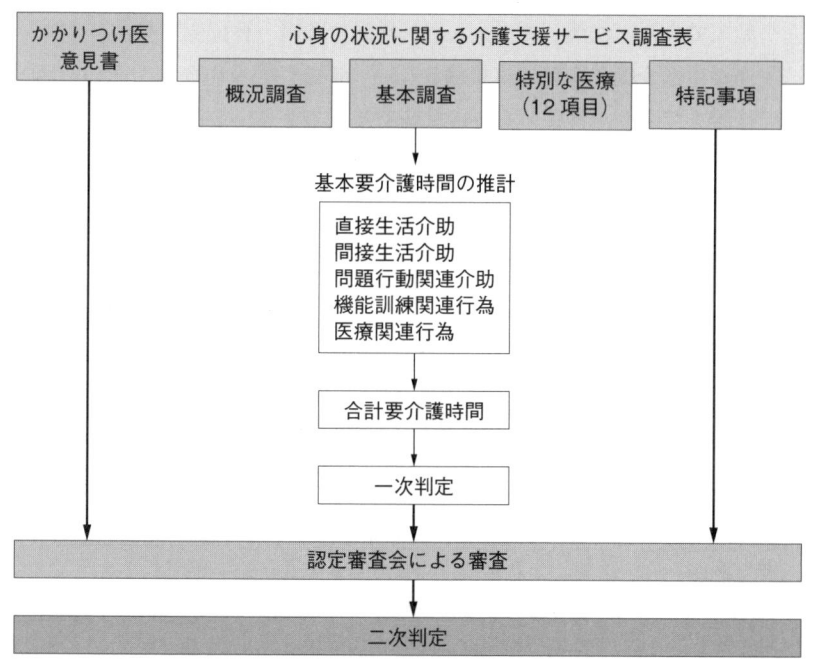

図6-1　要介護認定の流れ（当時：厚生省資料）

1998（平成10）年8月12日に開催された「高齢者介護サービス体制整備支援事業都道府県担当者会議資料」によれば，次のようになっている。
① 心身の状況に関する訪問調査では，従来の選択式の73項目の調査事項と特記事項に加え，「特別な医療に関する12項目の調査事項」を設ける。したがって，調査しなければならない事項は85項目となる（図6-1参照）。
② 介護認定審査会の基礎資料となる一次判定（調査員による調査対象者からの聞き取りの結果に基づいてコンピュータが判定する）は，73項目の調査事項の結果から「5つの介助・行為」に要する時間を合計したものを認定時間とすることを原則とする。なお，12項目の特別な医療項目のうち，1項目以上該当する場合は一定の係数を乗じて算出される。たとえばそれが170分以上であれば要介護度5となる（**表6-3，6-4**）。ここでいう5つの介助・行為は次のものである。

- 直接生活介助：身体に直接触れる・可能性がある介助とその準備・後始末であり，洗顔・更衣・入浴・排泄・食事・体位変換など。
- 間接生活介助：身体に直接触れない・可能性がない介助とその準備・後始末であり，洗濯・食事の準備や後始末など。

表6-3　1998（平成10）年度試行的事業における要介護認定基準

区　分	状　態
要介護状態区分1（要介護1）	要介護認定基準時間が30分以上65分未満である状態，またはこれに相当すると認められる状態
要介護状態区分2（要介護2）	要介護認定基準時間が65分以上100分未満である状態，またはこれに相当すると認められる状態
要介護状態区分3（要介護3）	要介護認定基準時間が100分以上135分未満である状態，またはこれに相当すると認められる状態
要介護状態区分4（要介護4）	要介護認定基準時間が135分以上170分未満である状態，またはこれに相当すると認められる状態
要介護状態区分5（要介護5）	要介護認定基準時間が170分以上である状態，またはこれに相当すると認められる状態

（厚生省資料）

表 6-4 施設類型別二次判定分類

	総　数	在宅総数	施設総数	特別養護老人ホーム	老人保健施設	療養型病床群など
自　立	121,12 (6.9)	9,356(10.1)	2,717 (3.3)	1,250 (2.7)	964 (4.1)	503 (4.3)
要支援	12,231 (7.6)	9,808(10.6)	3,386 (4.1)	1,610 (3.4)	1,174 (5.0)	602 (5.1)
要介護 1	32,461(18.5)	18,290(19.8)	14,044(17.1)	7,392(15.8)	4,983(21.4)	1,669(14.2)
要介護 2	37,137(21.2)	17,933(19.4)	19,035(23.2)	10,650(22.7)	6,060(26.0)	2,325(19.8)
要介護 3	38,134(21.8)	17,103(18.5)	20,815(25.4)	12,579(26.8)	5,312(22.8)	2,924(24.9)
要介護 4	23,158(13.2)	11,039(12.0)	11,986(14.6)	7,281(15.5)	2,616(11.2)	2,609(17.8)
要介護 5	14,039 (8.0)	6,383 (6.9)	7,585 (9.3)	4,806(10.2)	1,508 (6.5)	1,271(10.8)
再調査など	4,848 (2.8)	2,400 (2.6)	2,420 (3.0)	1,336 (2.8)	707 (3.0)	(－)
合　計	175,129 (100.0)	92,312 (100.0)	81,988 (100.0)	46,904 (100.0)	23,324 (100.0)	11,760 (100.0)

施設類型別不明のものがあるため合計が一致しない。（　）内は％

(厚生省資料，1998年度)

第2節　1998（平成10）年度の要介護認定基準

- 問題行動関連介助：問題行動に関連して必要となる介助であり，不潔行為・徘徊・暴力行為への対応など。
- 機能訓練関連行為：機能訓練に関連して必要となる行為であり，寝返り・起き上がり・座位・立ち上がり・移乗などの訓練。
- 医療関連行為：医療関連行為職種による業務独占行為であり，<u>中心静脈栄養の管理・酸素療法の管理，褥瘡の処置，留置カテーテルの管理</u>，浣腸，坐薬の挿入。

※アンダーライン部分は，特別な医療として位置づける（**表6-5**）。

2 要介護度変更のルール化

これまでの要介護認定モデル事業の問題点の一つとしてあげられていた点は，一次判定結果，特記事項そしてかかりつけ医意見書との間にかなりの不整合がみられたり，矛盾する場合のあることであった。

そこで，1998（平成10）年度においては，新たに『要介護状態区分変更適当等事例集』が設けられ，「要介護状態区分変更適当事例」と「要介護状態区分変更不適当事例」，「基本調査結果一部修正適当事例」と「基本調査結果一部修正不適当事例」を示した。適当事例に当てはまる場合には，一次判定結果の内容を修正して再度コンピュータで判定することなどを認めた。逆に，不適当事例に該当する場合は，介護認定審査会では修正できないとした。そして，いずれにも該当しない場合には，厚生省に報告することを求めた。

（1）要介護状態区分変更適当事例と要介護状態区分変更不適当事例

要介護状態などを変更する場合には，介護認定審査会の判断に委ねていたが，1998（平成10）年度からは適当事例と不適当事例を示した。

適当事例
- 特記事項関連
  ① 特記事項の内容により，基本調査結果では表現されていない状況があると判断される場合。

表6-5 一次判定・二次判定間の移動

		二次判定								
		自立	要支援	要介護					再調査など	小計	調査継続不可	合計
				1	2	3	4	5				
一次判定	自立	11,652	1,821	396	71	9	1	0	521	14,471	76	14,547 (8.3)
	要支援	279	10,630	440	24	8	0	0	239	11,620	57	11,677 (6.6)
	要介護 1	171	705	31,136	1,592	362	53	5	1,024	35,048	134	35,182 (20.0)
	2	19	70	401	34,955	3,150	641	115	1,252	40,603	159	40,762 (23.2)
	3	0	4	64	368	33,913	2,511	339	974	38,173	156	38,329 (21.8)
	4	0	1	19	83	461	19,300	506	468	20,838	72	20,910 (11.9)
	5	0	0	5	44	231	652	13,074	370	14,376	39	14,415 (8.2)
	計	12,121 (6.9)	13,231 (7.6)	32,461 (18.5)	37,137 (21.2)	38,134 (21.8)	23,158 (13.2)	14,039 (8.0)	4,848 (2.8)	175,129 (100.0)	693	175,822 (100.0)
再調査など		8	5	5	6	0	0	0	479	506	5,979	6,485
合計		12,129	13,236	32,466	37,143	38,134	23,158	14,039	5,327	175,635	6,672	182,307

単位：人．（ ）内は%

(厚生省資料，1998)

② 特定の項目について介護の必要度が突出しており，要介護認定基準に照らして要介護の変更を必要とする程度まで介護の必要性が高い（低い）と判断される場合。

　③ 状態像が季節的あるいは日内などで変動する場合であって，特記事項に記載されている具体的な状況から判断して変更を要すると認められる場合。

● かかりつけ医意見書関連

　① かかりつけ医意見書の内容により，基本調査結果では表現されていない状況があると判断される場合。

　② 精神疾患，痴呆（現在は認知症，以下同じ。），関節拘縮などの心身の状況の評価に医師の専門的な診断技術を要し，かつ，その評価が要介護度に重大な影響を及ぼすと考えられる場合。

　③ 病状の進行や改善などによってかかりつけ医の意見書作成時点で病状が異なっており，意見書において，現時点の状況が正確に記載されていると判断されている場合。

不適当事例

● 特記事項関連

　① 基本調査の個別項目に関する調査結果を理由に変更してはならない。

　② 特記事項の内容が，基本調査結果とほぼ一致すると判断される場合には変更してはならない。

　③ 障害老人の自立度，痴呆性（認知症）老人の自立判定結果を理由に変更してはならない。

　④ 介護者の状況を理由に変更してはならない。

　⑤ 施設入所または在宅であることが調査結果に影響したと判断したことを理由に変更してはならない。

　⑥ 介護の必要度と関係なく，現に受けているサービスを利用することを目的として変更してはならない。

　⑦ 年齢を理由に変更してはならない。

　⑧ 本人の意欲程度を理由に変更してはならない。

⑨ 介護の必要性のみが記載されている場合には変更してはならない。
⑩ 自立している行為に時間を要することを理由に変更してはならない。

● かかりつけ医意見書関連
① 特別な医療を実施していることを理由に変更してはならない。
② 疾病名や重症度を理由に変更してはならない。
③ 基本調査結果とかかりつけ医意見書の内容が一致している場合には変更してはならない。
④ 特定疾病に該当しない疾病が65歳以上の調査対象者の障害の原因となっている場合は自立としてはならない。
⑤ 本人の意欲の程度を理由に変更してはならない。
⑥ 介護の必要性のみが記載されている場合は変更してはならない。
⑦ 本人の希望を理由に変更してはならない。
⑧ 介護保険の給付外サービスの必要性を理由に変更してはならない。
⑨ 日ごろの状態以外の状況を理由に変更してはならない。
⑩ 介護の必要度と直接的な関係が不明確である記載内容を理由に変更してはならない。
⑪ 介護者の状況を理由に変更してはならない。
⑫ 将来起こりうる病態や予後に関する記載について，介護の必要度の明確な関係が認められない場合は変更してはならない。

(2) 基本調査結果一部修正適当事例と基本調査結果一部修正不適当事例

適当事例
① 特記事項およびかかりつけ医意見書の内容が調査結果と矛盾しており，調査結果の変更が妥当であると判断した場合。
② 特記事項およびかかりつけ医意見書の内容から判断して，調査要領に示された判断基準などに基づかない調査結果であることが明らかな場合。
③ 特記事項に具体的に記載された内容が基本調査結果と一致せず，特記事項に本人の状況が正しく記載されていると判断される場合。

不適当事例

① 特記事項およびかかりつけ医意見書の内容が調査結果と一致していると判断される場合。
② 特記事項およびかかりつけ医意見書の内容に基づかないで調査結果を修正してはならない。
③ 介護者の状況を理由に調査結果を修正してはならない。

第3節
要介護認定モデル事業における問題と課題

最後に，①調査全般についての問題と課題，②要介護認定における問題点と今後の課題について整理することにする。

1　調査全般についての問題と課題

保険給付（介護サービスの利用内容）を基礎づける訪問調査に関して，これまで指摘されてきている問題点が解決されていない。それは1回の調査では不十分であり，時間が不足していることである。

① 在宅で家族と同居している人の訪問調査の場合，家族の苦労話を聞いたうえで聞き取り調査を行わなければならない場合が多い。このこと自体が家族介護者にとってはカタルシスにつながるため重要といえるが，時間的にかなりの負担を生じる結果になる。
② 認知症の程度についてはその把握が難しい。もともと認知症の状態そのものに周期（波）があるため，全体的な把握をするには1回の訪問調査では困難といえる。また一人暮らしの高齢者の場合，当然のことながら本人に聞かなければならない。
③ 家族介護者がいる場合と一人暮らしの場合とでは，調査結果にかなりの差が出るといえる。在宅の一人暮らしの場合，時間がかかっても身の回りのことを一人でやらなければならないので，自立に近い評価が出る。逆に，介護者がいる場合，高齢者本人の動作が遅いため介護

者が介助する場合が多く，そのため自立度が低くなる（このことは施設にも当てはまる）。
④　特定疾病による要介護状態にある対象者の場合，その状態の把握がきわめて困難である。たとえば，パーキンソン症候群に関して指摘すると，服薬後とかなり時間が過ぎた場合とでは心身の状態像が異なることが多く，日常生活動作（ADL）の程度などを把握できないといえる。
⑤　調査事項そのものはかなり練ったものと評価できるが，「片方の手を胸元まで持ち上げられるか」，「片足での立位保持」などの一つひとつの動作が可能か，どの程度できるかということを確認することになっている。そのため，連続動作がどのくらい可能かを把握しにくい。
⑥　自立意欲を把握することができない。調査事項の選択肢は，「自立」，「一部介助」，「全介助」または「できる」，「できない」ということを把握することに止まっている。さらに言えば，たとえば10分間かかって，何とかできることを「できる」と理解してよいのかという問題である。リハビリテーションの一環であれば意味があるだろうが，日常生活の処理として頻繁に行う事柄では自己意欲の把握の問題とすべきである。
⑦　今回のモデル事業では第二号被保険者も調査対象となり，一次判定から二次判定を行った。1998（平成10）年の案では，15の特定疾病（現在は16の特定疾病となっている）による要介護状態または要支援状態が介護保険給付の対象とされているが，第二号被保険者のサービス利用者は年齢的にも介護サービスをかなり長期間利用することになるので，認定上の配慮（たとえば，第一号被保険者を判定するコンピュータソフトでよいのか，新たに別のソフトを考えるべきでないのかなど）が必要と考えられる。

2　要介護認定についての問題と課題

①　1998（平成10）年度のモデル事業の場合，前述したように介護認定審査会運営要綱の中で『要介護状態区分変更等事例集』が示された

ため，介護認定審査会の審査判定はかなり制約を受け，裁量の余地がほとんどない。
② 本番に備えて，要介護認定基準を改善し，より良いものとするためにモデル事業が実施されるとしても，要介護認定基準が1997（平成9）年度の基準案とかなり変わったため，全体的に一次判定結果が低く出る傾向がある。
③ 1998（平成10）年度は，「痴呆（現：認知症）に関する項目」（調査項目30．日課の理解・年齢などを答える・短期記憶・名前を覚える・季節の理解・場所の理解．調査項目31．物忘れがひどい，周囲への関心・被害的・作話・幻視・幻覚など）と「医療関連項目」（調査項目32．点滴の管理・中心静脈栄養・透析・ストーマの処置・酸素療法・レスピレータ・気管切開・疼痛・経管栄養・モニター測定・褥瘡の処置・カテーテル）の比重が大きくなっている。1997（平成9）年度の基準案ではADLの比重が大きい傾向がみられた。

　表6-6は，A市のモデル事業の過程で指摘された事例である。一次判定において要介護3であったものを，3．麻痺の有無の「左下肢の麻痺：あり」と4．関節可動域制限の「膝関節：あり」を追加して修正したところが，要介護2に下がってしまった。逆に，**表6-7**の事例では，調査項目31の「作話をし，周囲に言いふらすこと」を「なし」から「ときどきある」に変更したところ，要介護2から要介護4になった。以上と同じような事例は，筆者がかかわったモデル事業においてもみられた。
④ モデル事業を通して，コンピュータソフトに関する課題がかなり浮上してきた。被保険者への説明と不服申し立てに適正に対応するためにも，ソフトの公開がぜひとも必要である。もともと，個人のプライバシーに関することを除き，各種の情報を国民（住民）に対して公開（情報開示）することは世界に共通する流れといえる。
⑤ ADLと精神的な面での要介護度をどのように位置づけるかの判断はかなり難しいといえるが，論理的に説明がつくようにしなければならない。

表 6-6　A市のモデル事業の過程で指摘された事例①

市町村コード：○○○市区町村名：A市	1998 年○月○日審査
	1998 年△月△日調査

調査対象者コード：24	主調査コード：8　主調査員：ソーシャル	一次判定結果：要介護 3
年　　　　　齢：82	従調査員コード：　　　　　　　　ワーカー	一次判定結果（修正後）：指数
性　　　　　別：男	従調査員資格：	修正理由：

＜在宅型＞
訪問介護（ホームヘルプサービス）：4回／月　　福祉用具貸与：3回
通所介護（デイサービス）：4回／月　　　　　　そのほか：あり

寝たきり判定：A2　　　痴呆老人判定：正常

1. 視力：
2. 聴力：
3. 麻痺の有無：
    左上肢：あり
    左下肢：
    右上肢：
    右下肢：
    その他
4. 関節可動域制限
    肩関節：あり
    肘関節：
    股関節：
    膝関節：
    足関節：
    その他
5. ア．褥瘡：
    イ．皮膚疾患：
6. 片手胸元持ち上げ：
7. 嚥下：見守り
8. 寝返り：つかまる
9. 起き上がり：つかまる
10. 両手つく座位保持：
11. つかない座位保持：
12. 立ち上がり：つかまる
13. 両足での立位保持：支えが必要
14. 片足での立位保持：できない
15. 歩行：つかまる
16. 移乗：一部介助
17. ア．尿意：
    イ．便意：
18. 排尿後の後始末：全介助
19. 排便後の後始末：全介助
20. 浴槽の出入り：一部介助
21. 洗身：全介助
22. ア．口腔清潔：
    イ．洗顔：全介助
    ウ．洗髪：全介助
    エ．つめ切り：全介助
23. 食事摂取：見守り
24. ア．ボタンかけはずし：全介助
    イ．上衣の着脱：全介助
    ウ．ズボンなどの着脱：全介助
    エ．靴下の着脱：全介助
25. 居室の掃除：全介助
26. 薬の内服：一部介助
27. 金銭の管理：全介助
28. 医師の伝達：
29. 指示への反応：
30. ア．日課の理解：
    イ．年齢などを答える：
    ウ．短期記憶：
    エ．名前を覚える：
    オ．季節の理解：
    カ．場所の理解：
31. ア．物忘れがひどい：
    イ．周囲への関心：ときどきある
    ウ．被害的：
    エ．作話：
    オ．幻視・幻覚：
    カ．感情不安定：
    キ．昼夜逆転：
    ク．暴言・暴行：
    ケ．同じ話・不快音：
    コ．大声を出す：
    サ：介護への抵抗：
    シ．徘徊：
    ス．落ち着きなし：
    セ．一人で戻れない：
    ソ．目が離せない：
    タ．収集癖：
    チ．火の不始末：
    ツ．物や衣類を壊す：
    テ．不潔行為：
    ト．異食行動：
    ナ．迷惑な性的行為
32. 1. 点滴の管理：
    2. 中心静脈栄養：
    3. 透析：
    4. ストーマの処置：
    5. 酸素療法：
    6. レスピレータ：
    7. 気管切開の処置：
    8. 疼痛の看護：
    9. 経管栄養：
    10. モニター測定：
    11. 褥瘡の処置：
    12. カテーテル：

表6-7　A市のモデル事業の過程で指摘された事例②

市町村コード：○○○市区町村名：A市	1998年○月○日審査 1998年△月△日調査
調査対象者コード：103　主調査コード：2　主調査員：看護師, 年　　　齢：85　　従調査員コード：　　　　　ソーシャル 性　　　別：女　　　　従調査員資格：　　　　　ワーカー	一次判定結果：要介護2 一次判定結果（修正後）：指 修正理由：
	＜在宅型＞ 施設利用：老人保健施設

寝たきり判定：B1　　　痴呆老人判定：iiia

1. 視力：1mで見える
2. 聴力：
3. 麻痺の有無：
　　左上肢：
　　左下肢：
　　右上肢：あり
　　右下肢：あり
　　その他：
4. 関節可動域制限
　　肩関節：
　　肘関節：
　　股関節：
　　膝関節：
　　足関節：
　　その他：
5. ア．褥瘡：
　　イ．皮膚疾患：
6. 片手胸元持ち上げ：
7. 嚥下：
8. 寝返り：
9. 起き上がり：つかまる
10. 両手つく座位保持：自分の手が必要
11. つかない座位保持：自分の手が必要
12. 立ち上がり：つかまる
13. 両足での立位保持：支えが必要
14. 片足での立位保持：支えが必要
15. 歩行：できない
16. 移乗：見守り
17. ア．尿意：
　　イ．便意：
18. 排尿後の後始末：間接的援助
19. 排便後の後始末：間接的援助
20. 浴槽の出入り：行っていない
21. 洗身：一部介助
22. ア．口腔清潔：
　　イ．洗顔：
　　ウ．洗髪：
　　エ．つめ切り：全介助
23. 食事摂取：
24. ア．ボタンかけはずし：
　　イ．上衣の着脱：見守り
　　ウ．ズボンなどの着脱：一部介助
　　エ．靴下の着脱：一部介助
25. 居室の掃除：全介助
26. 薬の内服：一部介助
27. 金銭の管理：全介助
28. 意思の伝達：
29. 指示への反応：ときどき通じる
30. ア．日課の理解：できない
　　イ．年齢などを答える：できない
　　ウ．短期記憶：できない
　　エ．名前を覚える：
　　オ．季節の理解：できない
　　カ．場所の理解：できない
31. ア．物忘れがひどい：ある
　　イ．周囲への関心：ときどきある
　　ウ．被害的：
　　エ．作話：
　　オ．幻視・幻覚：
　　カ．感情不安定：
　　キ．昼夜逆転：
　　ク．暴言・暴行：
　　ケ．同じ話・不快音：
　　コ．大声を出す：
　　サ．介護への抵抗：
　　シ．徘徊：
　　ス．落ち着きなし：
　　セ．一人で戻れない：
　　ソ．目が離せない：
　　タ．収集癖：
　　チ．火の不始末：
　　ツ．物や衣類を壊す：
　　テ．不潔行為：
　　ト．異食行動：
　　ナ．迷惑な性的行為
32. 1．点滴の管理：
　　2．中心静脈栄養：
　　3．透析：
　　4．ストーマの処置：
　　5．酸素療法：
　　6．レスピレータ：
　　7．気管切開の処置：
　　8．疼痛の看護：
　　9．経管栄養：
　　10．モニター測定：
　　11．褥瘡の処置：
　　12．カテーテル：

第7章

介護保険法施行下における介護サービスをめぐる評価システムの有用性

はじめに

近年,各サービス分野で第三者評価制度が導入されるようになってきた。元来,専門家によってサービスが具体化される分野(医療,教育,そして福祉など)では,提供されたサービスの質や提供体制等を,スタッフ以外の第三者が評価すること自体がありえなかった。むしろ,専門家自身が研究および研修を通して,自らのスキルアップなどを図ることによって,結果として「対象者」に対してより良いサービスをもたらすと考えられてきた。

しかし,経済社会状況の変化により,サービスの「対象者」から「利用者」という視点が求められるようになり,専門家が提供するサービスも自己評価はもとより,利用者評価および第三者評価の実施が強く求められるようになったのである。

医療の分野においては,「財団法人日本医療機能評価機構」が1995(平成7)年に設立され,試行的事業を経て,1997(平成9)年から本格的に評価事業を取り組むようになった。2005(平成17)年11月末現在,認定病院数は1,835となり,わが国の病院数(9,077)の20.2%を占めている[1]。

2000(平成12)年度から導入された介護保険制度は,その基本理念の柱の一つとして「民間活力の活用による被保険者に相応しい多様な事業者によるサービスの提供」が掲げられ,介護サービスの提供組織の多様化が本格化することになり,現在においてサービスの質の担保が緊急の課題となっている[2](本稿は契約制度が導入された介護サービスの質の確保を図るためのサービス評価システムの在り方を整理している)。

1 研究の目的

厚生労働省は,介護保険制度の検討過程において,制度の基本理念として「ⅰ 要介護状態の軽減・予防,ⅱ 医療との十分な連携,ⅲ 被保険者の自由な選択による,被保険者に相応しいサービスの総合的・効率的な提供,ⅳ 民間活力の活用による,被保険者に相応しい多様な事業者によ

るサービスの提供, v 在宅における自立した日常生活重視」を示した。これらの理念は介護保険法（2000〈平成12〉年4月1日施行）にも盛り込まれた。「措置から契約へ」というキャッチ・フレーズに象徴されるように，介護サービスの利用者（当事者とその家族）は，自らの判断と選択に基づいて，介護サービスを利用できる体制が整えられることになったのである。

しかし，介護サービスの利用者が希望する介護サービスの種類および提供事業者，介護保険施設などを自由に選択することが制度的に可能となったとしても，いくつかの前提条件が満たされていなければならない。すなわち，第一に，サービス利用に役立つ情報が提供されていること，第二に事業所・施設のサービスの質の向上を支援する仕組みが用意されていること，第三に公平・公正な評価システムが確立されていること，第四にその評価システムが効果的・効率的であること，が求められる。

医療サービスと同じように，介護サービスも人の手を経て具体化されるために，スタッフによっては提供するサービスの内容にバラツキの多いことも考えられるが，サービスは一定以上の水準でなければならないはずである。もしも不適切な介護サービスが提供された時には，そのことに関する苦情等を的確に受け止めて対応する仕組みが整備されていなければならない。

そこで，厚生労働省は，介護サービスの健全かつ円滑な提供を図るために，介護サービス事業者等について指定制度を設けるとともに，指定事業者等に対して，法律，人員，設備および運営基準等の遵守義務を課すことにした。さらに，このための担保措置として，保険者である市区町村，監督行政庁としての都道府県に事業実績の報告徴収等の監督権限（予防的監督，監視的監督，矯正的監督）を付与した。しかし，これらの権限はサービスを提供する際のハード面（実施体制に関する監督等）に止まり，ソフト面（サービスの質の確保および向上等）には目が行き届かない場合が多い。

介護サービスの質を担保する制度としては，①国民健康保険団体連合会による苦情への対応，②社会福祉事業の経営者による苦情への対応，③福祉サービスの運営適正化委員会による苦情への対応がある。しかし，これらの対応策は，事後処理的なものばかりで，介護サービスの質を確保する

積極的な施策とはいいがたい。重要なことは，介護サービスの質の向上のための積極的な施策を用意することにある。

　介護サービスの質を高めるための有力な方法として，介護サービスに関する第三者評価をあげることができる。国は「規制改革推進三か年計画」（2003〈平成15〉年3月の閣議決定）でその重要性を指摘し，厚生労働省における検討（1999〈平成11〉年11月—「福祉サービスの質に関する検討会」の設置が社会・援護局で行われ，2000〈平成12〉年11月—「介護保険サービスの選択のための評価の在り方に関する検討会」の設置が老健局）でなされてきており，第三者評価の必要性を指摘してきた。その後，2001（平成13）年度の老健局の老人保健健康増進等事業を受けて，「介護保険サービスの質の評価に関する調査委員会」がシルバーサービス振興会に設置されて検討された結果，「利用者による介護サービス（事業者）の適切な選択に資する『介護サービス情報の公表』（情報開示の標準化）について」が報告書（2005〈平成17〉年3月）としてまとめられた。この報告書を受けて，国は2006（平成18）年度から本格的な介護サービスの質の向上に関する施策を実施する予定である。すなわち，介護サービスの質を向上するために，国は2006〈平成18〉年度から①介護サービスに関する情報公開の義務づけ（利用者とその家族がサービスを選択できるように，事業所が情報を公開する），②規制の強化（事業所の指定の取消要件の追加，指定の更新制の導入，勧告・命令等の追加），③ケアマネジメント体制の強化（包括的・継続的ケアマネジメントの徹底，ケアマネジメントの公正・中立の確立）に取り組むことにしている。

　しかし，高齢者認知症グループホームは別として，介護サービスを提供する事業所・介護保険施設の基本情報（事業所概要，職員体制，利用料金，サービス内容等）に情報公開の範囲も決まっており，提供されるサービスの内容や質に関する項目をチェックする体制は，必ずしも十分に位置づけられていないことが大きな課題として残されている[3]。介護サービスに関する有効な第三者評価のあり方を科学的に検討していくことが，研究上の課題として浮上してきているのである。

　本稿は，「介護サービスを巡る第三者評価システムの有用性」を研究テー

マとしている。介護サービスの評価システムのあり方を検討し，そのための手法を開発し，そのシステムが本格的に導入されると，第一に介護サービスの利用者とその家族が安心してサービスを利用できる体制が整うことになり，制度への信頼感もより一層高まることになる。第二に事業所・施設が提供するサービスのチェック体制が介護サービスの従事者の意識改革と専門性の向上をもたらすことが期待できる。第三に資源の有効活用につながる。介護サービス給付費は，1割の個人負担分を含めて，2000〈平成12〉年度は3兆6,000億円，2001〈平成13〉年度は4兆6,000億円，2002〈平成14〉年度は5兆2,000億円，2003〈平成15〉年度は5兆7,000億円，2004〈平成16〉年度は6兆3,000億円，2005〈平成17〉年度予算案は6兆8,000億円と増え続けており，成熟社会における資源の有効活用は社会全体の共通利益をもたらすことになる[4]。

　サービス評価の手法としては，①利用者評価，②自己評価，③第三者評価の3つをあげることができるが，利用者評価と自己評価は介護サービスの利用の直接的な当事者による評価であるために，それぞれの意思，とらえ方によってバイアスがかかる場合があり，評価結果が適正とはなりにくくなることも考えられる。

　すなわち，利用者評価では，介護サービスの利用者による評価となるため，制度の趣旨や自立に向かう介護サービスに対する理解が乏しくなり，利用者に都合のよい介護サービス（たとえば，介護従事者が利用者のいうことを何でも聞くような介護サービス）を高く評価してしまう可能性も考えられる。また，介護サービス事業者自身による自己評価では，自己の組織に対して甘い評価（たとえば，提供者自身に都合がよくない部分を隠してしまうなど）をしてしまう危険性もある。しかし，第三者評価では直接的な利害が絡まない組織による評価であるために，前二者による評価よりも公正な結果を期待できる。

　介護サービス評価の方法については，時間と手間をかければ，良い結果が期待できる。しかし，現実的には限られた資源（お金，時間，人手）の範囲内で取り組むことが求められる。しかも，①利用者本位の介護サービス提供，②公平・中立で効率的な評価手法を含まなければならない。この

意味において，公平かつ中立性を保つことができる組織とは何か，またそれがどのような評価手法を導入すれば効率的でかつ質的な評価を内包していくことができるかを科学的に解明していく必要がある。

以上のような背景・問題点を踏まえ，本稿では，わが国の介護保険制度に位置づけられた要介護高齢者に提供される適切な介護サービスの評価手法のあり方に焦点を当てることにする。そして，利用者本位の介護サービスを受けることができる評価システム開発へ向けた基礎的研究として位置づけ，取り組んでいくことにする。

2006（平成 18）年現在，東京都や福岡市のように先駆的な取り組みとして，介護サービス評価システムを導入している地方自治体もあるが，全国的にみればいまだに少なく，定着していない現実がある。しかし，わが国に相応しい適切な介護サービス評価システムを導入し，確立していく方法を模索することは，要介護高齢者をはじめとして，誰もが安心して介護サービスを受けることができる環境条件の整備にとって欠かせない事柄である。

とくに，施設サービスと比べて，在宅サービスの提供の場は多くは利用者の自宅である。つまり，在宅サービスは物理的な環境面で密室化・潜在化しやすい特性をもっており，制度的にサービス評価体制を確立しておくことが重要となる。介護サービスの評価体制を確立することは，適切な介護サービスを受けられずに，権利侵害等を受けている要介護高齢者の声を顕在化させることになり，社会的な意義を見出すことができる。この意味で，介護サービスの評価システムの開発は急務といえる。

介護サービスに関する評価項目の検討，評価組織の検討，評価の実施体制の検討および評価結果の活用方法等の検討が求められる。評価組織ひとつを考えても，公的部門（行政），民間営利部門（株式会社，有限会社など），民間非営利部門（NPO 法人など）のどの組織に担ってもらうかについても多くの検討すべき点が多い。

本稿では，「事業所・施設が提供する介護サービスの向上と利用者のサービスの選択に資すること」を実現するために，「介護サービスのトータル（重層的・複合的）システム」（評価方法—利用者評価・自己評価・第三者評

価の実施項目の検討と連携評価のあり方など，評価結果の情報提供システムのあり方など）と「ステップアップ（段階的）システム」（自己点検→自己評価→第三者評価という評価基準の段階性の検討など）の開発に取り組みたいと考えている。

2 研究方法

　介護サービスに関する第三者評価については，①厚生労働省の社会・援護局での検討（「福祉サービスの質に関する検討会」の設置．1999〈平成11〉年11月），②老健局での検討（「介護保険サービスの選択のための評価の在り方に関する検討会」の設置．2000〈平成12〉年11月）があり，③地方公共団体レベルでは，東京都，神奈川県，神戸市，北九州市および福岡市等で検討されてきた。

　とくに福岡市においては2001（平成13）年7月に「福岡市介護サービス評価システム検討会（委員長・鬼﨑信好を含め14人の委員で構成）を設置し，全12回にわたり「評価機関」，「評価基準」，「評価件数の見込み」，「評価費用」，「システム導入のスケジュール」，「認証・格付け」，「評価結果の公表」，「モデル事業の実施」などについて精力的に検討を重ね，モデル事業を実施し，2002（平成14）年3月に市長に答申した。そして，同年10月から本格的に事業を開始し，2005（平成17）年3月末現在で事業所・施設219，および更新26が評価を受けている。

　以下，本稿では福岡市における介護サービスのデータをもとに介護サービスを巡る評価のあり方を整理していくことにする（**表7-1**）。

(1) 福岡市介護評価システムの枠組み
評価の目的

　介護評価システムの目的は，介護サービスの向上（事業所・施設）を図り，サービスの選択（市民）に資することを目的にしている。このシステムの特徴は，「コンビニエンス（便利な）システム」と「ステップアップ（段階的）システム」ということである。評価方法は3種類（自己評価，利用

表 7-1 介護サービス進捗状況。事業所数・申し込み率・認証率・運営法人別

コード	サービス種別	指定事業所数（平成16年5月現在）	累計					
			申込事業所数		調査済事業所数	判定済事業所数	認証交付総数	認証率（延べ）
			申込総数	申込新規(%)				
11	訪問介護	244	51	16.0%	42	41	35	85.4%
12	訪問入浴介護*	16	2	12.5%	2	2	2	100.0%
13	訪問看護*	60	16	26.7%	17	16	16	100.0%
14	訪問リハビリテーション*	0	2	—	2	1	1	100.0%
15	通所介護	154	36	20.8%	31	31	31	100.0%
16	通所リハビリテーション*	110	20	17.3%	17	15	15	100.0%
17	福祉用具貸与*	166	7	3.0%	5	5	4	80.0%
21	短期入所生活介護	44	14	29.5%	13	11	11	100.0%
22	短期入所療養介護	77	4	3.9%	3	2	2	100.0%
32	痴呆対応型共同生活介護	49	6	12.2%	4	4	4	100.0%
33	特定施設入所者生活介護*	14	2	14.3%	2	1	1	100.0%
43	居宅介護支援	336	70	16.7%	62	59	53	89.8%
51	介護福祉施設サービス	31	24	67.7%	23	21	20	95.2%
52	介護保健施設サービス	25	17	56.0%	16	16	16	100.0%
53	介護療養施設サービス	48	10	14.6%	9	8	8	100.0%
	合計	1,374	281	17.2%	248	233	219	94.0%

*サービスの種類は，2003（平成15）年度から評価を開始している。
（出所）介護サービス評価センターふくおか。

者評価，第三者評価）の評価手法を組み合わせ，それぞれの評価結果を総合的に分析する。その結果を事業所・施設へ提供するとともに，認証マークを交付する[5]。

事業所・施設にとっては，①業務点検・課題把握・改善→②<u>自己評価</u>→③<u>利用者評価・第三者評価</u>を受け，④これらの結果を点検して2年後の更新につなげ，一層の質の向上を図る。市民（利用者）に対しては，利用者のサービス選択に役立つ情報（事業所・施設の基本情報，選択に役立つ情報，評価情報）を提供する。

評価基準・項目

評価は「第三者評価」（事業所・施設が事前に取り組む自己評価も兼ねる）と「利用者評価」で構成される。そして，5つの評価項目区分（事業運営体制，契約，利用者本位のサービス提供，サービス内容・技術，危機管理）で構成され，第三者評価基準（介護サービスの種類によって異なる）は60～70項目，利用者評価基準では20～30項目を設定している。さらに，利用者の満足度を把握するために，「利用者満足度基準」も別途作成し，10項目を設けている。評価の判断が容易にできるように，評価基準の項目は具体的でわかりやすい判断基準を作成している。

評価方法

自己評価は介護サービス向上の出発点になる。利用者評価の調査方法はプライバシーを護り，事業者・施設側の恣意的な関与を防止するために郵送法で実施する。第三者評価の調査方法は，専任調査員（介護支援専門員か有資格者を雇用）が複数（2人）で実地調査を行い，その結果をコンピュータに入力し，その結果をダウンロードし，専門家で構成される評価委員会（大学教授，医師，介護福祉士，被保険者代表などの6人の委員）で評価判定を行い，その際に利用者評価結果も加味する。

認証の要件は，①全評価項目の85％以上が一定の水準以上を満たしていること，②評価項目のすべてが最低水準以上であること，である。

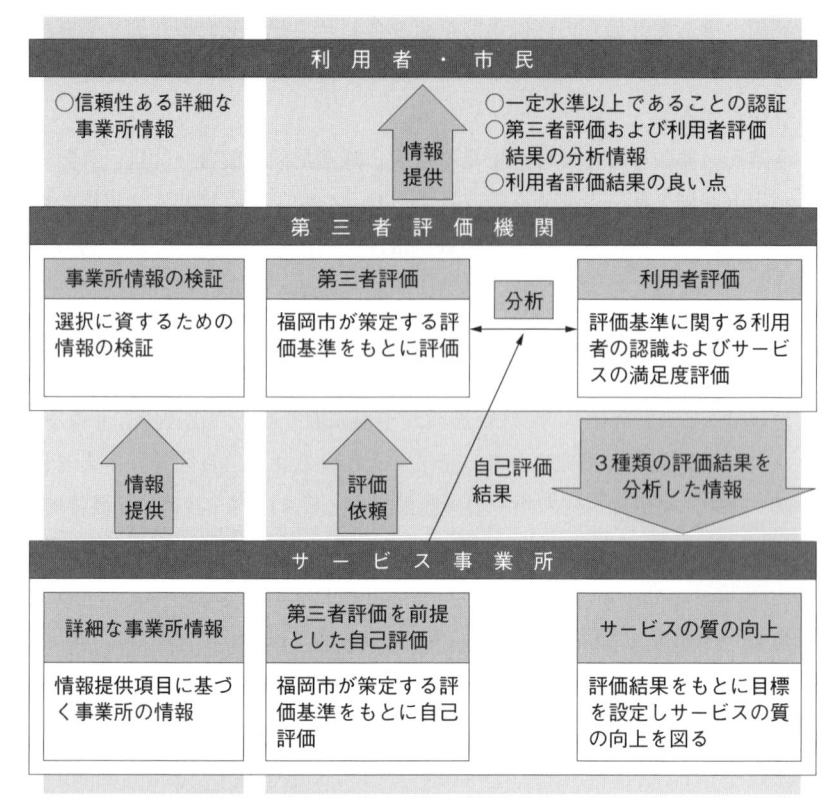

図 7-1 ふくおか型介護サービス評価システム図

利用者・市民
- 信頼性ある詳細な事業所情報
- 情報提供
- 一定水準以上であることの認証
- 第三者評価および利用者評価結果の分析情報
- 利用者評価結果の良い点

第三者評価機関
- 事業所情報の検証：選択に資するための情報の検証
- 第三者評価：福岡市が策定する評価基準をもとに評価
- 分析
- 利用者評価：評価基準に関する利用者の認識およびサービスの満足度評価

情報提供／評価依頼／自己評価結果／3種類の評価結果を分析した情報

サービス事業所
- 詳細な事業所情報：情報提供項目に基づく事業所の情報
- 第三者評価を前提とした自己評価：福岡市が策定する評価基準をもとに自己評価
- サービスの質の向上：評価結果をもとに目標を設定しサービスの質の向上を図る

(2) 研究のプロセス（対象と方法）

データの集計（対象）

2002（平成14）年10月1日から2005（平成17）年3月31日までの期間の介護サービスを「介護サービス評価センターふくおか」で，その介護サービス評価を受け，認証を得たすべての介護サービス事業所および介護保険施設数219（更新数26を含む）の評価項目を全体的に集計した。「評価センターふくおか」が評価対象としている介護サービスは，居宅療養管理指導を除く，15種類の事業である。

すなわち，「在宅サービス」では訪問介護，訪問入浴介護，訪問看護，

訪問リハビリテーション，通所介護，通所リハビリテーション，福祉用具貸与，短期入所生活介護，短期入所療養介護，認知症対応型生活介護，特定介護入所者生活，居宅介護支援の12種類であり，「施設サービス」では介護老人福祉施設，介護老人保健施設，介護療養型医療施設の3種類である。これらの評価結果について集計して分析した。

なお，本稿においては，在宅サービスの5種類（訪問介護，訪問看護，通所介護，通所リハビリテーション，居宅介護支援）と施設サービスの3種類（介護老人福祉施設，介護老人保健施設，介護療養型医療施設）の計8種類について論じることにする。

① 各事業別における全体結果（第1回のみ）
- 各事業の第三者評価の平均値比較
- 各事業の自己評価の平均値比較
- 各事業の利用者評価の平均値比較

② 設置主体別の全体結果
- 第三者評価
- 自己評価
- 利用者評価
- 設置主体別の各評価結果の平均値比較

③ 更新分の全体結果（2回目の評価）
- 設置主体別の更新分の変化
- 事業別の更新分の変化

方　法

介護サービス評価には，評価を受けた事業所・施設ごとに，ⅰ利用者評価，ⅱ自己評価，ⅲ第三者評価が存在するが，これらを事業所・施設ごとにトータル（総合評価）の平均値を集計対象とした。

以上のⅰ～ⅲの評価項目には，共通項目が設定されている。分析の視点としては，次に記す仮説に基づいて，㋐同一の介護サービス事業種別の評価について，「利用者評価」，「自己評価」，「第三者評価」の相違点，㋑設置母体別（社会福祉法人，医療法人，営利法人，非営利法人等）の評価の差異，㋒更新を受けた介護サービス事業所・施設の評価のトータル値（範

囲は0〜100％．85％以上が適正基準）の変化に着目して整理した。トータル値を構成する①〜⑬の共通項目（大項目）は，「事業運営体制」，「契約」，「利用者本位のサービス提供」，「サービス内容・技術」，「危機管理」である。

本稿では，在宅サービスの5種類（訪問介護，訪問看護，通所介護，通所リハビリテーション，居宅介護支援）と施設サービス3種類（介護老人福祉施設，介護老人保健施設，介護療養型医療施設）の計8種類に絞って，事業別そして設置母体別に3つの評価指標についてそれぞれ分析を行った。さらに，更新受審した26事業所・施設については初回受審結果との比較検討を行った。

統計学的解析では，事業別および設置母体別評価指標の比較には分散分析法を用いて行った。さらに，初回と更新時の評価の比較には対応のあるt検定を用いた。なお，統計学的有意水準は危険率5％未満とした。

仮　説

介護保険制度の導入に伴って，社会福祉法の第二種社会福祉事業に位置づけられる在宅サービスは，社会福祉法人以外の組織に本格的に門戸が開放され，さまざまな組織が介護サービスに本格的に参入することになった。厚生労働省によれば，2004（平成16）年度末現在，6万6,255の組織が介護サービスに参入している。福岡市においても同年現在，県知事から指定を受けた1,195事業所（介護保険施設100を含む）が存在している。介護保険制度導入以前は市町村もしくは社会福祉法人が受託してサービスを提供していたが，制度導入後は幅広い組織が事業に参入するようになったのである。そのため，ややもすると利益追求のみに走っている事業所が存在することも考えられ，結果としてサービス利用者へ不適切なサービスが提供されている可能性がある。

そこで，本稿では次のような仮説を設けて検証することにした。

● 仮説1

設置主体別に利用者評価，自己評価，第三者評価ではそれぞれ相違があると考えられる。これは当然のことで，自己評価と利用者評価とは当事者同士であるので，利害が相反することから，結果においてかなりの違いがあるものと想定される。とくに近年において新たに参入した営利法人を中

心とする民間事業所はノウハウが少ないと考えられ，サービス評価は必ずしも高くないと考えられる。

- 仮説2

設置主体別でみると，得意とする項目と改善が求められる項目があると考えられる。たとえば，医療法人系事業所では，危機管理の項目に分類される「感染予防」などの医療知識が求められる項目で評価が高いと考えられる。そこで，今回の分析では，社会福祉法人，医療法人，民間企業（営利企業），その他（農協，生協，NPO法人）に分類して，この点を検証する。

- 仮説3

更新の場合，評価結果が向上していると考えられる。すなわち，第1回目の評価を受け，2年後の更新（第2回目）で評価を受けた場合，改善されている場合が多いと考えられる（第1回目の評価結果と更新（第2回目）の評価結果とを比較検討する必要がある）。

3 結 果

(1) 事業種別における全体結果（1回目のみ） $n=219$

各事業の第三者評価の平均値比較（図7-2）

事業別の第三者評価の平均値比較では，「訪問看護」98.8％が最も高く，順に「通所リハ」96.7％，「介護保健」96.7％であった。逆に，低い事業は「介護療養」92.7％，「訪問介護」91.9％であった。事業別の第三者評価には統計学的有意差を認めた（$p<0.01$）。

各事業の自己評価の平均値比較（図7-3）

各事業の自己評価の平均値について，「訪問看護」97.8％が最も高い。次いで「通所リハ」95.8％である。また，「介護療養」91.1％が最も低い割合となっているが，「訪問介護」91.2％とほぼ変わらない割合となっている。逆に，「介護療養」91.1％が最も低い値となったが，「訪問介護」は91.2％とほぼ変わらなかった。これらの平均値には統計学的有意差を認めた（$p<0.01$）。

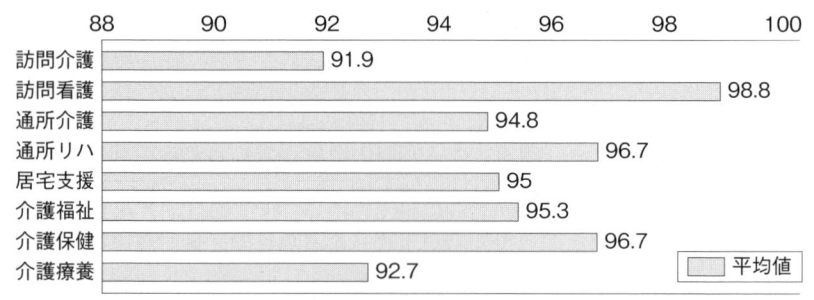

事業所別	サンプル数	平均値	中央値	最大値	最小値	標本標準偏差
訪問介護	35	91.9	93.2	99.7	69.6	7.6
訪問看護	16	98.8	99.1	99.7	96.3	1.1
通所介護	28	94.8	94.8	98.5	87.8	2.3
通所リハ	17	96.7	97.5	99.1	91.5	2.1
居宅支援	53	95.0	96.7	99.7	72.5	5.4
介護福祉	21	95.3	96.1	98.7	81.0	3.8
介護保健	13	96.7	97.2	99.2	92.5	2.4
介護療養	7	92.7	93.1	96.6	89.9	2.3

図 7-2　事業ごとの第三者評価の平均値

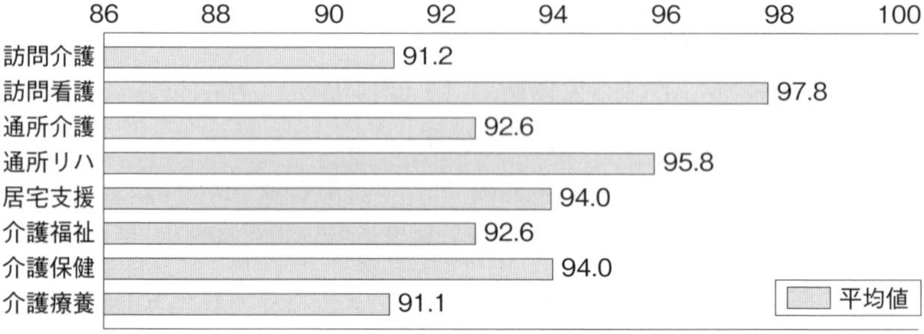

事業所別	サンプル数	平均値	中央値	最大値	最小値	標本標準偏差
訪問介護	35	91.2	93.5	99.7	68.1	7.1
訪問看護	16	97.8	98.2	99.7	91.4	2.2
通所介護	28	92.6	92.2	99.7	84.5	4.6
通所リハ	17	95.8	96.9	99.1	87.5	3.2
居宅支援	53	94.0	96.7	99.7	63.3	6.9
介護福祉	21	92.6	93.3	98.7	80.2	4.4
介護保健	13	94.0	92.7	100.0	87.4	4.3
介護療養	7	91.1	89.9	98.4	84.8	4.6

図 7-3　事業ごとの自己評価の平均値比較

各事業の利用者評価の平均値比較（図 7-4）

各事業の利用者評価では，「訪問看護」98.8％が最も高い割合である。しかし一方では，「介護保健」86.6％が最も低く，次いで「介護療養」87.7％が低い割合を示している。事業別の利用者評価には，統計学的有意差を認めた（$p<0.01$）。

利用者評価は，利用者本人または家族を対象に，介護サービス利用者のなかから30人を無作為抽出によりサンプリングして郵送し，評価を行うシステムを導入しているので，必ずしも実態を反映する結果とはならない場合もある。しかし，利用者が事業所・施設によって提供されるサービスの質をどのように評価しているかを把握する資料として有用である。

医療法人系の組織は危機管理の項目（衛生管理，疾病の把握，感染予防・防止など）で評価が高く出る反面，契約に関する項目（重要事項の契約の締結など）で評価がやや低く出る傾向が認められた。

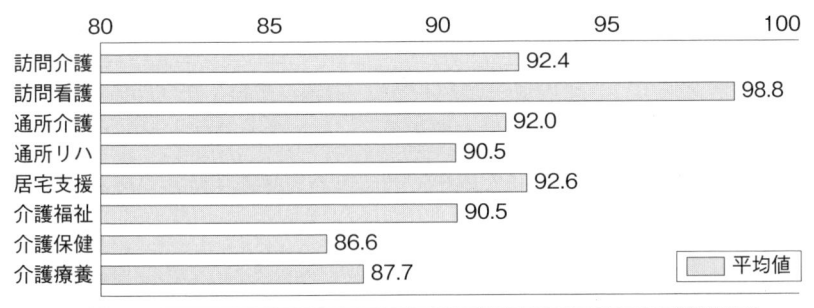

事業所別	サンプル数	平均値	中央値	最大値	最小値	標本標準偏差
訪問介護	35	92.4	92.9	98.1	85.2	3.4
訪問看護	16	98.8	99.1	99.7	96.3	1.1
通所介護	28	92.0	92.4	98.5	85.9	3.2
通所リハ	17	90.5	89.9	94.8	85.5	2.8
居宅支援	53	92.6	92.3	100.0	83.0	2.7
介護福祉	21	90.5	90.2	96.1	82.7	2.7
介護保健	13	86.6	87.4	91.2	80.2	3.1
介護療養	7	87.7	88.9	92.3	81.7	4.1

図 7-4　事業ごとの利用者評価の平均値比較

まとめ

利用者評価，自己評価，第三者評価の各結果を事業ごとにみると，通所介護，居宅介護，介護療養型医療施設を除いて，3つの評価指標には統計学的有意差がみられた（$p<0.05$）。

なお，自己評価の結果よりも第三者評価の結果が高く出る傾向がみられる理由は，現地調査の際に，評価項目（たとえば，業務マニュアルの整備が不十分など）が低く出た場合，その項目の改善を促し，一定期間（2週間）の後に，改善の報告を受け，再度，現地調査を行い，その事実を確認したうえで評価することにしているからである。換言すれば，第三者評価は行政による監査ではなく，介護サービスの質の向上を促進するように原理・原則を導入して再評価しているからである。事業所・施設の改善の努力と結果が得られることが，利用者へのより良いサービス提供につなげることを目標にしているのである。

(2) 設置主体別の全体結果（利用者評価，自己評価，第三者評価）

図 7-5 は設置主体別の利用者評価，自己評価，第三者評価のそれぞれのトータルの平均値を示している。

利用者評価では「その他」（NPO法人，農協，生協）が93.5％と最も高く，以下「会社」（営利法人）の順であり，統計学的有意差を認めた（$p<0.05$）。理由として，これらの組織がサービスの種類を特化（限定）していることによると推察できる。

自己評価については「その他」が95.8％と最も高く，以下「医療法人」，「会社」，「社会福祉法人」の順となり，統計学的有意差を認めた（$p<0.05$）。

第三者評価については「その他」が95.1％と最も高く，以下「社会福祉法人」，「医療法人」，「会社」の順であったが，統計学的有意差は認められなかった。

「社会福祉法人」および「医療法人」では，第三者評価が自己評価および利用者評価よりも高い割合を示している。しかし，「会社」および「その他」では，自己評価が第三者評価および利用者評価よりも高い割合を示している。

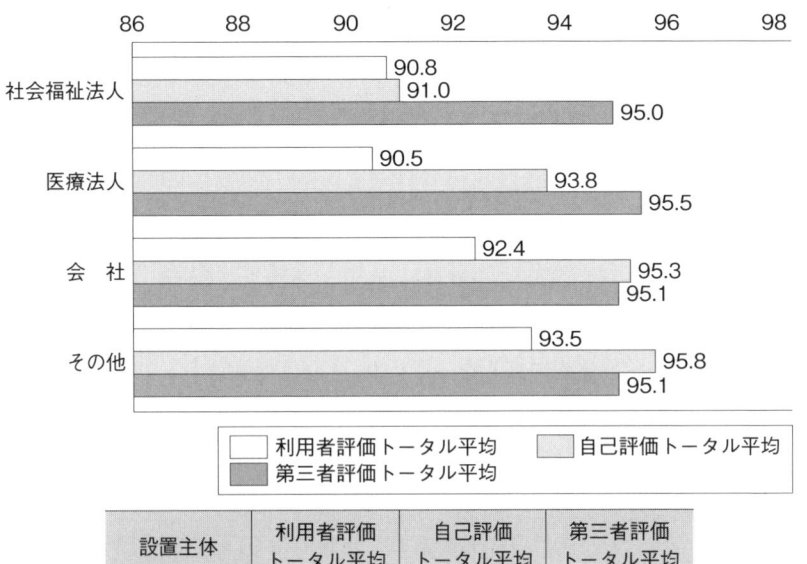

設置主体	利用者評価 トータル平均	自己評価 トータル平均	第三者評価 トータル平均
社会福祉法人	90.8	91.0	95.0
医療法人	90.5	93.8	95.5
会社	92.4	95.3	95.1
その他	93.5	95.8	95.1

図7-5 設置主体別の利用者評価, 自己評価, 第三者評価のトータル平均比較

　総じていえることは, 利用者評価は, 設置主体にかかわらず第三者評価および自己評価よりも低い割合を示している。また, 利用者評価, 自己評価, 第三者評価間の評価を設置主体ごとにみると,「会社」以外では3つの指標について統計学的有意差を認めた ($p<0.05$)。

　「ふくおか型の評価システム」では, 評価結果のトータル値が85％を超えた場合に認証マークが交付される。認証基準を満たす割合が最も高い設置主体は,「社会福祉法人」が97.5％であった。全体的には, 医療法人系の組織が提供するサービスがやや高くなる傾向がうかがえた。

(3) 設置主体別の更新分の変化

第三者評価の変化（表7-2）

第三者評価（全体）については初回が90.5％であり，更新時が97.3％と有意に改善していた（$p<0.01$）。事業別（全体分）では「訪問介護」の5.6％のアップをはじめ，すべての事業で数値のアップ・改善がみられた。

自己評価の変化（表7-3）

自己評価（全体）の初回（92.1％）よりも更新時（95.7％）の方が有意に高くなっていた（$p<0.01$）。事業別では，「短期入所生活介護」を除き，自己評価結果も数値的に高くなっていた。「介護保健施設」の5.9％の増加を最大に，順に「通所介護」「訪問介護」「居宅介護支援」「介護老人福祉施設」「介護療養型医療施設」で改善される結果となっていた。

利用者評価の変化（表7-4）

初回（全体）の平均は91.3％であり，更新時は91.4％でとくに変化はみられなかった。初回受審して，2年後に2回目の評価（更新）を受けるシステムになっているので，回答結果に継続性がみられなくなる傾向がある

表7-2 第三者評価の変化

設置主体	サンプル数	1回目平均	2回目平均	差
社会福祉法人	2	92.7	95.9	3.2
医療法人	13	94.1	98.4	4.3
会社	5	90.2	96.0	5.8
その他	6	94.4	96.8	2.4

表7-3 自己評価の変化

設置主体	サンプル数	1回目平均	2回目平均	差
社会福祉法人	2	88.5	88.6	0.1
医療法人	13	92.0	97.8	5.8
会社	5	88.7	96.9	8.2
その他	6	94.8	93.9	－0.9

表7-4 利用者評価の変化

設置主体	サンプル数	1回目平均	2回目平均	差
社会福祉法人	2	89.5	86.5	−3.0
医療法人	13	92.0	90.3	−1.7
会社	5	89.8	93.4	3.6
その他	6	92.0	92.5	0.5

ことは否めない。また，利用者評価は事業所・施設の利用者（利用者が回答できない場合は家族が回答することになっている）から30人を指名して郵送法で回答を求めるシステムであるが，①利用者全数調査ではないこと，②家族からの回答が多く含まれる可能性が高いことの理由で，事業所・施設側からその結果について疑問視する向きもあるが，今後の検討課題と考えるべきであろう。

設置主体別の更新前後の変化では，全体的に改善がみられている。しかし，「利用者評価」では「社会福祉法人」および「医療法人」ではマイナスとなっている。

(4) 事業別の更新分の変化

更新分の第三者評価の変化（表7-5）

事業ごとの更新分の第三者評価の数値を見ると，「訪問介護」の5.6％アップを筆頭に，すべての事業でアップし，全体的に改善している。

更新分の自己評価の変化（表7-6）

更新分の自己評価も総じて数値が増加していた。

自己評価と第三者評価の結果から推察すると，①事業所・施設において事業点検と課題の抽出，②介護サービスの評価を改善しようという取り組みが，前向き・積極的に行われたものと考えることができる。

介護サービスの第三者評価は行政による監査ではない。その目的は，介護サービスの質を向上させ，利用者に対してより良いサービスを提供することにある。この意味においても，介護サービスの更新（受審）は社会的

表 7-5　更新分の第三者評価

事業所別	サンプル数	1回目平均	2回目平均	差
訪問介護	6	91.5	97.1	5.6
通所介護	4	93.5	96.8	3.3
短期生活	1	92.4	94.8	2.4
居宅支援	8	95.4	97.7	2.3
介護福祉	2	93.8	96.3	2.5
介護保健	3	95.6	98.5	2.9
介護療養	2	95.2	97.9	2.7

表 7-6　更新分の自己評価

事業所別	サンプル数	1回目平均	2回目平均	差
訪問介護	6	91.3	95.3	4.1
通所介護	4	91.9	96.9	5.1
短期生活	1	89.2	88.7	−0.5
居宅支援	8	93.4	96.7	3.3
介護福祉	2	88.2	90.9	2.6
介護保健	3	91.6	97.6	5.9
介護療養	2	94.2	96.3	2.1

な意味が大きい。

更新分の利用者評価の変化（表 7-7）

　利用者評価では「通所介護」と「短期生活」で減少していた。事業別の更新前後の変化としては，「第三者評価」では全体的に改善している。

4　考　察

（1）設置主体別にみる評価の相違

　設置主体別で評価結果をみると，かなりの相違がみられた。219 の事業

表7-7 更新分の利用者評価

事業所別	サンプル数	1回目平均	2回目平均	差
訪問介護	6	92.4	92.9	0.5
通所介護	4	93.4	91.3	－2.2
短期生活	1	90.8	83.8	－7.0
居宅支援	8	92.2	93.7	1.5
介護福祉	2	89.6	90.2	0.6
介護保健	3	87.6	88.0	0.4
介護療養	2	88.1	88.0	－0.1

所・施設の評価結果の分析と26の更新評価結果の分析前の仮説としては，新規参入のグループに位置づけられる「会社」(営利法人)の第三者評価結果がかなり低いと予想したが，多くの事業所でこの仮説は成り立たなかった。今回の第三者評価結果をふまえると，次のように整理できる。

「会社」(営利法人)系の事業所は必ずしも低いとは限らないこと

第三者評価結果をみる限り，全国的に介護サービス事業を展開している「会社」傘下の事業所では，「業務マニュアル」など本社で準備したものが，営業活動の支店である各事業所に用意されていることもあり，同時に「緊急時の対応マニュアル」が備え付けられる結果となっている。そのことにより，その関係項目の評価結果が高くなったりした。逆に，事業規模の小さな民間事業所では，サービス提供の実施体制が確立していない場合が多く，第三者評価や利用者評価が相対的に低くなったりしていた。その意味では，今後取り組むべき課題であることも明確になった。

医療法人系の事業所は医療関連項目の評価結果が高いこと

医療法人を設置主体とする事業所・施設は，中心スタッフが看護師らで占められているため，研修の機会・参加は活発な場合が多く，また感染予防および事故発生時の対応マニュアルなどが用意されている場合が多かった。その反面，介護保険上必須とされる「重要事項の説明」や「契約の締結」等の項目で課題があることもわかった。なぜならば，元来，医療の現

場では契約という概念自体が存在していない（乏しい）という事実があるからであろう。

以上の意味では，サービス利用をめぐる苦情処理や契約の際の重要事項の説明が十分になされていないケースが多いことも課題としてあげることができる。

社会福祉事業に長年取り組んできている社会福祉法人は，必ずしも評価結果が高くないこと

社会福祉法人は，介護保険制度導入前から介護サービス提供にかかわってきたので，第三者評価結果が高いと想定したが，必ずしもそうではなかった。この背景には措置制度に根元的理由があると考えることができる。つまり，行政からの委託によって，介護サービス利用者のお世話をする。そのことによって，委託費（すなわち，措置費）としての事業所・施設の運営費が確保できるので，介護サービス向上の努力が必ずしも十分になされていないことを指摘できる。

いずれにしても，共通して指摘できる点は，「事業運営体制」では個人情報の取り扱い，苦情への対応，「契約」では重要事項の説明，領収書の発行，「利用者本位のサービスの提供」ではサービスの変更，個人の尊厳への配慮，「サービス内容・技術」では業務マニュアルの整備，「危機管理」では感染予防・事故発生時の対応などの面で課題があることが明らかになった。

(2) 更新評価結果の向上

前項（3　結果）で記したように，初回（第1回目）の評価結果よりも第2回目の更新評価結果の方が数値的に上昇し，介護サービスの供給体制が整えられていることがわかった。このことについて事業所・施設を例に検証しておきたい。

医療法人：通所介護（Aデイサービスセンター）

図7-6は医療法人が運営している通所介護（デイサービスセンター）の更新評価結果をレーダーチャートにしたものである。

初回の利用者評価はほぼ100%に近い達成率を示しているが，自己評価

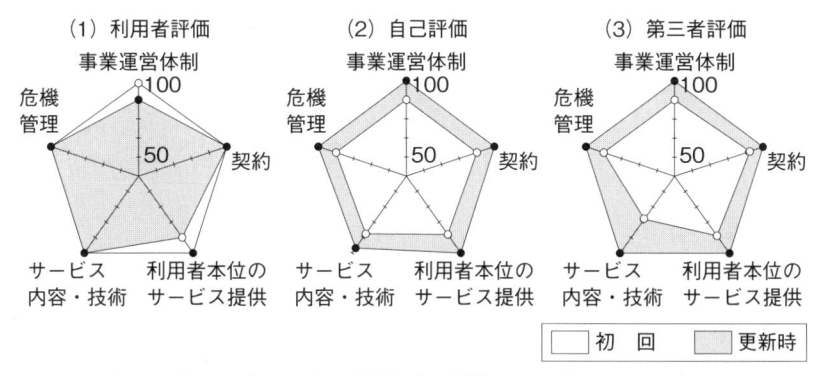

(1) 利用者評価　　　　(2) 自己評価　　　　(3) 第三者評価

図7-6 初回評価と更新時評価の比較（医療法人：Aデイサービス）

と第三者評価の2つは同じようなラインを形成しており，「サービス内容・技術」の項目での評価（自己評価78.7％，第三者評価73.8％）が低い結果になっている。Aデイサービスセンターの場合は，「介護技術の向上」の項目で外部研修への参加が少ないことによるものであった。これに対して，更新時評価結果をみると，「サービス内容・技術」が自己評価で93.4％，第三者評価で98.4％と改善されている。他の項目は100％に近い達成率となっている。おそらく，更新評価を受審するに当たり，スタッフに対して，「事業所理念の浸透」，「研修・指導計画の充実」および「確実な会議記録の整理」などに取り組み，外部研修への参加の機会の工夫によって，サービス提供の改善に結びつけたことによるものと考えられる。

医療法人：介護老人保健施設（B老人保健施設）

　図7-7は，医療法人系が設置・運営している介護老人保健施設の評価結果をレーダーチャートにしたものである。初回の評価結果のレーダーチャートは，自己評価，利用者評価，第三者評価それぞれがアンバランスな形をしていたものが，更新時の評価結果をみると，利用者評価の「利用者本位のサービス提供」と「サービス内容・技術」でやや低いものの，第三者評価をみると，ほぼ正五角形になっており，初回と比べてかなり改善されたものと評価できる。

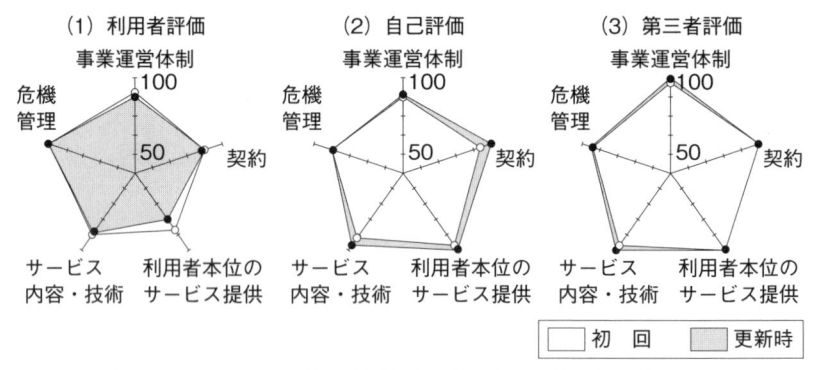

図 7-7 初回評価と更新時評価の比較（医療法人：B 老人保健施設）

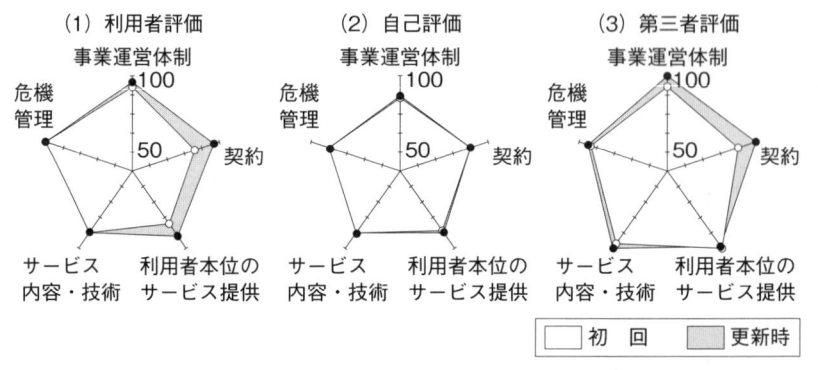

図 7-8 初回評価と更新時評価の比較（社会福祉法人：C 特別養護老人ホーム）

社会福祉法人：介護老人福祉施設（C 特別養護老人ホーム）

図 7-8 は社会福祉法人運営の介護老人福祉施設の更新評価結果のレーダーチャートである。

初回の評価結果をみると，利用者評価，自己評価，第三者評価が90％を前後5％の範囲で推移していた。しかし，利用者評価は「契約」が84.1％となっており，かなり低い評価結果となっている。この理由は，「利用料の受領」で評価が低かったことにある。また，「利用者本位のサービス提供」の項目でも85.5％と低いが，この理由は「外出援助」や「損害賠償の説明」項目で評価結果が低かったことに原因がある。

更新時評価結果では，第三者評価の「事業運営体制」は，初回の評価結果92.2％→98.1％（以下，同じ），「利用者本位のサービス提供」95.7％→95.5％，「サービス内容・技術」95.1％→97.1％，「危機管理」90.2％→93.4％となっており，利用者本位のサービス提供の項目では，0.2％低くなっているものの，他の項目ではアップしている。

　自己評価と第三者評価とは評価結果でさほどの相違がみられないが，利用者評価は食い違うことが多い。事業所・施設としては利用者・家族に事前に説明したのに，利用者がそのことを失念しているとの反論があったりする。評価システムを構成する大きな柱として,「利用者評価」,「自己評価」,「第三者評価」をふまえた総合的な評価システムが必要である。

5　結　語

　本稿において,全国的にみても先進的にかつ本格的に取り組んでいる「福岡市介護サービス評価事業」のデータをもとに評価システムをめぐる論点を抽出してきたが，介護サービスの評価システムをめぐる課題を次の4点に集約できる。

介護サービス評価受審の増加策の検討

　介護サービス評価受審は強制ではない。これまでの評価事業実績を分析すると，サービス評価に積極的な事業所・施設が受審しているのが現状である。強制ではないが故に，現行制度の枠組みでは評価受審の増加を期待するのは難しい。法制度的にインセンティブ（動機づけ）を考える必要がある。

適正な評価機関の確保

　介護サービスの評価結果を受けて，利用者が事業所・施設を選択することになるわけであるから，公正・中立的な立場を維持できる組織を確保することが重要である。その組織が厳正な調査を行い，評価を実施する体制を確立する必要がある。また，調査員の確保や事務処理体制などの確立も求められる。

評価実施体制

　福岡市の場合，第三者評価を実施する体制は調査対象事業所・施設から必要書類の提出を求め，それらを事前に読み込んで，現地調査を実施している。この意味では，かなり丁寧な評価作業に取り組んでいるといえる。

　しかし，利用者評価は郵送法を導入しているので，今後の課題としては調査法の検討（評価組織のスタッフと利用者が面接を通して事実を確認するなど）が必要である。

評価項目の検討

　評価項目の中には，誤解を受けやすい調査項目があり，文言の修正が必要な点がある。これらは技術的に容易であるが，評価基準の見直しなどについては，評価事業の実績をふまえて検討すべきであろう。

≪注・引用文献≫

1) 佐合茂樹ほか『新訂　病院機能評価受審領域別ハンドブック』経営書院，2005，10～15。
2) 厚生労働省大臣官房統計情報部「平成16年介護サービス施設・事業者情報の概要」厚生労働省，2005，3～5。
3) 厚生労働省老健局「平成17年度介護サービス施設・事業者情報」厚生労働省，2006，2～6。
4) 国民健康保険団体中央「平成17年度事業実績」国民健康保険中央，2006，10。
5) 福岡市介護評価サービスシステム検討会「福岡市介護サービス評価システムに関する報告」2002，6～7。

≪参考文献≫

①医療経済研究機構監修『医療白書　2002年版』日本医療企画（2002）
②ヘルスケア総合政策研究所編『介護経営白書2005年版』日本医療企画（2005）
③黒川　清監修『医療白書2005年版』日本医療企画（2005）
④西村周三編『医療経営白書2005年版』日本医療企画（2005）
⑤『日経ヘルスケア21』日経BP社（2004）
⑥社会福祉法令研究会編『社会福祉法の解説』中央法規出版（2003）
⑦鬼﨑信好ほか編『介護保険キーワード事典』中央法規出版（2001）
⑧福岡市『福岡市介護サービス評価基準』福岡市保健福祉局（2003）
⑨三浦文夫編『地域福祉情報2004　vol 4』ジャパン通信情報センター（2004）

⑩産労総合研究所編『新訂・病院機能評価受審領域別ハンドブック』経営書院（2005）
⑪「介護サービス情報公表担当課長会議資料」厚生労働省（2005）
⑫介護サービスの情報開示の標準化に関する調査研究委員会「利用者による介護サービス（事業者）の適切な選択に資する『介護サービス情報の公表』(情報開示の標準化)について（報告書）」シルバーサービス振興会（2005）
⑬国際医療福祉大学編『改訂 医療・福祉経営管理入門』国際医療福祉大学出版会（2002）
⑭三浦文夫編『図説高齢者白書2004年版』全国社会福祉協議会（2004）
⑮鬼﨑信好ほか編『世界の介護事情』中央法規出版（2002）

第8章 高齢者保健福祉制度の歩み

はじめに

本章では高齢者介護の前提となる高齢者福祉制度の歩みを振り返り，それをふまえたうえで介護保険制度の枠組みについて整理する。

第1節
第二次世界大戦前

第二次世界大戦前の高齢者への支援制度は，恤救(じゅっきゅう)規則と救護法に基づくものに限定されていた。

1 恤救規則

1874（明治7）年12月8日に太政官布達第162号恤救規則が出され，1929（昭和4）年の救護法（施行は1932〈昭和7〉年）が制定されるまで，わが国の救貧行政の柱となった。

恤救規則の前文では，「済貧恤救ハ人民相互ノ情誼ニ因テ其方法ヲ設クヘキ筈ニ候得共目下難差置無告ノ窮民ハ自今各地ノ遠近ニヨリ五十日以内ノ分左ノ規則ニ照シ取計置委曲内務省ヘ可伺出此旨相達候事」とした。本文は5つの項から構成され，高齢者については「一、同独身ニテ七十年以上ノ者重病或ハ老衰シテ産業ヲ営ム能ハサル者ニハ一ケ年米壱石八斗ノ積ヲ以テ給与スヘシ」とされた。しかし，家族，隣人等による私的救済が中心で，「無告の窮民」（天涯孤独の者—他に寄る辺なき者）のみを公が救済をするという考え方であった。

明治維新以降の人々の生活状況は，塩見鮮一郎著『貧民の帝都』（文春新書）に詳しい。また，1895（明治28）年に養老院という名称を冠した施設（聖ヒルダ養老院）が設置された。

2 救護法

救護法は1929（昭和4）年法律第39号として公布されたが，同法の施

行は財源難のために1932（昭和7）年からであった。救護法は全部で32条からなる法律であり，わが国の公的扶助の原型ということができる。同法第1条では，「1　65歳以上ノ老衰者，2　13歳以下ノ幼者，3　妊産婦，4　不具癈疾（原文のまま），疾病，傷痍其ノ他精神又ハ身体ノ障碍ニ因リ労務ヲ行フニ故障アル者」を対象と規定した。すなわち，傷病あるいは身体・精神の障害により労務を行うことができない者を対象とし，貧困者のうち労働能力のある貧困者，怠惰・素行不良の者は対象外であった。

ちなみに，救護の種類は，生活扶助，医療扶助，助産扶助，生業扶助の4種類であり，救護施設として，養老院，孤児院，病院，その他の無料診療所があった（救護法では，市町村長を救護機関とし，市町村長を補佐する補助機関に方面委員をあてた。また，救護の費用は，原則は市町村の負担であり，国が4分の2，道府県4分の1を補助した）。

第2節
第二次世界大戦後

1　GHQの対応と生活保護法の制定

第二次世界大戦の敗戦後の混乱に対応するために，GHQ（占領軍総司令部）は，各種の指令を出した。そのなかのSCAPIN（Supreme Command for Allied Powers Instruction Note）とは連合国最高司令部指令であり，戦後の社会福祉制度形成に大きくかかわった。「救済用配給物資ノ装備ニ関スル件」（SCAPIN333），「救済並福祉計画ノ件」（SCAPIN404）を示し，これを受けて，「生活困窮者緊急生活援護要綱」が示され，戦争被災者，引揚者，復員兵，失業者らを対象とした現物給付（宿泊，給食，医療，衣料など）がなされた。

「社会救済」（SCAPIN775）において，公的扶助に関する「国家責任の原則」，「無差別平等の原則」，「最低保障の原則」が示され，これをふまえて，1946（昭和21）年に（旧）生活保護法が制定された。この法律の意義は，①これまでの制限扶助主義から一般扶助主義に転換したこと，②無差別平

等の保護を定め,国家責任による保護を明文化したことにあった。しかし,欠格条項（怠惰者及び素行不良者には保護を実施しない）があり,保護の実施機関は市町村長とし,民生委員を補助機関としたことは,戦前の救護法と何ら変わることがなかった。（旧）生活保護法の扶助の種類は5種類（生活扶助,医療扶助,助産扶助,生業扶助,葬祭扶助）で,国は生活保護の10分の8を負担することになった。

戦後に応急的に制定された（旧）生活保護法は,1950年（昭和25年）に生活保護の基本原理として,国家責任による最低生活保障の原理・無差別平等の原理・最低生活の原理・保護の補足性の原理の4原理,生活保護の原則として申請保護の原則・基準及び程度の原則・必要即応の原則・世帯単位の原則の4原則を含む（新）生活保護法に改正された。

（旧）生活保護法第6条では保護施設を規定したが,養老施設は位置づけられなかった。1963年（昭和38年）に制定された老人福祉法に基づき,「養護老人ホーム」が位置づけられた。

表8-1 社会福祉事業法,社会福祉法における福祉サービス利用者の位置づけ

社会事業法　1938（昭和13）年
第一条　本法ハ左ニ掲グル社会事業ニ之ヲ適用ス但シ勅令ヲ以テ指定スルモノニ付テハ此ノ限ニ在ラズ 　一　養老院,救護所其ノ他生活扶助ヲ為ス事業 　二　育児院,託児所其ノ他児童保護ヲ為ス事業 　三　施療所,産院其ノ他施薬,救療又ハ助産保護ヲ為ス事業 　四　授産場,宿泊所其ノ他経済保護ヲ為ス事業 　五　其ノ他勅令ヲ以テ指定スル事業 　六　前各号ニ掲グル事業ニ関スル指導,連絡又ハ助成ヲ為ス事業 第二条　社会事業ヲ経営スル者其ノ事業ヲ開始シタルトキ又ハ之ヲ廃止セントスルトキハ命令ノ定ムル所ニ依リ其ノ旨事業経営地ノ地方長官ニ届出ヅベシ 第三条　地方長官ハ社会事業ヲ経営スル者ニ対シ保護ヲ要スル者ノ収容ヲ委託スルコトヲ得 2　前項ノ規定ニ依ル委託アリタル場合ニ於テ社会事業ヲ経営スル者ハ正当ノ事由アルニ非ザレバ之ヲ拒ムコトヲ得ズ

注：上記の条文から理解できるが,戦前の社会事業法には,社会事業の定義はされていない。

表 8-1 つづき

社会福祉事業法　1951（昭和 26）年
（目的） 第 1 条　この法律は，社会福祉事業の全分野における共通的基本事項を定め，生活保護法（昭和 25 年法律第 144 号），児童福祉法（昭和 22 年法律第 164 号），身体障害者福祉法（昭和 24 年法律第 283 号）その他の社会福祉を目的とする法律と相まつて，社会福祉事業が公明且つ適正に行われることを確保し，もつて社会福祉の増進に資することを目的とする。 （社会福祉事業の趣旨） 第 3 条　社会福祉事業は，<u>援護，育成又は更生の措置を要する者に対し，その独立心をそこなうことなく，正常な社会人として生活することができるように援助する</u>ことを趣旨として経営されなければならない。

⬇

社会福祉事業法の改正（社会福祉関係八法の改正）　1990（平成 2）年
（目的） 第 1 条　この法律は，社会福祉事業の全分野における共通的基本事項を定め，生活保護法（昭和 25 年法律第 144 号），児童福祉法（昭和 22 年法律第 164 号），母子及び寡婦福祉法（昭和 39 年法律第 129 号），老人福祉法（昭和 38 年法律第 133 号），身体障害者福祉法（昭和 24 年法律第 283 号），精神薄弱者福祉法（昭和 35 年法律第 37 号）その他の社会福祉を目的とする法律と相まつて，社会福祉事業が公明且つ適正に行われることを確保し，もつて社会福祉の増進に資することを目的とする。 （基本理念） 第 3 条　国，地方公共団体，社会福祉法人その他社会福祉事業を経営する者は，<u>福祉サービスを必要とする者が，心身ともに健やかに育成され，又は社会，経済，文化その他あらゆる分野の活動に参加する機会を与えられる</u>とともに，その環境，年齢及び心身の状況に応じ，<u>地域において必要な福祉サービスを総合的に提供される</u>ように，社会福祉事業その他の社会福祉を目的とする事業の<u>広範かつ計画的な実施</u>に努めなければならない。 （地域等への配慮） 第 3 条の 2　国，地方公共団体，社会福祉法人その他社会福祉事業を経営する者は，社会福祉事業その他の社会福祉を目的とする事業を実施するに当たつては，医療，保健その他関連施策との有機的な連携を図り，地域に即した創意と工夫を行い，及び地域住民等の理解と協力を得るよう努めなければならない。

⬇

表8-1　つづき

社会福祉法　2000（平成12）年
（目的） 第1条　この法律は，社会福祉を目的とする事業の全分野における共通的基本事項を定め，社会福祉を目的とする他の法律と相まって，福祉サービスの利用者の利益の保護及び地域における社会福祉（以下「地域福祉」という。）の推進を図るとともに，社会福祉事業の公明かつ適正な実施の確保及び社会福祉を目的とする事業の健全な発達を図り，もつて社会福祉の増進に資することを目的とする。 （福祉サービスの基本的理念） 第3条　<u>福祉サービス</u>は，個人の尊厳の保持を旨とし，その内容は，<u>福祉サービスの利用者</u>が心身ともに健やかに育成され，又はその有する能力に応じ<u>自立した日常生活</u>を営むことができるように支援するものとして，<u>良質かつ適切なもの</u>でなければならない。 （地域福祉の推進） 第4条　地域住民，社会福祉を目的とする事業を経営する者及び社会福祉に関する活動を行う者は，相互に協力し，福祉サービスを必要とする地域住民が地域社会を構成する一員として日常生活を営み，社会，経済，文化その他あらゆる分野の活動に参加する機会が与えられるように，地域福祉の推進に努めなければならない。 （福祉サービスの提供の原則） 第5条　社会福祉を目的とする事業を経営する者は，その提供する多様な福祉サービスについて，利用者の意向を十分に尊重し，かつ，保健医療サービスその他の関連するサービスとの有機的な連携を図るよう創意工夫を行いつつ，これを総合的に提供することができるようにその事業の実施に努めなければならない。

注1：鬼﨑作成
注2：アンダーラインは筆者記入

2　老人福祉法の制定前後

　第二次世界大戦後の社会福祉の枠組みは，1950（昭和25）年に社会保障制度審議会が行った「社会保障制度に関する勧告」を受けて位置づけられた。すなわち，社会福祉は，（狭義の）社会保障の中の「社会保険」，「国家扶助」，「公衆衛生及び医療」，「社会福祉」（筆者注：社会福祉事業に相当）の4本柱の一つとして位置づけられた。勧告の中で，社会福祉とは「国家扶助の適用を受けている者，身体障害者，児童，その他援護育成を要する者が自立してその能力を発揮できるよう，必要な生活指導，更生補導その他の援護育成を行うこと」としている。
　1951（昭和26）年制定の社会福祉事業法は社会福祉の一般法といえる

が，表8-1に整理しているように，社会福祉事業制定時における福祉サービス利用者は，「援助の対象者」と位置づけられ，援助の対象者は「正常な社会生活からドロップアウトした者であり，彼らを正常な状態まで引き上げることが社会福祉（社会福祉事業）の役割である」とされた。しかしその後，福祉の対象者も「福祉サービス利用者」へと位置づけが変わるようになったのである。また，援助の目標も自立支援等が設定されるようになった。

　高齢者福祉も例外ではない。1960年代（昭和35〜44年）から高度経済成長時代をむかえ，経済社会状況が大きく変わるようになり高齢者の増加，家族扶養の減退などの経済・社会状況の変化の予測をふまえ，高齢者へ総合的な支援をすることを目的とした老人福祉法が1963年（昭和38）年に制定された。同法は，総則，福祉の措置，事業及び施設，罰則等から構成された。とくに「福祉の措置」が位置づけられ，老人福祉施設として養護老人ホーム，特別養護老人ホーム，軽費老人ホーム，老人福祉センターが位置づけられた。

　ここで福祉の措置について整理すると，一般に，「措置」とは「仕方，取り計らい，取り計らって処理すること」の意味として理解できるが，この用語は法律の条文や行政で用いられることが多い。たとえば，日本国憲法第54条第3項，地方公務員法第46条にその文言がある。社会福祉の分野においては生活保護法を除く福祉五法で用いられている。生活保護法では「福祉の措置」とはいわずに，「保護の開始」または「保護の実施」というが，いずれにしても自らの力で社会生活を営むことができない人に対して，行政が必要なサービスを提供するという意味においては変わりがない。

　つまり，福祉の措置とは，措置権者である地方公共団体（知事，市町村長を含む）が福祉六法などにおいて規定している要援護者に対する援護，育成および更生等の福祉サービスを提供すること（または決定すること）を意味し，具体的には医療の給付，補装具の交付・修理，施設への入所・通所等の提供（決定）を指している。しかし，生活保護法とは異なり，福祉五法に規定する福祉の措置には，福祉サービスの利用者に関する権利規

定がなく，措置の実施機関（援護の実施機関）がそれを職権に基づいて行う行為（職権主義による行政処分）として法的に位置づけられ，そのことが長年にわたって問題点として指摘されてきた（たとえば，介護保険制度導入前の特別養護老人ホームの入所は，入所者の権利として入所が決まるのではなく，措置権者が入所を決定した結果，利益を受けるにすぎない―これを反射的利益という―とする行政側の見解があった）。このことが介護保険制度導入の理由の一つになった。

表8-2 高齢者保健福祉の変遷

1960年代　高齢者福祉の創設	
・1962（昭和37）年	老人家庭奉仕員（現・訪問介護員）派遣事業の創設
・1963（昭和38）年	老人福祉法制定
・1968（昭和43）年	老人社会活動促進事業の創設（無料職業紹介等）
・1969（昭和44）年	日常生活用具給付等事業の創設，寝たきり老人対策（家庭奉仕員派遣，訪問健康診査）
1970年代　老人医療費の増加	
・1970（昭和45）年	社会福祉施設緊急整備5ヵ年計画の策定
・1971（昭和46）年	中高年齢者等の雇用の促進に関する特別措置法の制定（シルバー人材センターの創設）
・1973（昭和48）年	老人医療無料化（老人医療費支給制度の創設）
・1978（昭和53）年	老人短期入所生活介護（ショートスティ）事業の創設，第一次国民健康づくり対策
1980年代　保健・医療・福祉の連携と在宅サービスの重視	
・1982（昭和57）年	老人保健法制定（医療費の一部負担の導入，老人保健事業の規定） ←1983（昭和58）年2月1日施行，ホームヘルプサービス事業の所得制限引き上げ（所得税課税世帯に拡大，有料制の導入）←同年10月1日
・1986（昭和61）年	地方分権法による老人福祉法改正（団体委任事務化，ショートスティ・デイサービスの法制化）
・1987（昭和62）年	老人保健法改正（老人保健施設の創設） 社会福祉士及び介護福祉士法制定
・1988（昭和63）年	第1回全国健康福祉祭（ねんりんピック）の開催，第2次国民健康づくり対策
・1989（平成元）年	高齢者保健福祉推進十ヵ年戦略（ゴールドプラン）の策定，健康まちづくり事業の創設

表 8-2　つづき

1990年代　計画的な高齢者保健福祉の推進	
・1990（平成2）年	福祉関係八法改正（在宅サービスの推進，福祉サービスの市町村への一元化，老人保健福祉計画），寝たきり老人ゼロ作戦
・1991（平成3）年	老人保健法改正（老人訪問看護制度の創設）
・1992（平成4）年	福祉人材確保法（社会福祉事業法の改正）
・1993（平成5）年	福祉用具の研究開発及び普及の促進に関する法律の制定
・1994（平成6）年	新高齢者保健福祉推進十ヵ戦略（新ゴールドプラン）の策定
・1995（平成7）年	高齢社会対策基本法の制定
・1996（平成8）年	高齢社会対策大綱の策定（閣議決定）
・1997（平成9）年	介護保険法の制定，現・認知症対応型老人共同生活援助事業（現・認知症高齢者グループホーム）創設
・1999（平成11）年	今後5ヵ年間の高齢者保健福祉施策の方向（ゴールドプラン21）の策定
・介護休業の義務化	

2000年代　新たな介護制度の開始	
・2000（平成12）年	介護保険法施行
・2001（平成13）年	新しい高齢社会対策大綱（閣議決定）
・2003（平成15）年	「2015年の高齢者介護」（高齢者介護研究会）
・2004（平成16）年	介護保険制度の見直しに関する意見（社会保障審議会介護保険部会報告）
	「被保険者・受給者の範囲」の拡大に関する意見（社会保障審議会介護保険部会報告）
・2005（平成17）年	「『痴呆』に替わる用語に関する検討会」報告書
	介護保険法改正（予防重視システムへの転換，地域密着型サービス，地域包括支援センターの新設）
	高齢者虐待防止法（高齢者虐待の防止，高齢者の養護者に対する支援等に関する法律）の制定
・2006（平成18）年	老人保健法改正⇒高齢者の医療の確保に関する法律，後期高齢者医療制度の創設（施行は平成20年4月1日から）
・2008（平成20）年	後期高齢者医療制度導入

（出所）厚生労働省資料に追加修正

3 福祉制度の見直し

前述したように,第二次世界大戦後は福祉の措置制度に基づき高齢者福祉サービスは提供されてきたが,その後の経済・社会状況の変化に伴い,1980(昭和55)年以降に高齢者保健福祉制度も大幅な見直しが求められてきた。

(1) 行財政改革に伴う制度の見直し

1980(昭和55)年12月の臨時行政調査会設置法に基づき,いわゆる第二臨調が設置され,「増税なき財政再建」を実現するために審議を始めた。審議の結果は第一次答申(1981〈昭和56〉年7月)から第五次答申(1983〈昭和58〉年3月に最終答申)までなされた。最終答申後,第二臨調は解散し,その後は「臨時行政改革推進審議会」(いわゆる行革審。1983〈昭和58〉年7月設置)による審議が続けられた。

以上の審議の流れと結果に連動し,高齢者保健福祉の分野でも制度の見直しがなされ,サービス利用の際に受益者負担が求められるようになった。

①施設入所者本人からの費用徴収

1980(昭和55)年7月から養護老人ホーム・特別養護老人ホームの入所者本人から費用徴収する。これが1986(昭和61)年4月からの成人の障害者施設の費用徴収に連動する。

②ホームヘルパー派遣要件の変更

1982(昭和57)年10月から,派遣要件の一つであった経済的要件(低所得階層であること)が削除され,低所得階層以外の世帯の高齢者にもホームヘルパー利用の途が開かれた。

③老人医療費の一部負担制の導入

1983(昭和58)年2月から老人保健法が施行されることに伴い,通院および入院の場合,医療費の一部負担が求められるようになった。

④日常生活用具給付等事業の利用条件の変更

日常生活用具給付等のサービスを利用する要件の一つに低所得という経済的要件が設けられていたが,1989(平成元)年4月からこれが削除され

た。

　以上のような受益者負担の導入の背景には，人口高齢化の急速な進行と国の財政事情の悪化がある。いずれにしても，人口高齢化に伴い保健福祉サービスの利用者は低所得の高齢者とは限らなくなったからである。

(2) 高齢者保健福祉推進十ヵ年戦略（ゴールドプラン）の策定

　老後を健やかに安心して暮らすことができるようにするために，1989（平成元）年12月に3大臣（大蔵，自治，厚生の大臣）合意により「高齢者保健福祉推進十ヵ年戦略」（いわゆるゴールドプラン）が策定された。ゴールドプラン策定の背景には消費税導入の際の使途を示す必要があったためと考えられるが，10年先のサービス供給の目標量を示したという意味では，きわめて画期的であったと評価できる。

　ゴールドプランの柱は，①在宅福祉対策の緊急整備，②寝たきり老人ゼロ作戦，③在宅福祉等充実のための長寿社会福祉基金の造成，④施設の緊急整備，⑤高齢者の生きがい対策の推進，⑥長寿科学研究の推進，⑦高齢者のための総合的な福祉施設の整備，⑧ゴールドプラン推進支援方策であった。

　その後の状況の変化（1993〈平成5〉年度に策定された「地方老人保健福祉計画」のサービス整備目標量の集計結果，ゴールドプラン策定後の新しい制度の創設等）をふまえ，1994（平成6）年12月に前回と同じ3大臣の合意によりゴールドプランの見直しがなされ，「新ゴールドプラン」としてスタートすることになった。また，1999（平成11）年12月に「ゴールドプラン21」が示された。このなかには，新たな視点（基本理念等）と改定サービス整備目標量等が盛り込まれている。

(3) 福祉関係八法改正

　21世紀における本格的な高齢社会に対応する体制を構築するため，国民にもっとも身近で基礎的な自治体である市町村において，福祉サービスなどを総合的・一元的にきめ細かく提供できる新たな運営実施体制の整備を図るため，1990（平成2）年6月に「老人福祉法等の一部を改正する法律」

(いわゆる，福祉関係八法改正）が可決成立した。改正の概要は，以下の通りである。
① 在宅サービスおよび施設福祉サービスの市町村への一元化と運営実施体制の確立：老人および身体障害者の施設への入所決定等の事務を都道府県から市町村へ移譲，福祉事務所機能の再編，市町村における社会福祉主事の任意設置，身体障害者更生相談所の機能強化。
② 在宅サービスの推進：在宅サービスの位置づけの明確化，在宅サービスの支援体制の強化。
③ 市区町村および都道府県老人保健福祉計画の策定：市区町村においてはサービス実施の目標量等に関する計画の策定，都道府県においてはサービス供給体制の整備等に関する計画の策定。
④ 障害者関係施設の範囲の拡大等による障害者福祉の拡充整備：視聴覚障害者情報提供施設を身体障害者更生援護施設に，知的障害者通勤寮および知的障害者福祉ホームを知的障害者援護施設にそれぞれ位置づけ，グループホームの法定化等。

以上の結果，多くの課題を抱えながらも国民（地域住民）にとっての基礎的自治体である市区町村において福祉サービスの供給体制確立のための条件が整えられてきたのである。

①市町村における在宅福祉サービスと施設福祉サービスの総合的・一元的実施 — 分権化

②在宅福祉サービス（居宅生活支援事業）の拡充整備・推進 — 多元化

③地方公共団体における老人保健福祉計画の策定 — 計画化

④障害者関係施設の範囲の拡大

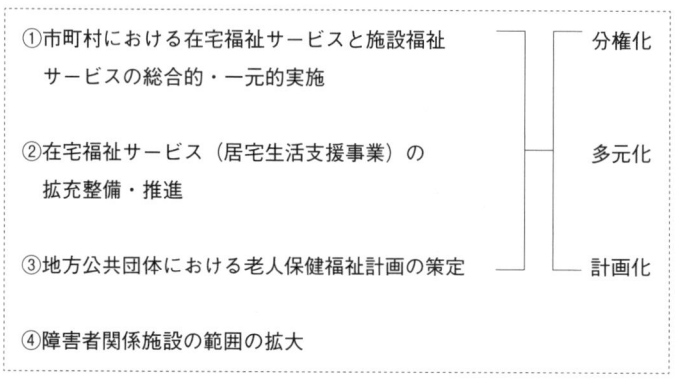

図8-1 福祉関係八法改正の柱

(4) 介護保険法の成立

『厚生白書』(1997〈平成9〉年版)において「寝たきり・認知症・虚弱高齢者の将来推計」が紹介されたが，それによれば，1993(平成5)年の要介護高齢者総数は200万人であったが，2000(平成12)年には280万人，2010(平成22)年には390万人，2025(平成37)年には520万人に増加することが予想された。とくに寝たきりと認知症の高齢者への介護は社会全体の大きな問題であり，介護に要する費用等を社会的にどのように捻出するかが課題となっていた。

家族構造が様変わりした現代社会にあって，どこまで家族による老親扶養(介護も含める)が可能であろうか。高齢者の医療と所得は社会システムとして機能しているため，家族が一方的に負担することにはならない。しかし，介護に関しては多くの課題が山積している。

介護問題は単に家族だけではなく，地域社会そして社会全体の共通する課題と認識すべきである。「高齢者介護は，まさに現代が抱える課題である。…(中略)…介護を要する高齢者は激増し，介護期間も長期化しており，その意味で今日の介護は，高齢者の『生活を支える介護』であり，かつて家族が担ってきた介護とは量的にも質的にも大きく異なるものである。」(高齢者介護・自立支援システム研究会，1994年12月)の指摘は正しい。

新しい高齢者介護システムの検討に取り組む契機になったものは，1994(平成6)年3月の厚生大臣(当時)の私的諮問機関である「高齢社会福祉ビジョン懇談会」による報告書(「21世紀福祉ビジョン」)である。この報告書の中で，介護を要する高齢者が増加する21世紀に向けて，「国民の誰しもが，身近に，必要な介護サービスがスムーズに受けられるシステムの構築」の必要性が指摘された。この提言を具体的に進めるために，同年4月に厚生省(当時)の中に事務次官を本部長とする高齢者介護対策本部が設置され，同本部長の私的研究会である「高齢者介護・自立支援システム研究会」が設けられ，社会保険方式に基盤を置いた新介護システム構想を取りまとめた。

1995(平成7)年2月には老人保健福祉審議会(現在の社会保障審議会

に吸収合併された）でも高齢者介護問題の審議を開始し，1996（平成8）年4月に最終報告を提出した。

　また，社会保障制度審議会（内閣総理大臣の諮問機関であり，2000年1月の中央省庁の党改革の一環で廃止された）でも公的介護保険制度の必要性が提言され，同審議会が1995（平成7）年7月に「社会保障体制の再構築に関する勧告～安心して暮らせる21世紀の社会をめざして～」の中でも新しい介護システムの必要性を指摘した。

　1997（平成9）年12月にようやく介護保険法が可決成立して公布された。1999（平成11）年11月に全国の市町村において要介護認定等の申請の受付を開始し，2000（平成12）年4月から介護保険法が施行された。

≪参考文献≫

① 岡本多喜子『老人福祉法の制定』誠信書房（1993）
② 右田紀久恵ほか編『社会福祉の歴史』有斐閣（1977）
③ 黒木利克『日本社会事業現代化論』全国社会福祉協議会（1958）
④ 吉田久一『新・日本社会事業の歴史』勁草書房（2004）
⑤ 内閣総理大臣官房老人対策室『高齢者問題の現状と施策』（1982）
⑥ 足立正樹編『各国の介護保障』法律文化社（1998）
⑦ 大守　隆ほか著『介護の経済学』東洋経済新報社（1998）
⑧ 鬼﨑信好ほか編『世界の介護事情』中央法規出版（2002）

第9章

介護保険制度の枠組み

はじめに

2000（平成12）年度からの本格的な介護保険制度の導入により，高齢者の福祉サービスと保健サービスは大きく転換した。大別すると，「介護保険制度に基づくサービス」と「介護保険制度以外のサービス」とがある。

介護保険制度の基本理念は，①要介護状態の軽減・予防の重視，②医療との十分な連携，③被保険者の自由な選択による，被保険者にふさわしいサービスの総合的・効率的な提供，④民間活力の活用による多様な事業者・施設によるサービスの提供，⑤在宅における自立した日常生活の重視を位置づけている。

第1節 保険の本質

高齢者への介護システムをどのように構築するかは，先進国に共通する問題である。かつてのような家族による私的介護では対応できなくなっているために，社会全体のシステムとして制度設計を各国は工夫をしている。わが国は租税の負担部分は半分あるが，収支を年度ごとに明確にする観点から，社会保険方式を取り入れている。

1 保険の基本的枠組み

（1）保険の種類

保険を大別すると，①公保険と②私保険（民間保険）とに分かれる。図9-1に示しているように，公保険は原則として行政が保険者になり，強制加入である。種類としては社会保険（医療，年金，雇用，労働災害補償，介護の各保険の5種類），貿易保険，農業共済保険，その他である。私保険（民

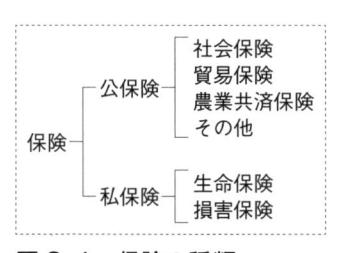

```
          ┌ 社会保険
          │ 貿易保険
     ┌公保険┤ 農業共済保険
     │    └ その他
保険─┤
     │    ┌ 生命保険
     └私保険┤
          └ 損害保険
```

図9-1　保険の種類

間保険）は民間の保険会社が運営する保険であり，任意加入である。種類としては，生命保険と損害保険である。

いずれも，保険と名前がつく以上，一定の保険事故が発生して初めて保険給付を行う。これは，すべての保険に共通する基本的枠組みである。

(2) 保険の目的

保険は通常,「危険の平均化」もしくは「危険の分散化」のための方法・技術といえる。すなわち，生活者にとって，保険は安全保障の手段であり，一つの危険対策にほかならない。危険対策といえば，まずは危険の防止または回避を思い浮かべるが，保険はこのような方法（危険防止・回避策）をとらない。すなわち，保険は危険によって被る経済的負担や損害等を軽減または回復する方法であり，しかも危険そのものを除去することを本来的目的としていない[1]。

(3) 保険者と被保険者

保険では，2人の当事者がいる。それは，「被保険者」（保険に加入している者）と「保険者」（保険を維持・運営する者）である。

被保険者は自らの生活における危険対策のために，資金・お金を貯める代わりに保険者に保険料を支払う。すなわち，保険料を支払うことによって，いつ危険が起こっても保険者が直ちに経済的負担・損害等を軽減または回復してくれることを当然の権利として期待できるのである。

保険者は，保険が成立してそれを維持するために，可能な限り同質の危険をできるだけ多く集め，危険を分散できるような集団を構成しなければならない。つまり，保険を維持・運営するための保険の原理・原則が必要になる。

(4) 保険の原理・原則

保険の原理・原則には，大数の法則，収支相等の原則，給付・反対給付の原則，公平（等価）の原則などがある。

① 大数の法則：ある独立的に起こる事象について，それを多数観察す

れば，その事象の発生確率が一定値に近づくこと．
② 収支相等の原則：保険者が保険集団から収受する保険料の総額が，保険集団に対して支払うべき保険金の総額と等しくなるべきとの考え方．
③ 給付・反対給付の原則：それぞれの保険契約者が支払うべき保険料と保険事故の発生の場合に受け取るべき保険金の数学的期待値は等しくなるべきであるとする考え方．
④ 公平（等価）の原則：保険料はすべてその危険に応じて定められるべきとの考え方．

以上のような原理・原則を忠実に取り入れている保険が民間保険（生命保険と損害保険）である．そして，生命保険では保険契約者（被保険者）が健康であり，負担能力があれば，どのような高額の契約でもできる．ただし，損害保険にあっては，被保険対象の価格を限度とすることを原則とする．

2 社会保険の特徴

(1) 社会保険の目的と特徴

社会保険は，社会生活を営むうえで遭遇する「社会的事故」による経済的負担や損害等を軽減することを目的とする社会制度である．ここでいう社会的事故とは，社会生活を営むうえで遭遇する事故（出来事）であり，経済的困窮，傷病，失業，労働災害，老齢（定年），要介護などである．これらの出来事（社会的事故）に遭遇することによって，所得が減少・中断・喪失したりするので，こういった経済的負担に対応する仕組みが社会保険であり，社会全体の仕組みとして，国（政府）が主導してシステム化している．しかし，保険と名前がつく以上，保険を維持していくために保険の原理・原則を取り入れている．

しかし，社会保険では，厳密な意味で民間保険のように保険の原理・原則は貫徹されていない．ここに社会保険自体にとって大きな特徴がみられる．とはいえ，収支相等の原則は社会保険の維持・運営の前提条件となっている．

ここで民間保険との相違点＝「社会保険の特徴」を整理すると，次のような点をあげることができる。
① 社会保険は強制加入の保険であること。
② 保険者は原則的に行政であること。
③ 被保険者の拠出金（保険料）は所得によって異なること（比例させていること）。
④ 保険の財源は原則として，被保険者の拠出金＋事業主の拠出金（負担金）＋政府等の補助金で賄われていること。
⑤ 社会保険自体に所得の再分配機能があること。

(2) 社会保険の種類
わが国の社会保険は次のような5つの保険から構成されている。
医療保険
　主として傷病等による経済的負担等に対応することを目的にしている。わが国は1961（昭和36）年4月1日から「国民皆保険・皆年金」体制が確立し，スタートした。わが国の医療保険制度の特徴は，職域または地域を基盤に何らかの公的な医療保険制度に加入することになっており，保険証（加入者証）を持っていれば，北は北海道から南は沖縄までどこでも，被保険者が医療機関を選択できる制度（フリーアクセス）が導入されている[2]。
年金保険
　老齢，障害，死亡等による所得の喪失に対応する公的年金制度である。老齢年金は労働からの引退による所得の減少・喪失に対応する。障害年金は人生の過程で重い障害を担わざるを得なくなることによる所得の減少に対応する。遺族年金は扶養する家族を残したまま亡くなるというリスクに対応する。
雇用保険
　主として失業に伴う所得の中断に対応，また育児休業の際の手当に対応する。歴史的にいえば，1974（昭和49）年に失業保険法が雇用保険法に改正され，従来の失業給付に加えて，失業予防の仕組みも制度化された。雇用保険の保険者は政府である。

第1節　保険の本質　165

なお，雇用保険には失業給付等以外に，育児休業給付と介護休業給付とがある。育児休業給付は，一定の条件を満たした被保険者が，1歳未満（パパママ育児休業対象者は1歳2か月未満，延長事由該当者は1歳6か月未満）の子を養育するために，育児休業を取得した場合に支給される。

　介護休業給付は，一定の条件を満たした被保険者が家族の介護を行うために介護休業を取得した場合に，1人の介護対象家族当たり最長3か月の手当が支給される。

業務上災害補償保険

　「労働者災害補償保険」と公務員を対象とする「国家公務員災害補償」，「地方公務員災害補償」とがある。労働者災害補償保険は，労働者の業務中または通勤途上での事故，災害等による障害・傷病・死亡等に対して補償を行うことを目的とする保険である。労災保険の加入はすべての会社や個人事業主に雇用されて働く人が対象であり，国籍・年齢・雇用形態・居住地等を問わない。保険料は，労災の事故発生は雇い主の責任であるという制度上の認識から事業主の負担である。業務上のリスクの程度は業種によって異なるため，保険料率は事業の種類によって異なっており，また労災事故の発生が少ない場合は保険料率が低くなるメリットシステムを導入している。

介護保険

　主として加齢（老化）に伴う「要介護状態」と「要支援状態」に対応する保険である。先述したように，高齢化の進行により，要介護高齢者の増加と介護問題への対応が先進国の共通の課題となってきている。とはいえ，かつてのように家族に介護を負担してもらうことはきわめて困難になってきており，社会全体のシステムで対応せざるをえなくなってきた。そして，介護サービスを提供する事業所・施設を確保し，介護の担い手として有給のスタッフを確保することになった。この場合の財源確保策として，デンマーク，スウェーデン，フィンランドなどの北欧は租税を財源とする方式を取り入れている。しかし，わが国やドイツは社会保険方式を導入している。介護保険については，次節で整理していく。

(3) 医療保険と介護保険との比較

ここで，介護保険を理解するために，医療保険と介護保険とを比較検討しておく[3]。

表9-1に示すように，社会保険としての医療保険は，主として傷病による経済的負担等に対応する保険であり，介護保険は要介護状態・要支援状態による経済的負担等に対応する保険である。傷病と要介護の状態に対応するという意味では，この2つの保険は近しい関係にあるといえる。

第2節
介護保険制度に基づくサービス

1　介護保険法の目的

介護保険法では，「この法律は，加齢に伴って生ずる心身の変化に起因する疾病等により要介護状態となり，入浴，排せつ，食事等の介護，機能訓練並びに看護及び療養上の管理その他の医療を要する者等について，これらの者が尊厳を保持し，その有する能力に応じ自立した日常生活を営むことができるよう，必要な保健医療サービス及び福祉サービスに係る給付を行うため，国民の共同連帯の理念に基づき介護保険制度を設け，その行う保険給付等に関して必要な事項を定め，もって国民の保健医療の向上及び福祉の増進を図ることを目的とする。」（介護保険法第1条）と規定されている。

すなわち，介護保険法に基づく介護保険制度は，予測しにくい将来の要介護問題に対して社会保険方式を通じて，国民全体で分かち合おうとするシステムであるということができる。

2　要介護状態と要支援状態

(1) 要介護状態と要介護者

介護保険法第7条第1項において「『要介護状態』とは，身体上又は精神上の障害があるために，入浴，排せつ，食事等の日常生活における基本

表 9-1 医療保険と介護保険との比較

	医 療 保 険	介 護 保 険
保険の枠組み	・主として傷病による経済的負担等に対応する。 ・保険加入者証（保険に加入し保険料を払っていることの証し）を持っていれば，原則として被保険者が医療機関を自由に選択して医療処置をしてもらうことができる。	・要介護状態または要支援状態による経済的負担等に対応する。 ・医療保険の場合，原則として病院または診療所でない限り保険給付の対象とはならないが，介護保険給付には生活支援サービスが含まれていることから，指定事業者等以外も対象となりうる。
保険者	・加入する医療保険の種類によって異なる。	・市区町村
被保険者	・すべての人（被保険者本人とその家族）をカバーしている。	・市区町村の区域に住所を有する満40歳以上の者。 第1号被保険者（65歳以上の者） 第2号被保険者（40歳以上65歳未満の医療保険加入者）
保険事故の認定	・医師が治療等の必要性の有無について判断する。	・介護認定審査会の合議に基づいて判断する（被保険者が要介護状態または要支援状態であるか否かなどについて判定する）。
保険給付（利用できるサービスの量）	・医師が必要と認める医療行為の結果による。 ・原則として混合診療（医療保険による診療と自己負担による診療とを合わせて利用すること）不可。	・原則的には厚生労働大臣が保険給付基準額を定める（要介護状態等によって利用できるサービスの量が定まることになる）。 ・「混合介護」可能。
相互の関係	・医療保険は被保険者の医療ニーズに対応することを原則とする（医療保険は，急性期の医療ニーズに対応することが原則となる）。	・介護保険は被保険者の介護ニーズに対応することを原則とする（介護保険と医療保険とで給付が重なるサービスについては，介護保険給付＜介護サービス＞を優先することが原則となる）。

（注）鬼﨑信好作成

的な動作の全部又は一部について，厚生労働省令で定める期間にわたり継続して，常時介護を要すると見込まれる状態であって，その介護の必要の程度に応じて厚生労働省令で定める区分（以下『要介護状態区分』という。）のいずれかに該当するもの（要支援状態に該当するものを除く。）をいう。」と規定している。すなわち，要介護状態とは，継続して常時介護を要する状態のうち，要支援状態に該当しないものということができる。

また，同条第3項において，「『要介護者』とは，1．要介護状態にある65歳以上の者，2．要介護状態にある40歳以上65歳未満の者であって，その要介護状態の原因である身体上又は精神上の障害が加齢に伴って生ずる心身の変化に起因する疾病であって政令で定めるもの（以下「特定疾病」という。）によって生じたものであるもの」としている（**表9-2**）。

(2) 要支援状態と要支援者

同法第7条第2項において，「この法律において『要支援状態』とは，身体上若しくは精神上の障害があるために入浴，排せつ，食事等の日常生活における基本的な動作の全部若しくは一部について厚生労働省令で定める期間にわたり継続して常時介護を要する状態の軽減若しくは悪化の防止に特に資する支援を要すると見込まれ，又は身体上若しくは精神上の障害があるために厚生労働省令で定める期間にわたり継続して日常生活を営むのに支障があると見込まれる状態であって，支援の必要の程度に応じて厚生労働省令で定める区分（以下『要支援状態区分』という。）のいずれかに該当するものをいう。」としている。

すなわち，要支援状態とは，①「継続して常時介護を要する状態のうち，その状態の軽減・悪化防止に役立つ支援を必要とする状態」または②「継続して日常生活（身支度，掃除，洗濯，買い物等）を営むのに支障がある状態」である。

2005（平成17）年6月改正以前では，「身体上若しくは精神上の障害があるために，日常生活に支障があると見込まれる状態」と規定され，日常生活の支援が必要な人が「要支援状態」とされていたが，2005（平成17）年の改正によって「常時介護を要する状態の軽減若しくは悪化の防止に資

表 9-2 介護保険制度の被保険者（加入者）

○介護保険制度の被保険者は，①65歳以上の者（第1号被保険者），②40〜64歳の医療保険加入者（第2号被保険者）となっている。
○介護保険サービスは，65歳以上の者は原因を問わず要支援・要介護状態となったときに，40〜64歳の者は末期がんや関節リウマチ等の老化による病気が原因で要支援・要介護状態になった場合に，受けることができる。

	第1号被保険者	第2号被保険者
対象者	65歳以上の者	40歳から64歳までの医療保険加入者
人数	2,977万人 （65〜74歳：1,505万人，75歳以上：1,472万人） ※1万人未満の端数は切り捨て	4,299万人
受給要件	・要介護状態 （寝たきり，認知症等で介護が必要な状態） ・要支援状態 （日常生活に支援が必要な状態）	要介護，要支援状態が，末期がん・関節リウマチ等の加齢に起因する疾病（特定疾病）による場合に限定
要介護（要支援）認定者数と被保険者に占める割合	515万人（17.2%） 〔65〜74歳：65万人（4.3%） 75歳以上：450万人（30.5%）〕	16万人（0.4%）
保険料負担	市町村が徴収 （原則，年金から天引き）	医療保険者が医療保険の保険料と一括徴収

(注) 第1号被保険者及び要介護（要支援）認定者の数は，「平成23年度介護保険事業状況報告年報」によるものであり，平成23年度末現在の数である。第2号被保険者の数は，社会保険診療報酬支払基金が介護給付費納付金額を確定するための医療保険者からの報告によるものであり，平成23年度内の月平均値である。
(出所) 厚生労働省老健局総務課，公的介護保険制度の現状と今後の課題，平成25年，p.12。

する支援を要する状態または身体上もしくは精神上の障害があるために一定期間日常生活を営むのに支障があると見込まれる状態」（アンダーライン筆者）として，介護の軽減や悪化防止のために支援するという枠組みに変更された。

　同法第7条第4項において，「『要支援者』とは，1. 要支援状態にある65歳以上の者，2. 要支援状態にある40歳以上65歳未満の者であって，その要支援状態の原因である身体上又は精神上の障害が特定疾病によって生じたものであるもの」としている（図9-2）。

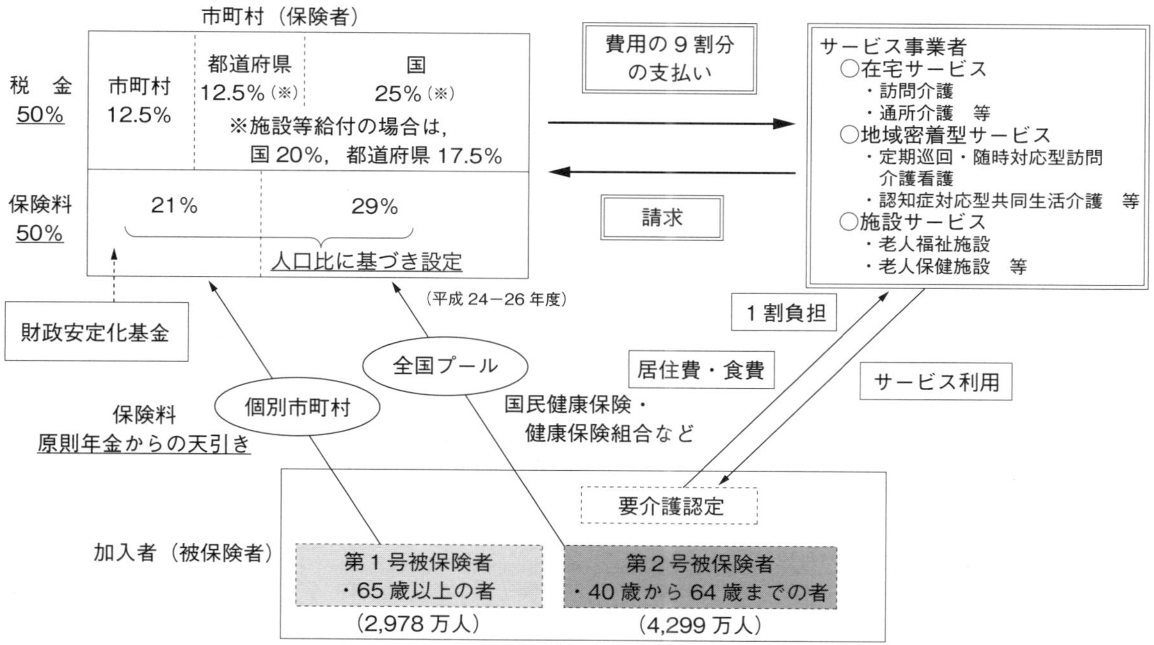

図9-2 介護保険制度の仕組み

サービス事業者
○在宅サービス
 ・訪問介護
 ・通所介護 等
○地域密着型サービス
 ・定期巡回・随時対応型訪問介護看護
 ・認知症対応型共同生活介護 等
○施設サービス
 ・老人福祉施設
 ・老人保健施設 等

費用の9割分の支払い　　1割負担　　サービス利用

請求　　居住費・食費

要介護認定

市町村（保険者）

税金 50%
 国 25%（※）
 都道府県 12.5%（※）
 市町村 12.5%
 ※施設等給付の場合は、国20%、都道府県17.5%

保険料 50%
 第1号被保険者 21%
 第2号被保険者 29%

人口比に基づき設定（平成24-26年度）

全国プール　　国民健康保険・健康保険組合など

個別市町村

財政安定化基金

保険料　原則年金からの天引き

加入者（被保険者）

第1号被保険者
・65歳以上の者
（2,978万人）

第2号被保険者
・40歳から64歳までの者
（4,299万人）

（注）第1号被保険者の数は、「平成23年度介護保険事業状況報告年報」によるものであり、平成23年度末現在の数である。
第2号被保険者の数は、社会保険診療報酬支払基金が介護給付費納付金額を確定するための医療保険者からの報告によるものであり、平成23年度内の月平均値である。

（出所）厚生労働省老健局総務課、公的介護保険制度の現状と今後の課題、平成25年、p.8。

第2節　介護保険制度に基づくサービス　171

3　保険者と役割

　保険と名前がつく以上は,「保険者」と「被保険者」が存在する。保険者とは,保険を維持運営する者(＝組織)という意味であり,保険事故発生の際に保険給付(介護サービスの提供)義務を負う者でもある。介護保険の保険者は,「市区町村」である。ここでいう「区」とは政令指定都市の行政区ではなく,特別地方公共団体としての「東京23区」のことである[4]。

　介護保険制度の保険者は,他の社会保険と同様に,被保険者の要件を満たしている者に強制力をもって保険に加入させ,保険事故が発生した場合に被保険者に保険給付を行う義務と役割がある。また,被保険者から保険料を徴収し,保険料収入や国と都道府県からの負担金等を財源に保険財政の均衡を図りながら保険を維持運営する。

　介護保険の保険者として義務化されている事務は多岐にわたるが,人口規模が小さく,事務処理体制が整わず,保険財政が成立しにくい場合,隣接の市町村同士が協力し合って広域的に取り組むこと(地方自治法に基づく特別地方公共団体としての「一部事務組合」や「広域連合」によって事務を処理)ができるようになっている。

　保険者(市区町村)の役割は,①被保険者の資格にかかわる事務,②要介護認定・要支援認定にかかわる事務,③保険給付にかかわる事務,④保健福祉事業にかかわる事務,⑤市区町村介護保険事業計画にかかわる事務,⑥保険料徴収にかかわる事務,⑦条例・規則等にかかわる事務,⑧会計等にかかわる事務,⑨介護保険制度関連のほか制度にかかわる事務,⑩広報にかかわる事務,などである(図9-3)。

　ここで都道府県と国の役割について記すと,都道府県は,①事業者等の指定・更新,②財政安定化基金の設置,③介護保険事業支援計画の策定,④その他の役割を果たさなければならない。

　国は,①介護保険制度の設計,基準・報酬の設定,②基本指針の作成,③その他の役割を果たすことになっている。

○ 介護保険の給付費の 50% を 65 歳以上の高齢者（第 1 号被保険者）と 40〜64 歳（第 2 号被保険者）の人口比で按分し、保険料をそれぞれ賦課。

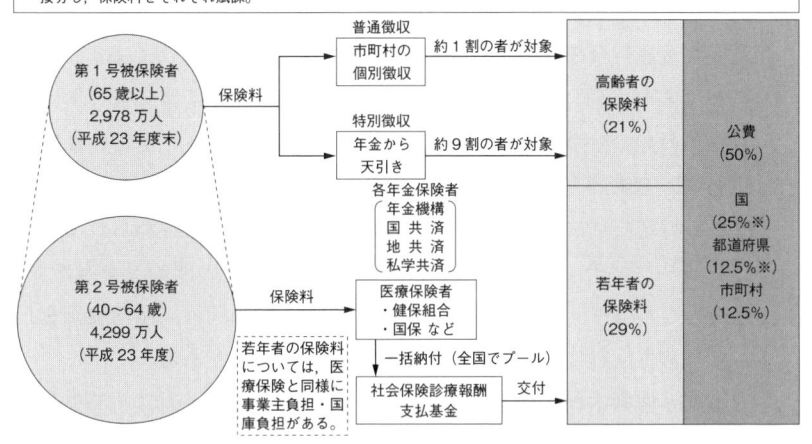

```
第 1 号被保険者         普通徴収
(65 歳以上)           市町村の      約 1 割の者が対象    高齢者の
2,978 万人     保険料  個別徴収                        保険料
(平成 23 年度末)                                      (21%)        公費
                      特別徴収                                    (50%)
                      年金から      約 9 割の者が対象
                      天引き                                      国
                      各年金保険者                                (25%※)
                      [年金機構                                   都道府県
                       国 共済                                    (12.5%※)
                       地 共済                                    市町村
                       私学共済]                    若年者の       (12.5%)
第 2 号被保険者                                       保険料
(40〜64 歳)   保険料  医療保険者                     (29%)
4,299 万人            ・健保組合
(平成 23 年度)       ・国保 など
                      一括納付（全国でプール）
若年者の保険料に       社会保険診療報酬    交付
ついては、医           支払基金
療保険と同様に
事業主負担・国
庫負担がある。
```

※国の負担分のうち 5% は調整交付金であり、75 歳以上の方の数や高齢者の方の所得の分布状況に応じて増減。
※施設等給付費（都道府県が指定権限を有する介護老人福祉施設、介護老人保健施設、介護療養型医療施設、特定施設に係る給付費）は国 20%、都道府県 17.5%。

（注）第 1 号被保険者及び要介護（要支援）認定者の数は、「平成 23 年度介護保険事業状況報告年報」によるものであり、平成 23 年度末現在の数である。
第 2 号被保険者の数は、社会保険診療報酬支払基金が介護給付費納付金額を確定するための医療保険者からの報告によるものであり、平成 23 年度内の月平均値である。

図 9-3　保険料徴収の仕組み
（出所）厚生労働省老健局総務課、公的介護保険制度の現状と今後の課題、平成 25 年、p.17。

4　介護保険の被保険者

　介護保険の被保険者は、「市区町村の区域に住所を有する満 40 歳以上の者」であるが、細かく分けると、2 種類の被保険者から構成されている。すなわち、「第 1 号被保険者」（市区町村の区域に住所を有する満 65 歳以上の者）と「第 2 号被保険者」（市区町村の区域に住所を有する 40 歳以上〜65 歳未満の医療保険の加入者）とされている。

　以上 2 つの被保険者の違いは、第 1 号被保険者は介護サービスが必要になった原因を問わず保険給付（介護サービスを利用できる）の対象となるが、第 2 号被保険者は厚生労働省が定める特定疾病を原因とした場合のみ保険給付の対象となることにある。

5 特定疾病

介護保険法施行令のなかで，16種類の特定疾病を規定している[5]。
① がん末期：(医師が一般に認められている医学的見地に基づき回復の見込みのない状態に至ったと判断したものに限る。) がんの種類は問わず，余命半年前後で医師が病名を記載する。2006 (平成18) 年度から特定疾病に追加され，在宅ホスピス緩和ケアが進められる。
② 関節リウマチ：進行性の慢性に経過する多発性の関節炎をきたす。関節のこわばり，腫脹，疼痛などを起こす。関節拘縮，関節強直を呈して日常生活動作が著しく障害される難治性疾患である。
③ 筋萎縮性側索硬化症：ALS（運動を司る神経細胞が変性・消失していくために，手足の脱力に始まり，呼吸や嚥下に必要な筋を含む全身の筋肉が萎縮していく疾患）。
④ 後縦靱帯骨化症：脊椎の後縦靱帯の異常骨化により，脊髄や神経根の圧迫障害を起こす疾病で，頸椎に多い。上肢のしびれ，痛み，知覚鈍麻などが進行する。
⑤ 骨折を伴う骨粗鬆症：骨粗鬆症とは骨組織の組成は正常であるが，単位面積当たりの骨の量が減少した状態を呈する症候群をいい，老化などによる内分泌の不調などによるものが多い。骨折部位は，前胸部，大腿骨頸部，腰椎などの骨折が多く，閉経後の女性に多い。
⑥ 初老期における認知症：65歳未満で発症し，認知症をきたす疾患のすべてを含み，基礎疾患を問わない症候群である。初老期に発症し，認知症を主症状とする脳の一次性変性疾患である初老期認知症のほか，脳血管疾患，プリオン病，感染性疾患，中毒性疾患，脳腫瘍性疾患などを含む症候群である。これに含まれる疾病として，アルツハイマー病，脳血管性認知症，神経変性疾患―ピック病，パーキンソン病末期，感染症によるもの―クロイツフェルト・ヤコブ病，AIDSなどがある。
⑦ 進行性核上性麻痺・大脳皮質基底核変性症及びパーキンソン病：進行性の脳内の神経細胞の変性による疾患で，安静時振戦，仮面様顔貌，

歩行障害，筋固縮などの運動障害をきたす。

⑧ 脊髄小脳変形症：運動をスムーズに行うための調整を行う小脳およびそれに連なる神経経路の変性が慢性に進行性に経過するために起こる運動変調（協調運動障害など）を主症状とする，原因不明の神経性疾患である。

⑨ 脊柱管狭窄症：脊髄の通り道である脊柱管が老化などで狭窄することによって，神経が圧迫され，腰痛，足の痛みやしびれ，歩行障害などをきたす疾病である。中年以降に発症する四肢，軀幹の痛みやしびれの症状を起こす疾患。

⑩ 早老症（ウェルナー症候群）：年齢の割に早期に老化に似た病態を呈する症候群で，白内障，白髪，脱毛，糖尿病，動脈硬化症などの早老性変化がみられる。

⑪ 多系統萎縮症：主な症状は，起立性低血圧，排尿障害，発汗低下などの自律神経症状，筋肉の強張り，ふるえ，動作緩慢，小刻み歩行などのパーキンソン症状，立位や歩行時のふらつき，ろれつが回らないなどの小脳症状が組み合わさって出現する。シャイ・ドレガー症候群，オリーブ橋小脳萎縮症，線条体黒質変性症がある。

⑫ 糖尿病性腎症・糖尿病性網膜症・糖尿病性神経障害：糖尿病の三大合併症であり，それぞれ，腎不全，失明，知覚障害などの重篤な経過をたどる。

⑬ 脳血管疾患：脳血管の病的変化によって神経症状をもたらす症候群であり，脳血管の血流障害のために脳実質が壊死をきたす脳梗塞，脳血管の破綻による脳出血，くも膜下出血などがあり，意識障害，運動障害を起こす。

⑭ 閉塞性動脈硬化症：動脈硬化症による慢性閉塞性疾患で，間欠性跛行が初発症状であることが多く，病変が高度になると安静時痛，潰瘍および壊疽が出現する。

⑮ 慢性閉塞性肺疾患：気道の狭窄などによって，主に呼気の排出に関して慢性に障害をきたす疾病である。肺気腫，慢性気管支炎，気管支喘息，びまん性汎細気管支炎。

⑯ 「両側の膝関節または股関節に著しい変形を伴う変形性関節症：老化により関節の軟骨に退行変性が起こり，歩行時痛に始まり，次第に関節可動制限が出現する。」

なお，特定疾病に含められる身体障害者と難病患者は，同一のサービスについては，原則として介護保険が適用されるが，その他の身体障害者福祉施策や難病施策によるサービスはこれまでと同様に利用できる。すなわち，①重症心身障害児施設，指定国立療養所（重症心身障害児病棟，進行性筋萎縮症児病棟），身体障害者療護施設，ハンセン病療養所，救護施設，独立行政法人国立重度知的障害者総合施設のぞみの園の各利用者は，介護保険法の適用除外になる。

第3節
介護サービスの利用手続き

介護サービスを利用するためには，介護保険法に規定された手続き（申請→要介護度の調査→介護認定審査会の審査判定→市区町村の認定→ケアプランの作成→市区町村への届け出→施設・事業者との契約→介護サービスの利用）を経ることが求められる（図9-4）。

1　申　　請

申請は被保険者本人が行うことが原則である。しかし，申請代行も認められており，家族（代理申請），成年後見人，民生委員，介護相談員，地域包括支援センター，居宅介護支援事業所・介護保険施設のうち省令で定める（人員・設備・運営基準で定めている認定申請に係る援助義務違反のないこと）ものが可能である。

2　要介護度の調査

市区町村の職員，居宅介護支援事業者等であるが，新規の認定は原則と

図9-4 介護サービスの利用の手続き

介護給付

○施設サービス
・特別養護老人ホーム
・介護老人保健施設
・介護療養型医療施設

○居宅サービス
・訪問介護　・訪問看護
・通所介護　・短期入所サービス　など

○地域密着型サービス
・定期巡回・随時対応型訪問
　介護看護
・小規模多機能型居宅介護
・夜間対応型訪問介護
・認知症対応型共同生活介護　など

予防給付

○介護予防サービス
・介護予防通所リハビリ　など
・介護予防訪問介護
・地域密着型介護予防サービス
・介護予防小規模多機能型
　居宅介護
・介護予防認知症対応型
　共同生活介護　など

地域支援事業

○介護予防事業

○市町村の実情に応じた
　サービス

寝たきりや認知症で介護サービスが必要な方 → 要介護1〜要介護5 → 介護サービスの利用計画（ケアプラン）

要介護状態となるおそれがあり日常生活に支援が必要な方 → 要支援1・要支援2 → 介護予防ケアプラン

要支援・要介護になるおそれのある者 → 非該当

要介護認定 ← 認定調査／医師の意見書

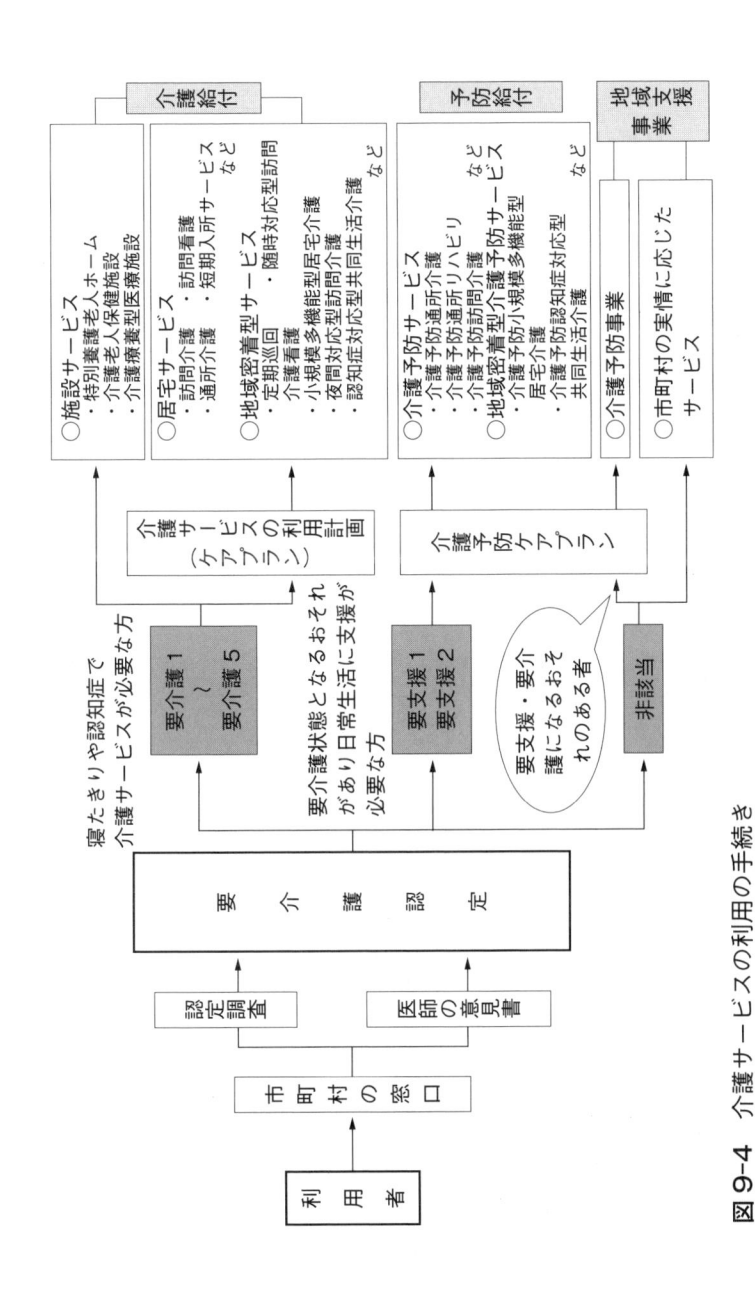

市町村の窓口 ← 利用者

(出所) 厚生労働省老健局総務課．公的介護保険制度の現状と今後の課題，平成25年，p.18．

第3節　介護サービスの利用手続き　177

して市区町村が実施（ただし，市区町村の実施体制等をふまえ，経過措置がある）し，更新の場合は市区町村，居宅介護支援事業者・地域密着型介護老人保健施設・介護保険施設・地域包括支援センター・介護支援専門員のうち省令で定める（人員・設備・運営基準で定めている利益の収受・供与の禁止に違反したことのないこと）事業者等に委託ができる。

　調査は，介護度の認定に市区町村でのバラツキが生じないように，国が用意した全国共通の調査票に基づいて実施される。調査項目は，2000（平成12）年度版（85項目），2003（平成15）年度版（79項目），2006（平成18）年度版（79項目＋3項目：一次判定に入れない項目，すなわち要介護1を振り分けるための項目として，「日中の行動」，「外出頻度」，「環境の変化」を加えた），2009（平成21）年度版（74項目：14の削除項目としては，肘関節の拘縮・足関節の拘縮・じょくそう・皮膚疾患・飲水・幻覚幻聴・火の不始末・暴言暴行・不潔行為・異食行動・環境等の変化・電話の利用・指示への反応・日中の生活，6項目の追加項目：話しがまとまらず会話にならない・簡単な調理・買い物・自分勝手に行動する・独り言や一人笑い・集団への参加ができない）と改定されてきている（**図 9-5**）。

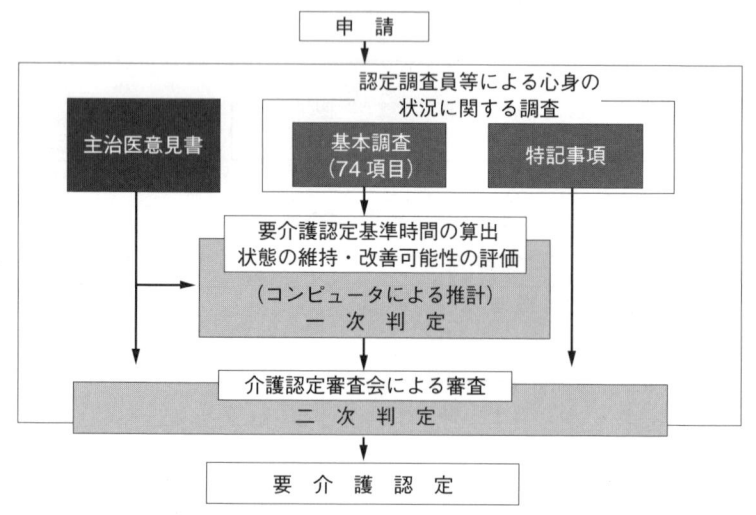

図 9-5　要介護認定の流れ
（出所）厚生労働省老健局総務課，公的介護保険制度の現状と今後の課題，平成25年，p.19.

2009（平成21）年度版では，次の67項目に特別な医療項目12項目がある。

1群　心身機能・起居動作
　→麻痺・拘縮・寝返り・起き上がり・両足の立位・歩行・立ち上がり・片足の立位・洗身・爪切り・視力・聴力

2群　生活機能
　→移乗・嚥下・食事摂取・排尿・排便・口腔清潔・洗顔・整髪・上着着脱・ズボンなどの着脱・外出頻度

3群　認知機能
　→意思の伝達・毎日の日課の理解・短期記憶・自分の名前を言う・今の季節を理解する・場所の理解・徘徊・外出すると戻れない

4群　精神・行動障害
　→物を取られたなど被害的になる・泣いたり笑ったりして感情不安定・昼夜の逆転・しつこく同じ話をする・大声を出す・介護に抵抗する・家に帰るなどといい落ち着かない・一人で外出をしたがり目が離せない・物を集め無断で持ってくる・物を壊したり衣類を破いたりする・ひどい物忘れ・意味もなく独り言や一人笑いをする・自分勝手に行動する・話がまとまらずに会話にならない

5群　社会生活の適応
　→薬の内服・金銭の管理・日常の意思決定・集団への不適応・買い物・簡単な調理＋下記の特別な医療12項目
　→処置内容（点滴の管理・中心静脈栄養・透析・ストーマの処置・酸素療法・レスピレーター・気管切開の処置・疼痛の看護・経管栄養），特別な対応（モニター測定・じょくそうの処置・カテーテル）となっている。

以上のように，要介護度を把握する調査票の項目は，3年ごとに見直しがなされている。

3　介護認定審査会の審査・判定

　介護認定審査会は保険者である市区町村が設置することを原則としているが，市区町村が共同して設置することも可能となっている。介護認定審査会は，次のような業務を行う。

　① 　第二号被保険者の特定疾病の確認。
　② 　一次判定に基づいて申請者一人ずつを審査。
　③ 　「要介護1相当」認定者の予防と介護の振り分け。
　④ 　介護認定の有効期間。
　⑤ 　介護認定審査会の意見付与（療養に関する事項，留意すべき事項）。

　従来の「要介護1」と判定された場合は，2006〈平成18〉年度からの3年間は，要支援への振り分けは介護認定審査会が追加事項・特記事項・主治医意見書（状態が不安定である記載）などの内容から状態の改善可能性を審査し，介護認定審査会が要介護1，要支援2に区分してきた。すなわち，2006（平成18）年度から，要介護1を基本的には要支援2にし，要支援を介護予防給付，要介護1～5を介護給付にすることになった。

　しかし，2009（平成21）年度からは，訪問調査と医師の意見書の「認知症自立度の記載」に基づきコンピュータで振り分けることになっている。ただし，精神障害や知的障害は認知症ではないので，二次判定を行う介護認定審査会が調査内容から判定することになる。また，状態不安定は過去のコンピュータのデータで判定する。ここでいう状態不安定とは，歩行，爪切り，洗身，排尿，ズボンの着脱，口腔清潔，今の季節の理解，毎日の日課の理解，介護への抵抗，日常の意志決定，金銭管理，薬の内服，を意味している。

　また，「認定審査で判断してはならない具体的項目」として，次のような点が示された。

　① 　年齢：100歳だから無理だろうなどと，年齢を勘案してはならない。
　② 　長時間を要する：起き上がり20分，更衣に40分かかっても「できる」，「できない」のみを判定する。
　③ 　参考指標の結果：介護認定審査会の「参考資料」の「参考指標」を

審査の理由にしてはならない。
④ 認知機能・廃用の程度：これを判断の基準にはせず，その結果から介護の手間がどれくらい増えるかを判断する。
⑤ 施設入所，在宅，住宅環境：山の中で周辺に交通手段がない，島で店がないなどの環境にいるかどうかで判断してはならない。
⑥ 家族の有無：一人暮らしかどうかで判断をしてはならない。
⑦ 抽象的な介護の必要性：具体的に何がどれくらい手間がかかるかを判断しなければならない。
⑧ 利用者の希望：利用者の希望は勘案してはならない。
⑨ サービスの継続性：現在受けているサービスの継続ができなくなるか否かで判断してはならない。

4　認　　定

保険者（市区町村）が本人へ通知する。要介護または要支援と認定された被保険者は，介護サービス利用計画を作成しなければならない。

5　介護サービス計画の作成

2005（平成17）年6月の介護保険法改正によって，要支援者に対する介護支援サービスの名称が「居宅介護支援」から「介護予防支援」に変更された。その理由は，介護予防のための効果的な支援を行うことが期待されているからである。

要介護認定・要支援認定を受けると，被保険者は自らが利用する介護サービスを選択・決定して利用することになる。介護保険制度では合理的なサービスの利用等を支援するために，①在宅の場合は，在宅ケアプラン（居宅サービス計画，介護予防サービス計画），②施設の場合は，施設サービス計画を作成しなければならない（事業者と契約し，作成をしてもらう）。要支援1と要支援2の認定された者の介護サービス計画は，市区町村が設置する地域包括支援センターで作成することになる。

```
★要介護 5
　要介護 4
　要介護 3
　要介護 2
　要介護 1
★要支援 2
　要支援 1
```

- 介護給付（居宅サービス計画作成を依頼する場合は，居宅介護支援事業者と契約して作成してもらう）。
- 居宅サービス計画は，月1回以上，利用者宅を訪問するなどして，定期的にモニタリングを行う。
- 予防給付（原則として，地域包括支援センターが介護予防サービス計画を作成するが，申込受付・契約・介護報酬以外は地域包括支援センターから居宅介護支援事業者に委託できる）。
- 介護予防サービス事業者と契約する。

6　介護サービスの利用・提供

施設・事業者から重要事項の説明を受け，契約を取り交わし，具体的なサービスを受けることになる。

第4節 介護サービスの種類

1　介護サービス

（1）制度導入時の介護サービスの利用

2000（平成12）年度からの介護保険導入時には，介護サービスは「居宅サービス」と「施設サービス」の2つに区分されて提供（給付）されてきた。すなわち，「要介護」（一定期間にわたり継続して常時介護を必要とする状態）と認定された者は，居宅サービスと施設サービスのいずれも利用できる。

「要支援」（制度導入時は一定期間継続して，日常生活を営むことに支障があると見込まれる状態であって，介護を必要とするほどの状態ではないとされてきた）と認定された者は，認知症対応型共同生活介護（グループホーム）と施設サービスは利用できないとされた。つまり，要支援と認定

された場合は，認知症対応型共同生活介護（グループホーム）を除く居宅サービスのみを利用することになるとされた。

　以上の意味では，介護保険制度もわかりやすかったが，介護保険施行後の介護保険制度の見直し作業の過程で，要支援者が利用する予防給付である居宅サービスは必ずしも十分に利用者の予防に貢献していないとの指摘がなされ，また居宅サービスの利用がかえって廃用症候群などをもたらしている場合がある，との指摘もなされた。

(2) 2005（平成17）年の介護保険法改正以降のサービス

　2005（平成17）年の介護保険法改正で，介護予防を重視し，また地域で支える介護への転換を図るために，新たに地域支援事業や地域密着型サービスなどを位置づけたので，被保険者に提供するサービスも多様化した。すなわち，①都道府県・政令指定都市・中核市が指定・監督を行うサービス（介護サービスと予防サービス），②保険者である市町村が指定・監督を行うサービス（地域密着型サービス，地域密着型介護予防サービス）とである（図9-6）。

2　現行のサービス

(1) 居宅サービス

① 訪問介護（ホームヘルプサービス）：訪問介護員（ホームヘルパー）が家庭を訪問して，介護や家事などのサービスを提供する。
② 訪問入浴介護：入浴車による入浴の介護を行う。
③ 訪問看護：看護師らが家庭を訪問して，看護などのサービスを行う。
④ 訪問リハビリテーション：理学療法士や作業療法士らが家庭を訪問して，リハビリテーションを行う。
⑤ 居宅療養管理指導：医師，歯科医師，薬剤師らが療養上の管理や指導を行う。
⑥ 通所介護（デイサービス）：デイサービスセンターなどに通所し，

	都道府県・政令市・中核市が指定・監督を行うサービス	市町村が指定・監督を行うサービス
介護給付を行うサービス	◎居宅サービス 【訪問サービス】 ○訪問介護(ホームヘルプサービス) ○訪問入浴介護 ○訪問看護 ○訪問リハビリテーション ○居宅療養管理指導 【通所サービス】 ○通所介護(デイサービス) ○通所リハビリテーション 【短期入所サービス】 ○短期入所生活介護(ショートステイ) ○短期入所療養介護 ○特定施設入居者生活介護 ○福祉用具貸与 ○特定福祉用具販売 ◎施設サービス ○介護老人福祉施設 ○介護老人保健施設 ○介護療養型医療施設 ◎居宅介護支援	◎地域密着型サービス ○定期巡回・随時対応型訪問介護看護 ○夜間対応型訪問介護 ○認知症対応型通所介護 ○小規模多機能型居宅介護 ○認知症対応型共同生活介護(グループホーム) ○地域密着型特定施設入居者生活介護 ○地域密着型介護老人福祉施設入所者生活介護 ○複合型サービス
予防給付を行うサービス	◎介護予防サービス 【訪問サービス】 ○介護予防訪問介護(ホームヘルプサービス) ○介護予防訪問入浴介護 ○介護予防訪問看護 ○介護予防訪問リハビリテーション ○介護予防居宅療養管理指導 【通所サービス】 ○介護予防通所介護(デイサービス) ○介護予防通所リハビリテーション 【短期入所サービス】 ○介護予防短期入所生活介護(ショートステイ) ○介護予防短期入所療養介護 ○介護予防特定施設入居者生活介護 ○介護予防福祉用具貸与 ○特定介護予防福祉用具販売	◎地域密着型介護予防サービス ○介護予防認知症対応型通所介護 ○介護予防小規模多機能型居宅介護 ○介護予防認知症対応型共同生活介護(グループホーム) ◎介護予防支援

図9-6 介護サービスの種類
(出所) 厚生労働省老健局総務課, 公的介護保険制度の現状と今後の課題, 平成25年, p.20。

入浴や食事などのサービスの提供を受けたり，機能訓練を受ける。
⑦　通所リハビリテーション：介護老人保健施設，病院，診療所などのデイケアに通所し，機能訓練などのサービスを利用する。
⑧　短期入所生活介護（福祉施設のショートステイ）：短期入所施設などに短期間入所し，日常生活サービスや機能訓練などのサービスを利用する。
⑨　短期入所療養介護（医療施設のショートステイ）：介護老人保健施設や療養病床に短期間入所し，医療サービスなどを利用する。
⑩　特定施設入居者生活介護：有料老人ホームなどの特定施設（地域密着型特定施設ではないもの）に入居する要介護者が，サービス内容・担当者らを定めた計画に基づき受ける入浴，排泄，食事などの介護，その他の日常生活上の世話，機能訓練，療養上の世話を受ける。
⑪　福祉用具貸与：居宅要介護者に対する福祉用具の貸与を行う。貸与の対象となる福祉用具は12種類（車いす，車いす付属品，特殊寝台，特殊寝台付属品，床ずれ防止用具，体位変換器，認知症老人徘徊感知機器，移動用リフト，手すり，スロープ，歩行器，歩行補助つえ）。
⑫　特定福祉用具購入：居宅要介護者に対する，特定福祉用具（福祉用具のうち，入浴や排泄をしやすくするための福祉用具等で，対象となる用具は5種類（腰掛便座，特殊尿器，入浴補助用具，簡易浴槽，移動用リフトの吊り具の部分）である。
⑬　住宅改修は，同一の住居で原則として20万円までで，手すりの取り付けや床段差の解消などの住宅改修を行った場合に，保険給付がなされる。

(2) 介護予防サービス

2005（平成17）年の改正介護保険法が2006（平成18）年4月から施行され，介護予防重視の取り組みが行われるようになった。同法第8条の2第2項では，介護予防を「身体上又は精神上の障害があるために入浴，排せつ，食事等の日常生活における基本的な動作の全部若しくは一部について常時介護を要し，又は日常生活を営むのに支障がある状態の軽減又は悪

化の防止をいう。」と規定している。

① 介護予防訪問介護：訪問介護員（ホームヘルパー）が居宅要支援者の家庭を訪問し，介護予防を目的として介護，家事，生活などに関する相談・助言などのサービスを提供する。

② 介護予防訪問入浴介護：介護予防を目的として，入浴車等による入浴の介護を行う。

③ 介護予防訪問看護：介護予防を目的として，看護師，准看護師，理学療法士，作業療法士，言語聴覚士が居宅要支援者の家庭を訪問し，介護予防サービスを行う。

④ 介護予防訪問リハビリテーション：介護予防を目的として，理学療法や作業療法を行う。

⑤ 介護予防居宅療養管理指導：介護予防を目的として，医師，歯科医師，薬剤師らが療養上の管理や指導を行う。

⑥ 介護予防通所介護→介護予防を目的にして，デイサービスセンターなどに通所させ，入浴や食事などのサービスの提供を受けたり，機能訓練を受ける。

⑦ 介護予防通所リハビリテーション：介護予防を目的として，介護老人保健施設，病院，診療所などのデイケアに通所し，機能訓練などのサービスを利用する。

⑧ 介護予防短期入所生活介護：介護予防を目的として，短期入所施設などに短期間入所し，日常生活サービスや機能訓練などのサービスを利用する。

⑨ 介護予防短期入所療養介護：介護予防を目的として，介護老人保健施設や療養病床に短期間入所し，医療サービスなどを利用する。

⑩ 介護予防特定施設入居者生活介護：有料老人ホームなどの特定施設（介護専用型でないもの）に入居する要支援者に対して，介護予防を目的として，サービス内容や担当者らを定めた計画に基づき受ける入浴，排せつ，食事などの介護，その他の日常生活上の世話，機能訓練，療養上の世話を行う。

⑪ 介護予防福祉用具貸与：居宅要支援者に対する介護予防に資する用

具の貸与などである。
⑫　特定介護予防福祉用具販売：居宅要支援者に対する介護予防に資する福祉用具の販売である。

(3) 地域密着型サービス

2006（平成 18）年 4 月からの改正介護保険法施行に基づき，このサービスはスタートした。地域密着型サービスは市区町村が事業者の指定・指導・監督を行い，また日常生活圏域を定めてサービスを整備する。このサービスは当該市区町村の住民しか利用できない。次のサービスのうち「定期巡回・随時対応型訪問介護看護」と「複合型サービス」は 2011（平成 23）年の法改正で追加されたサービスで，2012（平成 24）年 4 月 1 日から実施されている。

①　定期巡回・随時対応型訪問介護看護：居宅の要介護者に対して，24 時間体制の介護と訪問看護を短時間の巡回型でサービスを提供する。
②　夜間対応型訪問介護：定時の夜間の介護に加えて，要介護者がコールすると対応するサービスである。
③　認知症対応型通所介護：認知症高齢者を専門にケアするデイサービスである。
④　小規模多機能型居宅介護：利用者の登録人数は 25 人までで，訪問（訪問介護），通い（通所介護，1 日当たり 15 人まで），泊まり（短期入所，9 人まで）である。
⑤　認知症対応型共同生活介護：いわゆる認知症高齢者グループホームで，少人数（5～9 人）の共同の生活の場を提供し，各種のサービスを提供する。
⑥　地域密着型特定施設入居者生活介護：特定施設（有料老人ホーム，養護老人ホーム，軽費老人ホーム施設）に入居している要介護者へサービスを提供する。
⑦　地域密着型介護老人福祉施設入所者生活介護：入所定員 29 人以下の特別養護老人ホームで，施設ケアプランに基づき介護サービスを提供する。

⑧ 複合型サービス：このサービスは，小規模多機能に看護を含めて一つの事業所がサービスを提供する。つまり，小規模多機能居宅介護(訪問介護，通所介護，短期入所)＋訪問看護ということである。

(4) 地域密着型介護予防サービス
① 介護予防認知症対応型通所介護：介護予防を目的にして，地域密着型で提供される認知症の要支援者へのデイサービスである。
② 介護予防小規模多機能型居宅介護：介護予防を目的とした地域密着型の小規模多機能サービスである。
③ 介護予防認知症対応型共同生活介護（グループホーム）：介護予防を目的にした地域密着型の認知症の要支援者へのサービスである。

(5) 施設サービス
① 指定介護老人福祉施設（特別養護老人ホーム）：老人福祉法に基づく特別養護老人ホームのうち都道府県知事の指定を受けた施設が，介護保険法に基づく指定介護老人福祉施設となり，保険給付の対象となる。介護保険制度導入前は多床室（4人部屋）がほとんどであったが，新設される特養は，ユニット化が進んでいる。
　施設の基準面積やスタッフなどについては**表 9-3**に示しているが，近年は利用者の要介護度が高くなり，利用者の重篤化が進んでいる。そのため，看取りの介護費用が加算され，また 2010（平成 22）年 4 月から一定の条件を満たす場合，介護職員にも医療的行為（たん吸引や胃ろうの処置）が認められるようになった。
② 介護老人保健施設（老人保健施設）：介護保険法施行前には，設置根拠は老人保健法に基づいていたが，介護保険法施行後は同法に基づくことになった。老人保健施設は「病院」と「自宅」との中間，スタッフの面では「特養」と「病院」との中間という意味で，中間施設とされてきている。
③ 指定介護療養型医療施設(療養病床，認知症疾患療養病棟)：2012(平成 24) 年末をもって再編成・廃止の予定であったが，現在存在する

ものについては，転換期限を6年間延長し，2017（平成29）年度までとしている。

表9-3 介護保険3施設の概要

			特別養護老人ホーム	老人保健施設	介護療養型医療施設
基本的性格			要介護高齢者のための生活施設	要介護高齢者にリハビリ等を提供し在宅復帰を目指す施設	医療の必要な要介護高齢者の長期療養施設
定義			65歳以上の者であって，身体上又は精神上著しい障害があるために常時の介護を必要とし，かつ，居宅においてこれを受けることが困難なものを入所させ，養護することを目的とする施設【老人福祉法第20条の5】	要介護者に対し，施設サービス計画に基づいて，看護，医学的管理の下における介護及び機能訓練その他必要な医療並びに日常生活上の世話を行うことを目的とする施設	療養病床等を有する病院又は診療所であって，当該療養病床等に入院する要介護者に対し，施設サービス計画に基づいて，療養上の管理，看護，医学的管理の下における介護その他の世話及び機能訓練その他必要な医療を行うことを目的とする施設【旧・医療法第7条第2項第4号】
介護保険法上の類型			介護老人福祉施設【介護保険法第8条第26項】	介護老人保健施設【介護保険法第8条第27項】	介護療養型医療施設【旧・介護保険法第8条第26項】
主な設置主体			地方公共団体　社会福祉法人	地方公共団体　医療法人	地方公共団体　医療法人
居室面積・定員数	従来型	面積／人	10.65 m² 以上	8 m² 以上	6.4 m² 以上
		定員数	原則個室	4人以下	4人以下
	ユニット型	面積／人	10.65 m² 以上		
		定員数	原則個室		
医師の配置基準			必要数（非常勤可）	常勤1以上　100：1以上	3以上　48：1以上
施設数（H24.10）※			7,552件	3,932件	1,681件
利用者数（H24.10）※			498,700人	344,300人	75,200人

※介護給付費実態調査（10月審査分）による。
（出典）第45回介護保険部会資料（平成25年6月6日）。

第5節 介護支援サービス（ケアマネジメント）と介護支援専門員

1 介護支援サービス（ケアマネジメント）

　介護保険法のなかで「介護支援サービス」（ケアマネジメント）を制度化したことに大きな意義がある。すなわち，ケアマネジメントを，高齢者の自立支援─利用者本位の仕組みの導入─利用者の立場に立って支援を行う機能と位置づけている。介護支援サービスを行う機関とは，居宅介護支援事業所と介護保険施設であり，介護支援サービスを行う人は，介護支援専門員（ケアマネジャー）である。

　2006（平成18）年度から介護支援専門員（ケアマネジャー）の更新制（5年ごと）を導入し，個人番号を付与するようになった。また，介護支援専門員（ケアマネジャー）が所属しているケアマネジメントを行う居宅介護支援事業所等についても指定の更新性（6年ごと）を導入した。このように，個人と組織が二重に指定されることを「二重指定」という。さらには，連座制の導入（指定取り消しを受けた事業所と同一の全事業所や役員が同じ法人の指定を5年間受けることができない）と2009（平成21）年5月から全事業所は規模に応じて業務管理体制の届出も義務化されるようになった。

　ケアマネジメントの公平性と中立性に関しては，介護支援専門員（ケアマネジャー）がいる居宅介護支援事業所の94％がサービス提供事業所に併設されている実態があるために，いわゆる「サービスの囲い込み」の問題点が指摘されてきた。そこで，2006（平成18）年度から1か月当たりの担当件数の上限の設定（35件＋地域包括支援センターからのケアプラン作成受託件数8件まで）を行ったが，2012（平成24）年度の見直しで，ケアマネジャーの担当件数は40件未満で，それ以上は減算されることになった（要支援の8件の上限はなくなり要支援は何件持ってもよいようになった。ただし，要支援は0.5件と換算する）。

国は業務内容を指定し，できなければケアマネジャー報酬を減算（5～7割）することとし，通所介護と福祉用具，訪問介護に関して同一法人のケアプラン組み込み率が9割以上の場合には減算する。

2 介護支援サービス（ケアマネジメント）の過程

介護支援サービスの過程は，①課題分析（アセスメント）→②介護サービス計画（ケアプラン）の作成→③介護サービス事業者等との調整・仲介→④サービスの評価（モニタリング）の4段階からなっている。

医療保険では医師が必要と認めれば，医療サービスには上限はないが，介護保険には区分支給基準限度額（利用できるサービスの上限）が設定されているので，それを超える分を利用した場合，超えた分は100％個人負担となる（**図9-7**）。

3 地域包括支援センター

（1）法的位置づけ

介護保険法第115条の46において，「地域包括支援センターは，前条第1項第2号から第5号までに掲げる事業（以下，『包括的支援事業』という。）その他厚生労働省令で定める事業を実施し，地域住民の心身の健康の保持及び生活の安定のために必要な援助を行うことにより，その保健医療の向上及び福祉の増進を包括的に支援することを目的とする施設とする。」と規定している。すなわち，地域包括支援センター（以下，センターと略す）は2005（平成17）年6月の介護保険法改正に伴い新たに位置づけられた，地域住民の保険医療福祉の向上，虐待防止及び介護予防のケアマネジメントを総合的に行う市区町村が設置する機関（施設）である。

（2）地域包括支援センターの事業

元々，市区町村は，地域住民からの介護等の相談に対応する窓口として，老人福祉法に基づく「老人介護支援センター」（通称，在宅介護支援セン

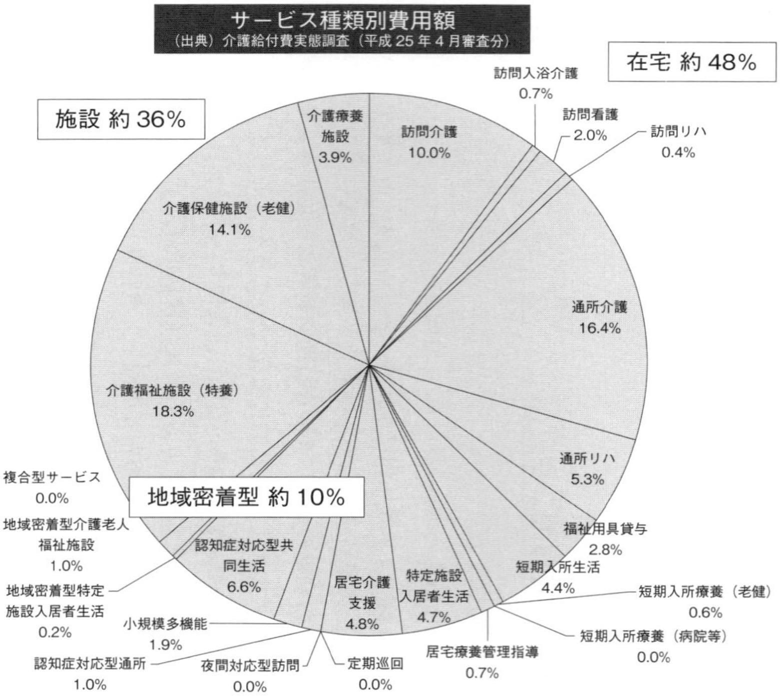

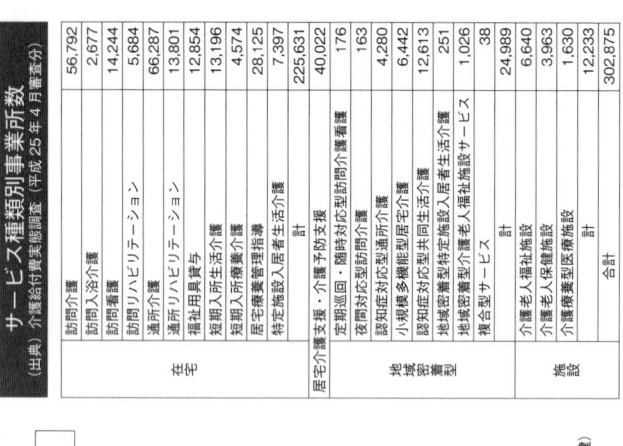

サービス種類別事業所数
(出典) 介護給付費実態調査 (平成25年4月審査分)

区分	サービス	事業所数
在宅	訪問介護	56,792
	訪問入浴介護	2,677
	訪問看護	14,244
	訪問リハビリテーション	5,684
	通所介護	66,287
	通所リハビリテーション	13,801
	福祉用具貸与	12,854
	短期入所生活介護	13,196
	短期入所療養介護	4,574
	居宅療養管理指導	28,125
	特定施設入居者生活介護	7,397
	計	225,631
居宅介護支援・介護予防支援		40,022
地域密着型	定期巡回・随時対応型訪問介護看護	176
	夜間対応型訪問介護	163
	認知症対応型通所介護	4,280
	小規模多機能型居宅介護	6,442
	認知症対応型共同生活介護	12,613
	地域密着型特定施設入居者生活介護	251
	地域密着型介護老人福祉施設サービス	1,026
	複合型サービス	38
	計	24,989
施設	介護老人福祉施設	6,640
	介護老人保健施設	3,963
	介護療養型医療施設	1,630
	計	12,233
合計		302,875

サービス種類別費用額
(出典) 介護給付費実態調査 (平成25年4月審査分)

在宅 約48%
施設 約36%
地域密着型 約10%

- 訪問介護 10.0%
- 訪問入浴介護 0.7%
- 訪問看護 2.0%
- 訪問リハ 0.4%
- 通所介護 16.4%
- 通所リハ 5.3%
- 福祉用具貸与 2.8%
- 短期入所生活 4.4%
- 短期入所療養 (病院等) 0.6%
- 短期入所療養 (老健) 0.0%
- 居宅療養管理指導 0.7%
- 特定施設入居者生活 4.7%
- 居宅介護支援 4.8%
- 定期巡回 0.0%
- 夜間対応型訪問 0.0%
- 小規模多機能 1.9%
- 認知症対応型通所 1.0%
- 地域密着型特定施設入居者生活 0.2%
- 地域密着型介護老人福祉施設 1.0%
- 複合型サービス 0.0%
- 介護福祉施設 18.3%
- 介護保健施設 (老健) 14.1%
- 介護療養施設 3.9%

※事業者数は延べ数である。
※サービス種類別費用額、サービス種類別事業所数ともに予防サービスを含む。

図9-7 サービス種類別費用額と請求事業所数
(出所) 厚生労働省老健局総務課、公的介護保険制度の現状と今後の課題、平成25年、p.22。

ター）を厚生労働省の補助を受けて中学校区レベルで設置してきた。しかし，2005（平成17）年6月の介護保険法改正に基づき，2006（平成18）年度から老人介護支援センターへの補助金がなくなった。そこで，これに代わり改正介護保険法に基づくセンターが設置されることになったのである。

図9-8は，2005（平成17）年改正介護保険法に基づく「地域支援事業」と「地域包括支援センター」（センター）との関係を図式化している。センターには，①地域支援事業（高齢者が要介護・要支援になることを予防し，地域で自立した生活を営むことを支援する事業）の拠点と，②要支援者のケアプラン作成の業務が期待されている。ここでいう地域支援事業は，①包括的支援事業（介護予防ケアマネジメント事業，総合相談・支援事業，虐待を含む権利擁護事業，包括的・継続的ケアマネジメント事業）である。

また，2011（平成23）年の法改正により，「介護予防・日常生活支援総合事業」が創設された。この事業は，市区町村の判断により，要支援者・介護予防事業対象者向けの介護予防・日常生活支援のためのサービスを総合的に実施できる事業であり，要支援と介護予防の総合化を図ることができるようになった。

(3) 地域包括支援センターのスタッフ

センターには，保健師，主任ケアマネジャー，社会福祉士が配置され，チームとして総合的にケアマネジメントなどに対応する。2011（平成23）年10月1日現在，全国の市区町村に4,336のセンターが設置されている。

センターは地域の社会福祉資源を組織化し，介護予防や日常生活自立支援・成年後見制度の相談等に対応することが期待されているので，その運営に当たっては，地域のさまざまな団体や関係者が参加し，公平性・中立性を担保できるように，地域包括支援運営協議会を設置することになっている。

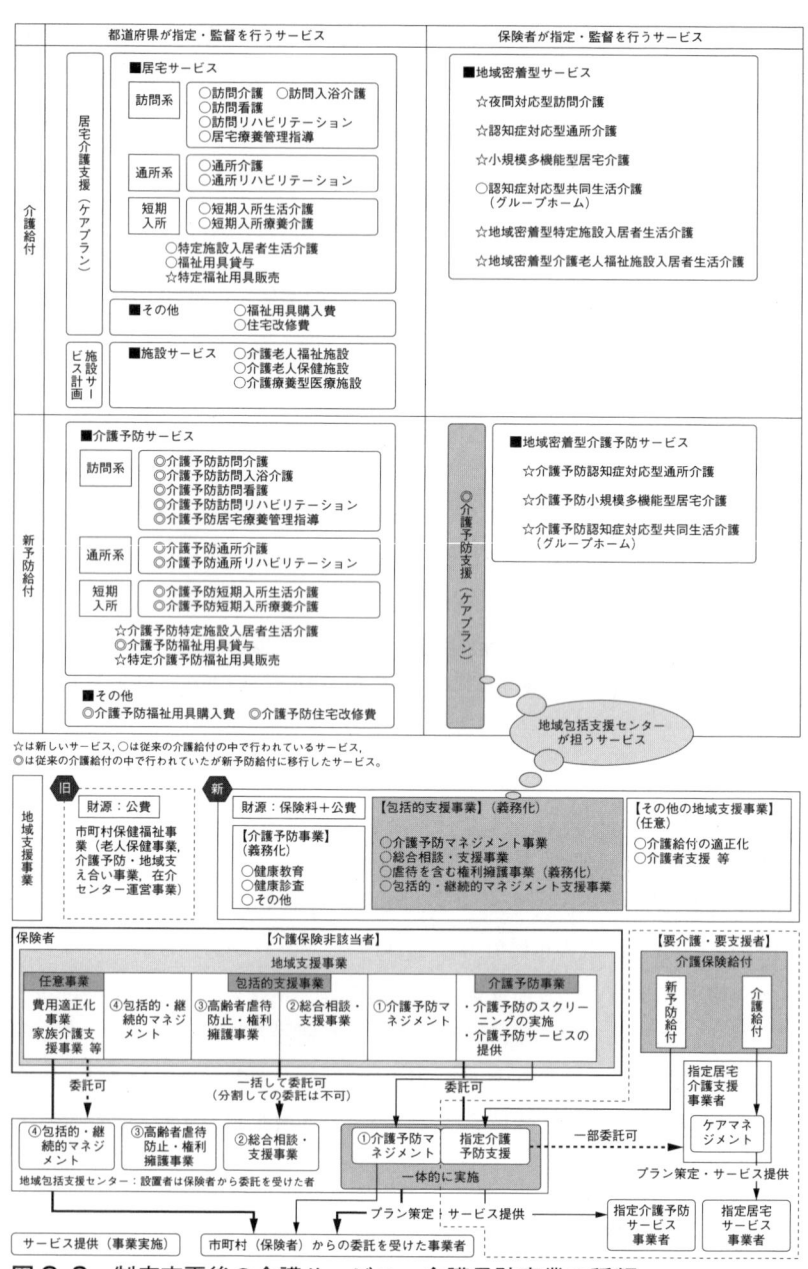

```
                    都道府県が指定・監督を行うサービス              保険者が指定・監督を行うサービス

          ┌────────────────────────────────────────┐  ┌──────────────────────────────┐
          │ ■居宅サービス                            │  │ ■地域密着型サービス             │
          │  ┌────┬─────────────────────────┐       │  │  ☆夜間対応型訪問介護            │
          │  │訪問系│○訪問介護  ○訪問入浴介護  │       │  │  ☆認知症対応型通所介護          │
     居宅介護│      │○訪問看護                │       │  │  ☆小規模多機能型居宅介護        │
     支援   │      │○訪問リハビリテーション      │       │  │  ○認知症対応型共同生活介護      │
     （ケア  │      │○居宅療養管理指導          │       │  │   （グループホーム）              │
     プラン）│  ├────┼─────────────────────────┤       │  │  ☆地域密着型特定施設入居者生活介護│
          │  │通所系│○通所介護                │       │  │  ☆地域密着型介護老人福祉施設入居者生活介護│
介護       │  │      │○通所リハビリテーション      │       │  └──────────────────────────────┘
給付       │  ├────┼─────────────────────────┤
          │  │短期 │○短期入所生活介護          │
          │  │入所 │○短期入所療養介護          │
          │  ├────┴─────────────────────────┤
          │   ○特定施設入居者生活介護             │
          │   ○福祉用具貸与                     │
          │   ☆特定福祉用具販売                   │
          │  ■その他  ○福祉用具購入費             │
          │           ○住宅改修費                │
     施設サー│ ■施設サービス ○介護老人福祉施設       │
     ビス計画│            ○介護老人保健施設       │
          │            ○介護療養型医療施設       │
          └────────────────────────────────────────┘

          ┌────────────────────────────────────────┐  ┌──────────────────────────────┐
          │ ■介護予防サービス                         │  │ ■地域密着型介護予防サービス       │
          │  ┌────┬─────────────────────────┐       │  │  ☆介護予防認知症対応型通所介護     │
          │  │訪問系│◎介護予防訪問介護           │       │  │  ☆介護予防小規模多機能型居宅介護   │
          │  │      │◎介護予防訪問入浴介護        │       │  │  ☆介護予防認知症対応型共同生活介護 │
          │  │      │◎介護予防訪問看護           │       │  │   （グループホーム）             │
新予防      │  │      │◎介護予防訪問リハビリテーション│       │  └──────────────────────────────┘
給付       │  │      │◎介護予防居宅療養管理指導    │
          │  ├────┼─────────────────────────┤
          │  │通所系│◎介護予防通所介護           │        介護予防支援（ケアプラン）
          │  │      │◎介護予防通所リハビリテーション│
          │  ├────┼─────────────────────────┤
          │  │短期 │◎介護予防短期入所生活介護     │
          │  │入所 │◎介護予防短期入所療養介護     │
          │  ├────┴─────────────────────────┤
          │   ☆介護予防特定施設入居者生活介護       │
          │   ◎介護予防福祉用具貸与              │
          │   ☆特定介護予防福祉用具販売           │
          │  ■その他                           │
          │   ○介護予防福祉用具購入費  ○介護予防住宅改修費│
          └────────────────────────────────────────┘

                                                   （地域包括支援センターが担うサービス）
```

☆は新しいサービス、○は従来の介護給付の中で行われているサービス、
◎は従来の介護給付の中で行われていたが新予防給付に移行したサービス。

	旧		新		
地域支援事業	財源：公費 市町村保健福祉事業 （老人保健事業、介護予防・地域支え合い事業、在介センター運営事業）		財源：保険料+公費 【介護予防事業】（義務化） ○健康教育 ○健康診査 ○その他	【包括的支援事業】（義務化） ○介護予防マネジメント事業 ○総合相談・支援事業 ○虐待を含む権利擁護事業（義務化） ○包括的・継続的マネジメント支援事業	【その他の地域支援事業】（任意） ○介護給付の適正化 ○介護者支援 等

```
保険者    ［介護保険非該当者］                                     ［要介護・要支援者］
       ┌─────────────────────────────────────┐    ┌─────────┐
       │          地域支援事業                 │    │介護保険給付│
       ├──────┬──────────────┬──────────┤    ├────┬────┤
       │任意事業│ 包括的支援事業   │ 介護予防事業│    │新予防│介護│
       ├──────┼──┬──┬──┬──┼──────────┤    │給付 │給付│
       │費用適正化│④包│③高│②総│①介│・介護予防のスクリー│
       │事業    │括 │齢 │合 │護 │ニングの実施    │
       │家族介護│的・│者虐│相談│予防│・介護予防サービスの│
       │支援事業│継 │待 │・ │マ │提供           │
       │等     │続的│防止│支援│ネジ│              │
       │      │マネ│・権│事業│メン│              │
       │      │ジメ│利擁│    │ト │              │
       │      │ント│護事│    │    │              │
       │      │    │業 │    │    │              │
       └──────┴──┴──┴──┴──┴──────────┘
         ↓委託可  ↓一括して委託可   ↓委託可
                 （分割しての委託は不可）
       ┌──────┬──┬──┬──┬──┬──────┐     一部委託可
       │④包括的・│③高│②総│①介│指定│              →  ケアマネ
       │継続的マ │齢 │合 │護 │介護│              │  ジメント
       │ネジメン │者虐│相談│予防│予防│              │
       │ト      │待 │・ │マ │支援│              │  プラン策定・
       │       │防止│支援│ネジ│    │              │  サービス提供
       │       │・ │事業│メン│    │              │
       │       │権利│    │ト │    │              │
       │       │擁護│    │    │    │              │
       │       │事業│    │    │    │              │
       └──────┴──┴──┴──┴──┴──────┘
       地域包括支援センター：設置者は保険者から委託を受けた者
                                     一体的に実施
     サービス提供（事業実施）   市町村（保険者）からの委託を受けた事業者
                                  プラン策定→サービス提供   指定介護予防  指定居宅
                                                         サービス    介護支援
                                                         事業者    事業者
```

図9-8 制度変更後の介護サービス・介護予防事業の種類

（出所）厚生労働省の資料に加筆

第6節
高齢者介護をめぐる今後の課題

　世界でも類をみないほどの速さで進行しているわが国の人口高齢化は，我々にさまざまな課題を提起している。ここでは，紙幅の関係上今後の課題を簡潔に整理しておくことにする。

1　介護保険法改正

　わが国の介護施策がどのような方向に向いているかを知る手がかりを確認するために，介護保険法改正の足跡を整理する。
- 2000（平成12）年4月介護保険法施行
- 2005（平成17）年6月改正，2006（平成18）年4月施行
　　この時の改正は，①予防重視型システムへの転換，②施設給付の見直し，③新たなサービス体系の見直し（地域密着型のサービスの創設，地域包括支援センターの創設，居住系サービスの充実），④サービスの質の確保・向上，⑤負担のあり方・制度運営の見直しであった。
- 2008（平成20）年6月改正，2009（平成21）年5月施行
　　①介護サービス事業者の法令遵守等の業務管理体制の整備を図り，②休止・廃止の事前届け出制を導入し，休止・廃止時のサービス確保の義務化等を盛り込んだ。
- 2011（平成23）年6月改正，2012（平成24）年4月施行
　　①地域包括ケアの推進（24時間対応の定期巡回・随時対応サービスや複合型サービスの創設，②介護職員による医療的行為（たんの吸引等），③有料老人ホーム等における前払金の返還に関する利用者保護，④市区町村における権利擁護の推進，⑤介護保険事業計画と医療サービス，住まいに関する計画との調和などを追加した。

2 視点の確認

　まず，急激な人口高齢化の進行と高齢者全体の平均余命の延伸などをふまえれば，これまでとは異なる高齢者福祉の視点を確認する必要がある。厚生労働省の社会保障・人口問題研究所の人口推計によっても，多くの国民の長命が現実のものとなってきている。そこで，広井良典が指摘しているように，これからは，高齢者の加齢（老化）そのものを「加齢→傷病→障害」の連続性として位置づけることが重要となる。

3 目標・原則の確立

　新しい世紀における高齢者福祉の目標・原則を一口でいえば，「高齢者の自立支援」ということになろう。この考え方は，近年の厚生行政施策のコンセプトにもなっているが，この考え方は 1982（昭和 57）年に示されたデンマークの「高齢者福祉の 3 原則」（生活の継続性，自己決定，自己資源の活用・開発）を参考にしたものといえる。これらの 3 原則は次のように整理することができる[6]。
① 生活の継続性の原則：可能な限り高齢者の生活のやり方を継続できるように支援すること。
② 自己決定の原則：どのようなサービスを利用するかについては，高齢者自身の判断と選択によって決めること。
③ 自己資源の活用・開発：高齢者自身がもっている能力を最大限に活用し，また開発すること。

　以上の原則が成立するためには，ある一定の前提（本人やその家族への十分な情報伝達，自己決定しうる能力の保持，後見人の存在など）が満たされていなければならないが，参考とすべき考え方といえる。

4 サービス供給のための財源の確保

　かつてのように老親を家族だけが支えるという構図が成立しなくなった

今日，誰がその費用を負担するかについては重要な課題となっている。わが国においては，社会保険方式（介護保険）によってその財源を確保することになったが，行政に「打出の小槌」があるわけではないため，国民（住民）同士で負担をしあわなければならない。

社会福祉・社会保障の要諦は，社会構成員相互の助け合いにある。もし，この前提を認めることができないならば，社会福祉制度と社会保障制度は根本的に成り立たず，あるのは「弱肉強食の世界」のみとなる。重要なことは，世代間の負担を含めて国民（地域住民）一人ひとりがどのように負担しあうかについての議論を十分に行い，納得できる仕組みを確立することである。

5 快適な生活を保持するサービスの供給

厚生労働省の整理によると，要介護認定者数は，2000（平成12）年度に218万人であったが，その後急激に増加し，2011（平成23）年度末では508万人になった。介護費用も2000（平成12）年度では3.6兆円であったものが，2011（平成23）年度では8.3兆円になっている。今後の推計では，現状投影シナリオで2025（平成37）年に18兆円，改革シナリオで2025年に21兆円になるとしている。いずれにしても社会全体の介護費用が増加するということは，利用する介護サービスも増大するということである。

以上のことから，サービスが量的に用意されていることが必要である。しかし，それだけでは不十分である。つまり，サービスの質も確保されていなければならない。量が質に転化しなければ意味がないといえる。ノーマライゼーションを推進し，生活の質（QOL）の具現化を図るためには，サービスの質が確保されていなければならない。換言すれば，「高齢者の自立支援」が可能となるためには，サービスに関しての必要条件（量の確保）と十分条件（質の確保）が満たされていなければならない。

6　従事者の養成と確保

　かつて「福祉は人なり」といわれたことがあった。今日，この表現が適切であるかどうかについては議論のあるところであるが，福祉が人間そのものにかかわる営みである以上，その成否に従事者の果たす役割は大である。

　グリーンウッド（E. Greenwood）は，1957年にプロフェッション（専門職）の条件として，①専門職的権威，②体系的理論，③社会的承認，④専門職的副次文化，⑤倫理綱領をあげたが，専門家をわかりやすくいえば，専門家には，「利用者が誰であっても仕事（業務）としてこなすことができること」，「専門家が行う仕事（業務）の量と質は素人のそれを超えるものであること」が求められる。このことは，しごく当然なことであるが，社会福祉従事者が100万人を超えた今日，忘れてはならないことである。

　当事者の社会生活の支援にかかわり，人としての尊厳を擁護する専門職として，その力量を高める努力が求められる。それとともに，努力に応じた処遇（給与とキャリアパスなど）の仕組みが制度化されていることが重要である。誰であれ，福祉を一生の仕事（いわば，一生一職）として携わることができるように待遇の改善をする必要がある。

≪注・引用文献≫

1) 庭田範秋『社会保障論』有斐閣（1973）135～144。また，近藤文二『社会保険』岩波書店（1963），国崎　裕『生命保険』東京大学出版会（1977）に詳しい。
2) 鬼﨑信好『四訂 社会福祉の理論と実際』中央法規出版（2007）149。
3) 鬼﨑信好『前掲書』289。
4) 鬼﨑信好ほか編『介護保険キーワード事典』中央法規出版，16～21。
5) 鬼﨑信好ほか編『前掲書』38および279参照。
6) 鬼﨑信好ほか編『世界の介護事情』中央法規出版（2002）84～86。

≪参考文献≫

①社会保障入門編集委員会『社会保障入門　2013』中央法規出版（2013）
②藤田峯三『人口ランキングデータで読む国勢調査』大蔵省印刷局（1995）
③武井　敏『社会福祉施設経営管理論　2013』全国社会福祉協議会（2013）

④厚生省監修『21世紀福祉ビジョン―少子・高齢社会に向けて―』第一法規出版（1994）
⑤総務省編『高齢者白書　2013』（2013）
⑥鬼﨑信好編『四訂　社会福祉の理論と実際』中央法規出版（2006）
⑦鬼﨑信好ほか編『介護保険キーワード事典』中央法規出版（2001）
⑧鬼﨑信好ほか編『世界の介護事情』中央法規出版（2002）
⑨鬼﨑信好編『コメディカルのための社会福祉（第2版）』講談社（2014）

【参考資料】

福岡市介護サービス評価システム
―概　要―

社会福祉法人　福岡市社会福祉協議会
介護サービス評価センターふくおか

評価委員会　鬼﨑信好

I　介護サービス評価システム導入メリット

1. **信頼できる事業所としてのアピール**
   認証の交付→信頼できる事業所
2. **改善目標の明確化**
   評価結果（分析・加工）→客観的改善ポイント
3. **事業所（従業者）の意識改革**
   評価への取組み→事業所全体の意識改革・共通理解
4. **継続的改善の実施**
   マニュアル整備・認証の更新→継続的な改善

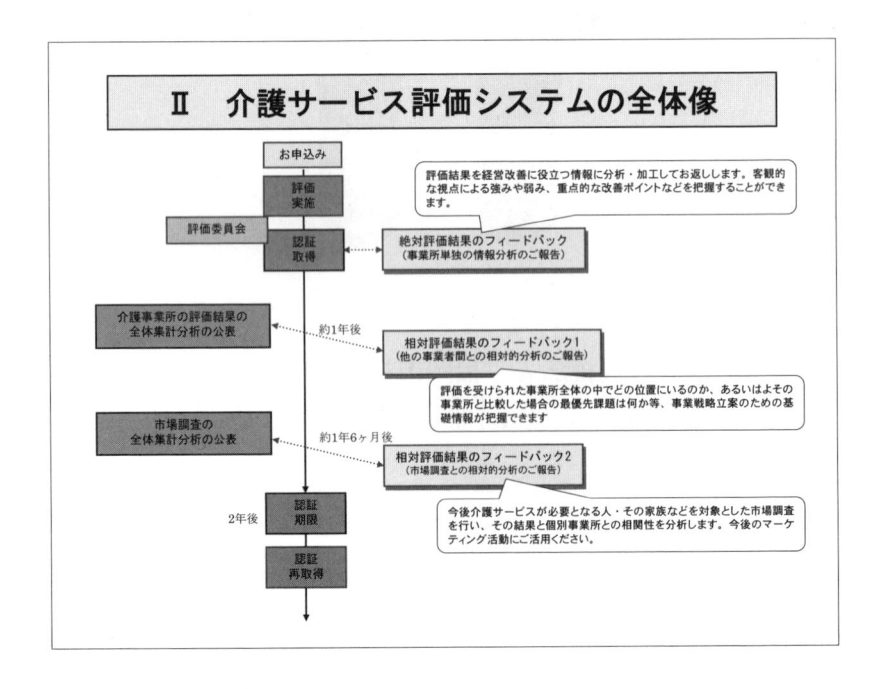

II　介護サービス評価システムの全体像

お申込み
↓
評価実施
↓
評価委員会
↓
認証取得 ←―― **絶対評価結果のフィードバック**（事業所単独の情報分析のご報告）
　　　　　　　評価結果を経営改善に役立つ情報に分析・加工してお返しします。客観的な視点による強みや弱み、重点的な改善ポイントなどを把握することができます。

介護事業所の評価結果の全体集計分析の公表

約1年後　←―― **相対評価結果のフィードバック1**（他の事業者間との相対的分析のご報告）
　　　　　　　評価を受けられた事業所全体の中でどの位置にいるのか、あるいはよその事業所と比較した場合の最優先課題は何か等、事業戦略立案のための基礎情報が把握できます

市場調査の全体集計分析の公表

約1年6ヶ月後　←―― **相対評価結果のフィードバック2**（市場調査との相対的分析のご報告）
　　　　　　　今後介護サービスが必要となる人・その家族などを対象とした市場調査を行い、その結果と個別事業所との相関性を分析します。今後のマーケティング活動にご活用ください。

2年後
↓
認証期限
↓
認証再取得

《具体的な情報提供のイメージ》
1回の評価調査で3度の情報提供
事業所の単独分析情報と他事業所や市場調査との相対的分析の情報を継続的に提供します。

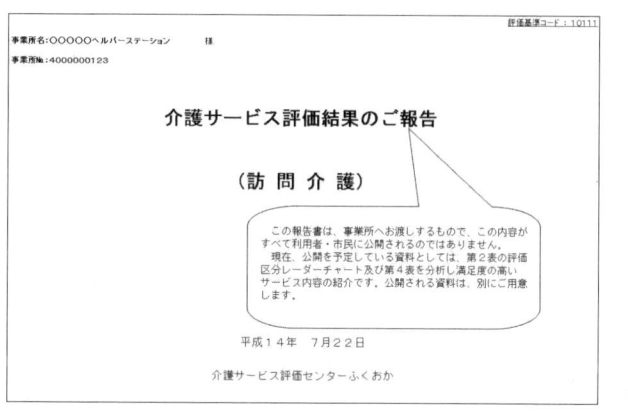

◆事業所単独の情報分析
評価項目別の評価結果，評価項目別の達成率，評価区分別の達成率，利用者評価の平均点，利用者評価の人数分布

参考資料　203

評価区分別の達成率
(レーダーチャート) →

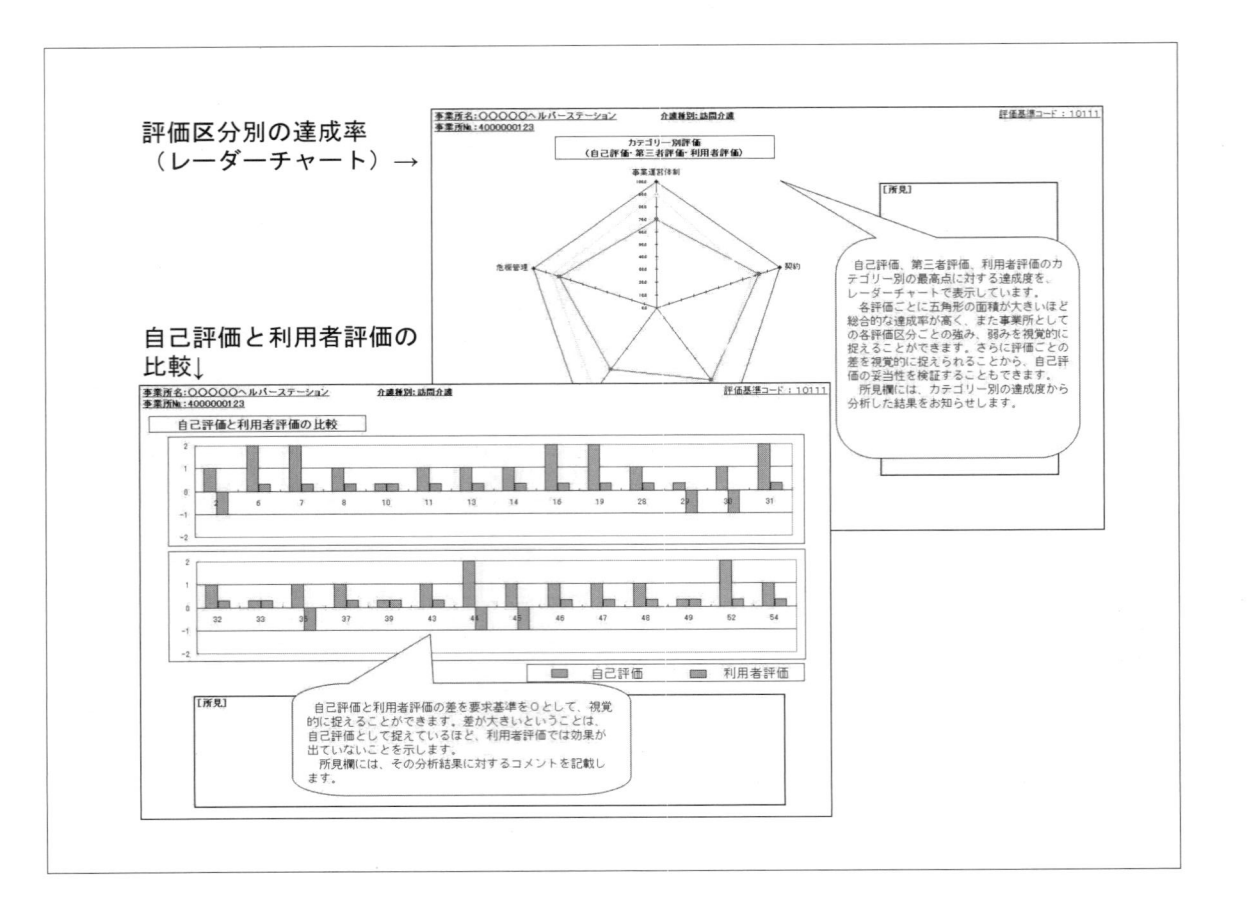

[所見]
自己評価、第三者評価、利用者評価のカテゴリー別の最高点に対する達成度をレーダーチャートで表示しています。各評価区分ごとに五角形の面積が大きいほど総合的な達成度が高く、弱みを視覚的に捉えることができます。さらに事業所ごとの各評価区分ごとの強み、弱みを視覚的に捉えることができます。評価の妥当性を検証することもできることから、自己評価と視覚的に捉えられることから、カテゴリー別の達成度を所見欄には、分析した結果をお知らせします。

自己評価と利用者評価の比較

[所見]
自己評価と利用者評価の差を要素値をもとにして、視覚的に捉えることができます。差が大きいということは、自己評価として捉えているほど、利用者評価では効果が出ていないことを示します。所見欄には、その分析結果に対するコメントを記載します。

参考資料 205

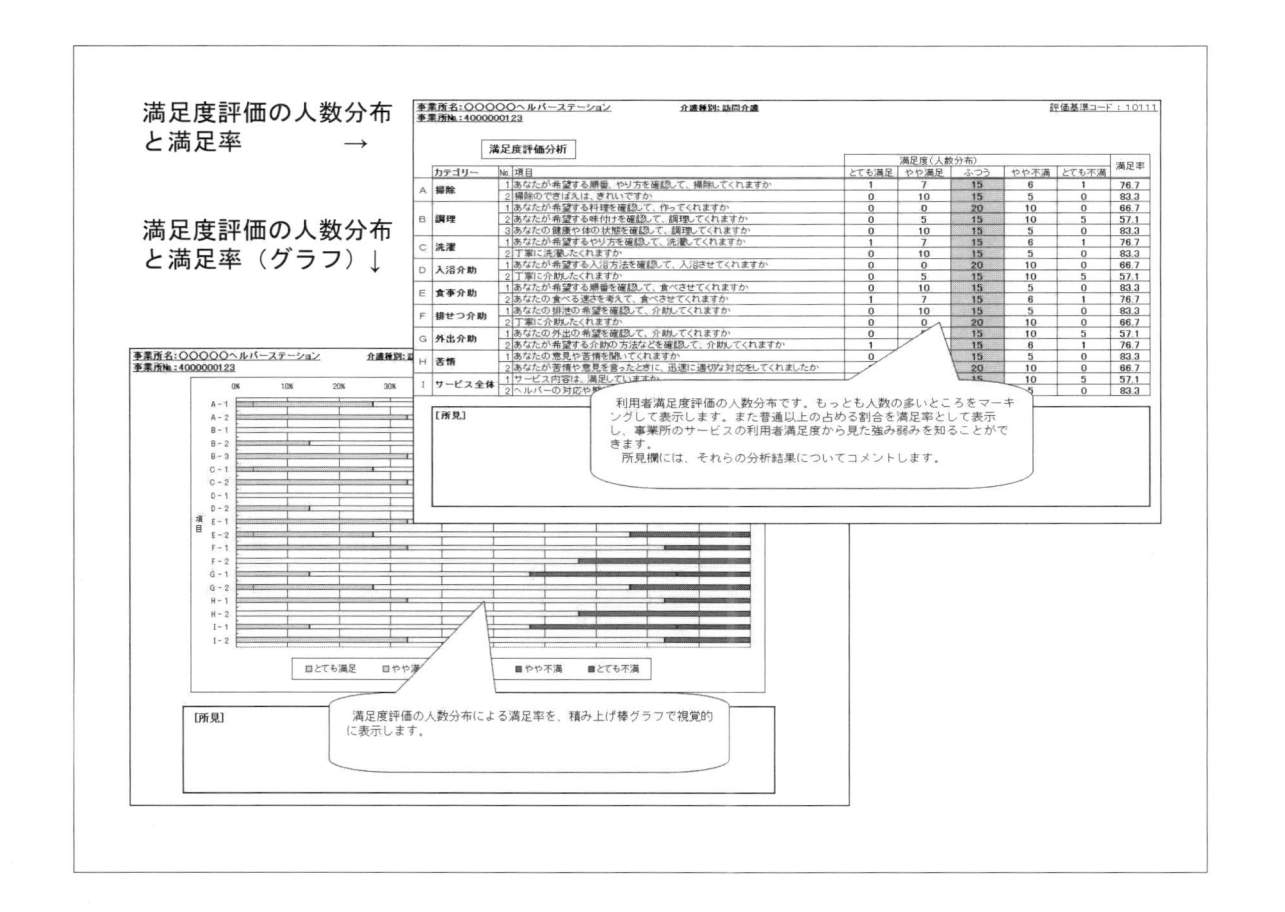

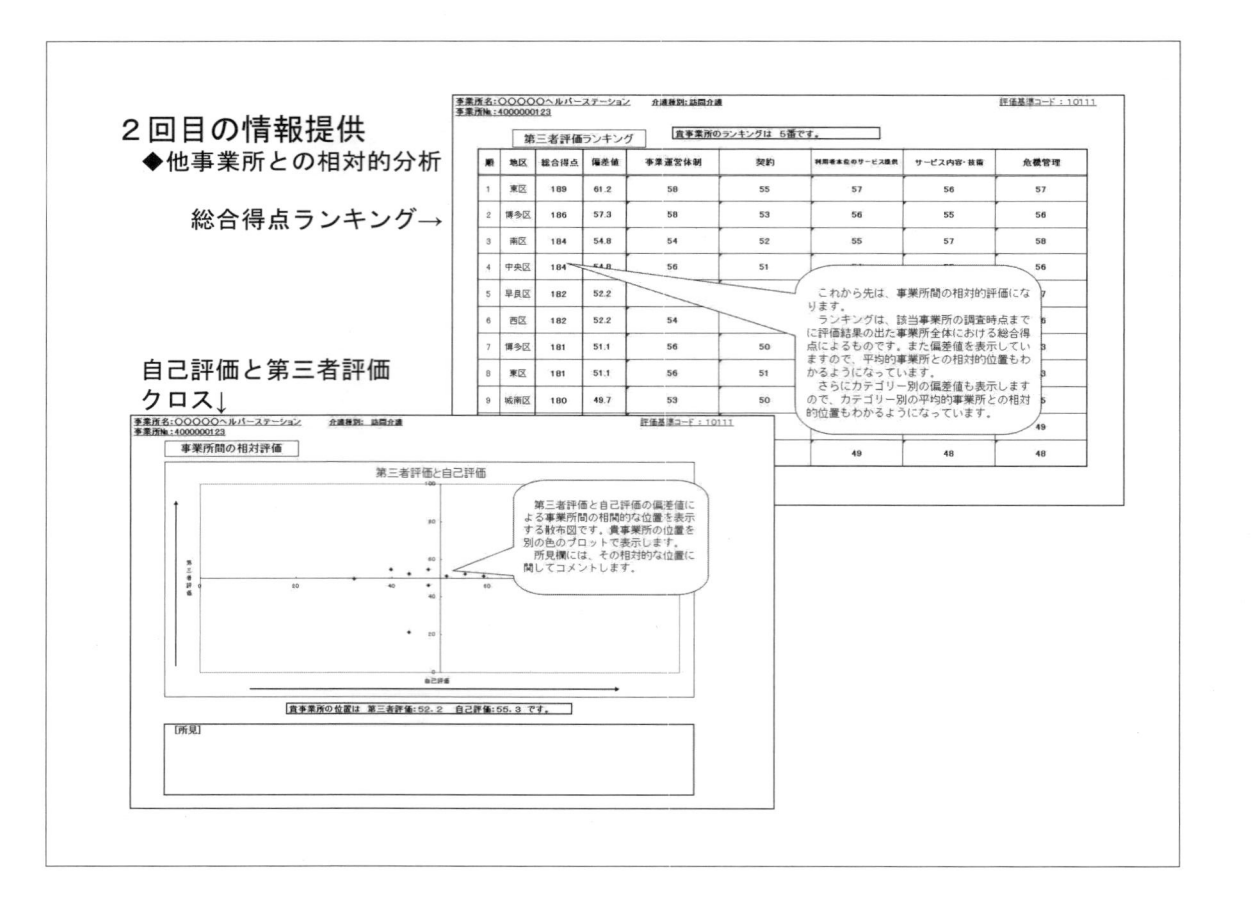

2回目の情報提供
◆他事業所との相対的分析

総合得点ランキング→

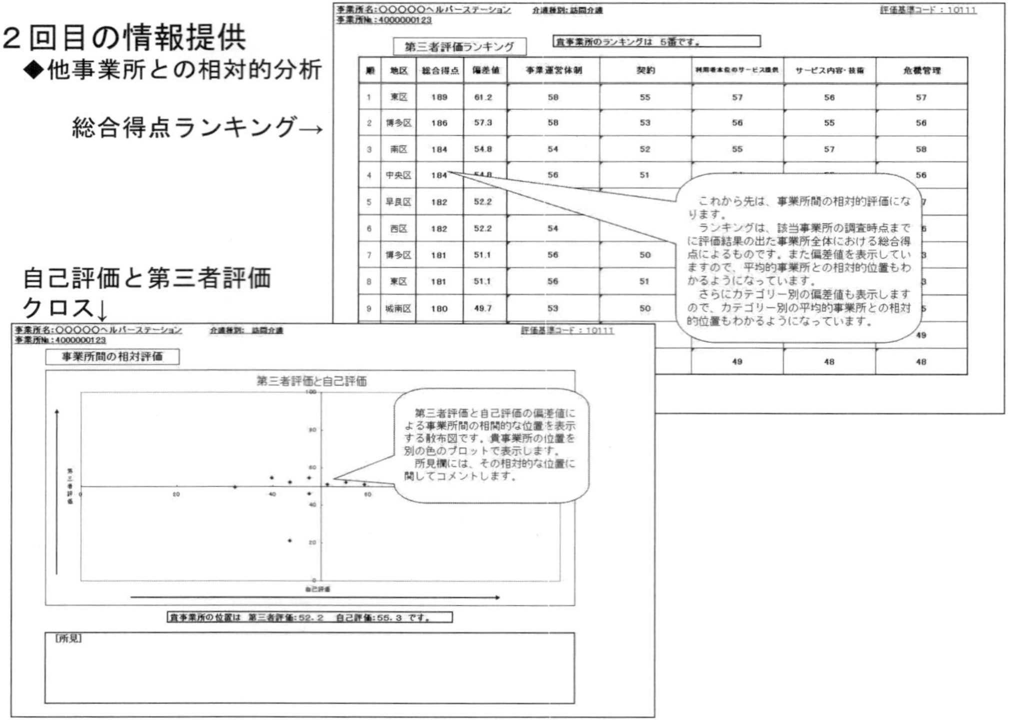

順	地区	総合得点	偏差値	事業運営全体別	契約	利用者本位のサービス提供	サービス内容・技術	危機管理
1	東区	189	61.2	58	55	57	56	57
2	博多区	186	57.3	58	53	56	55	56
3	南区	184	54.8	54	52	55	57	58
4	中央区	184	54.8	56	51			56
5	早良区	182	52.2					
6	西区	182	52.2	54				
7	博多区	181	51.1	56	50			
8	東区	181	51.1	56	51	49	48	49
9	城南区	180	49.7	53	50			48

> これからの先は、事業所間の相対的評価になります。ランキングは、該当事業所の調査時点までに評価結果の出た事業所全体における総合得点によるものです。また偏差値も表示していますので、平均的事業所との相対的位置がわかるようになっています。さらにカテゴリー別の偏差値も表示しますので、カテゴリー別の平均的事業所との相対的位置もわかるようになっています。

自己評価と第三者評価クロス↓

事業所間の相対評価

> 第三者評価と自己評価による事業所間の相対的な位置を表示する散布図です。貴事業所の位置を別の色のプロットで表示しますので、所見欄には、その相対的な位置に関してコメントします。

貴事業所の検証 第三者評価:52.2 自己評価:55.3 です。

所見

満足度評価ランキング →

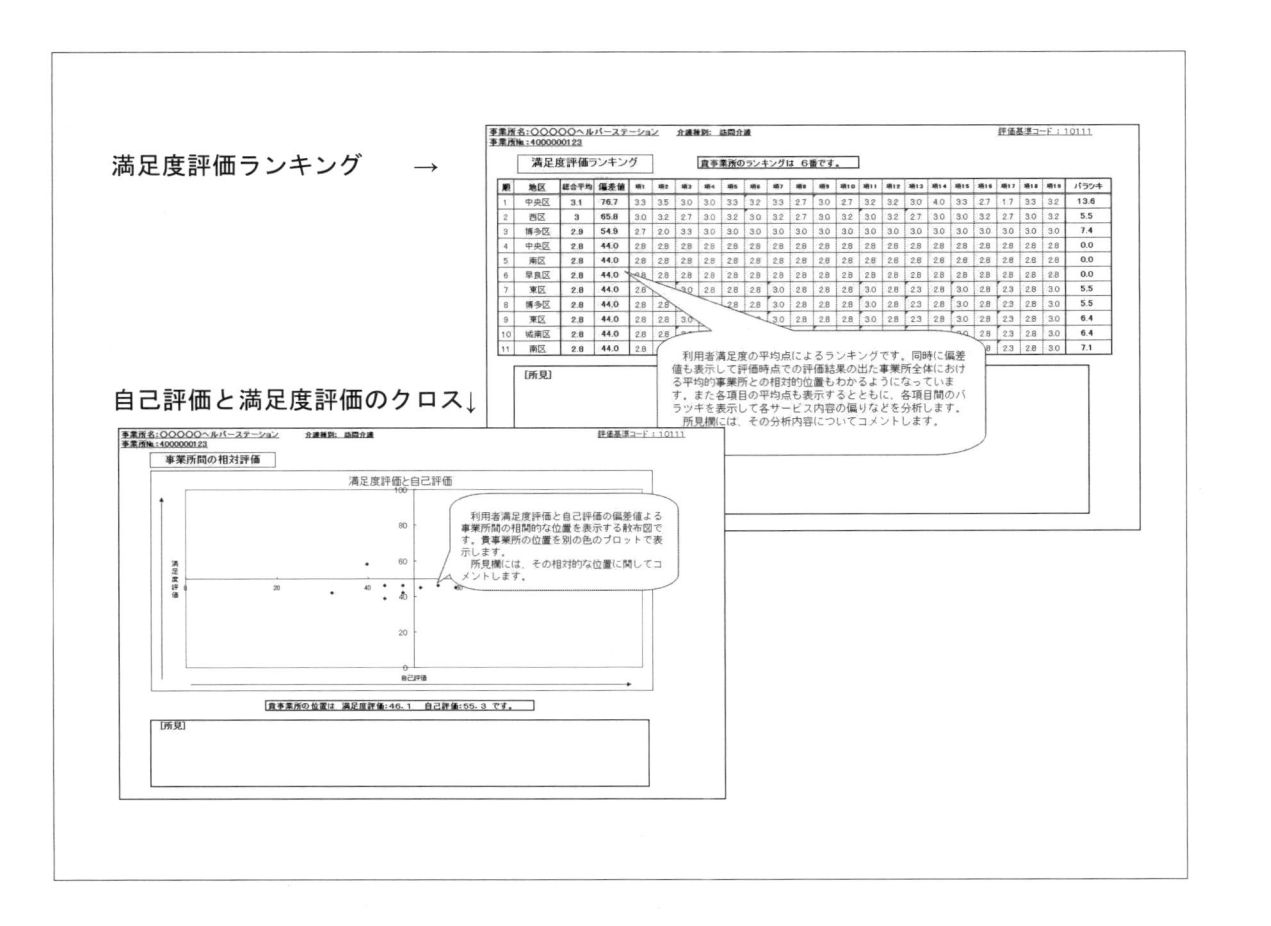

事業所名：○○○○○○ルパースターション
事業所№：1400000123

企画業別：届局分類

満足度評価ランキング

評価票コード：110111

貴事業所のランキングは、6番目です。

順	地区	総合平均	偏差値	項1	項2	項3	項4	項5	項6	項7	項8	項9	項10	項11	項12	パラツキ
1	中央区	3.1	76.7	3.3	3.5	3.0	3.3	3.0	3.2	2.7	3.0	2.8	1.7	3.3	3.2	13.6
2	西区	3	65.8	3.3	3.2	2.7	3.0	3.0	3.2	2.7	3.0	2.8	2.8	3.0	3.2	5.5
3	博多区	2.9	54.9	2.7	2.0	3.3	3.0	3.0	3.2	2.7	3.0	2.8	2.8	3.0	3.0	7.4
4	中央区	2.8	44.0	2.8	2.8	2.8	2.8	2.8	2.8	2.8	2.8	2.8	2.8	2.8	2.8	0.0
5	南区	2.8	44.0	2.8	2.8	2.8	2.8	2.8	2.8	2.8	2.8	2.8	2.8	2.8	2.8	0.0
6	早良区	2.8	44.0	2.8	2.8	2.8	2.8	2.8	2.8	2.8	2.8	2.8	2.8	2.8	2.8	0.0
7	東区	2.8	44.0	2.8	2.8	2.8	2.8	2.8	3.0	2.7	3.0	2.8	2.8	3.0	3.0	5.5
8	博多区	2.8	44.0	2.8	2.8	2.8	2.8	2.8	3.0	2.3	2.8	2.8	2.3	2.8	2.8	6.4
9	東区	2.8	44.0	2.8	2.8	2.8	2.8	2.8	3.0	2.3	2.8	2.8	2.3	2.8	2.8	6.4
10	城南区	2.8	44.0	2.8	2.8	2.8	2.8	2.8	3.0	2.8	3.0	2.8	2.3	2.8	3.0	7.1
11	南区	2.8	44.0	2.8	2.8	2.8										

【所見】

利用者満足度の平均点による評価項目のランキングです。同時に評価値の偏差値を表示して、評価時点での事業所全体における評価値の出点結果の位置付けもわかるようにしています。また他の事業所の平均点との相対的位置の表示するとともに、各項目間のバラツキを表示してきちんとサービス内容の偏りがないかなどを分析します。所見欄には、その分析内容についてコメントします。

自己評価と満足度評価のクロス↓

事業所名：○○○○○○ルパースターション
事業所№：1400000123

企画業別：届局分類

事業所間の相対評価

評価票コード：110111

【満足度評価と自己評価】

貴事業所の位置は、満足度評価：45.1、自己評価：55.3 です。

利用者満足度評価と自己評価の相関的な位置を表示する事業所間の相対的な位置を表示するクロット図で示します。貴事業所の位置を別の色のクロットで表示します。所見欄には、その相対的な位置に関してコメントします。

【所見】

◆ 第三者評価の項目別の比較
　優秀事業所、平均事業所との→
　項目別比較

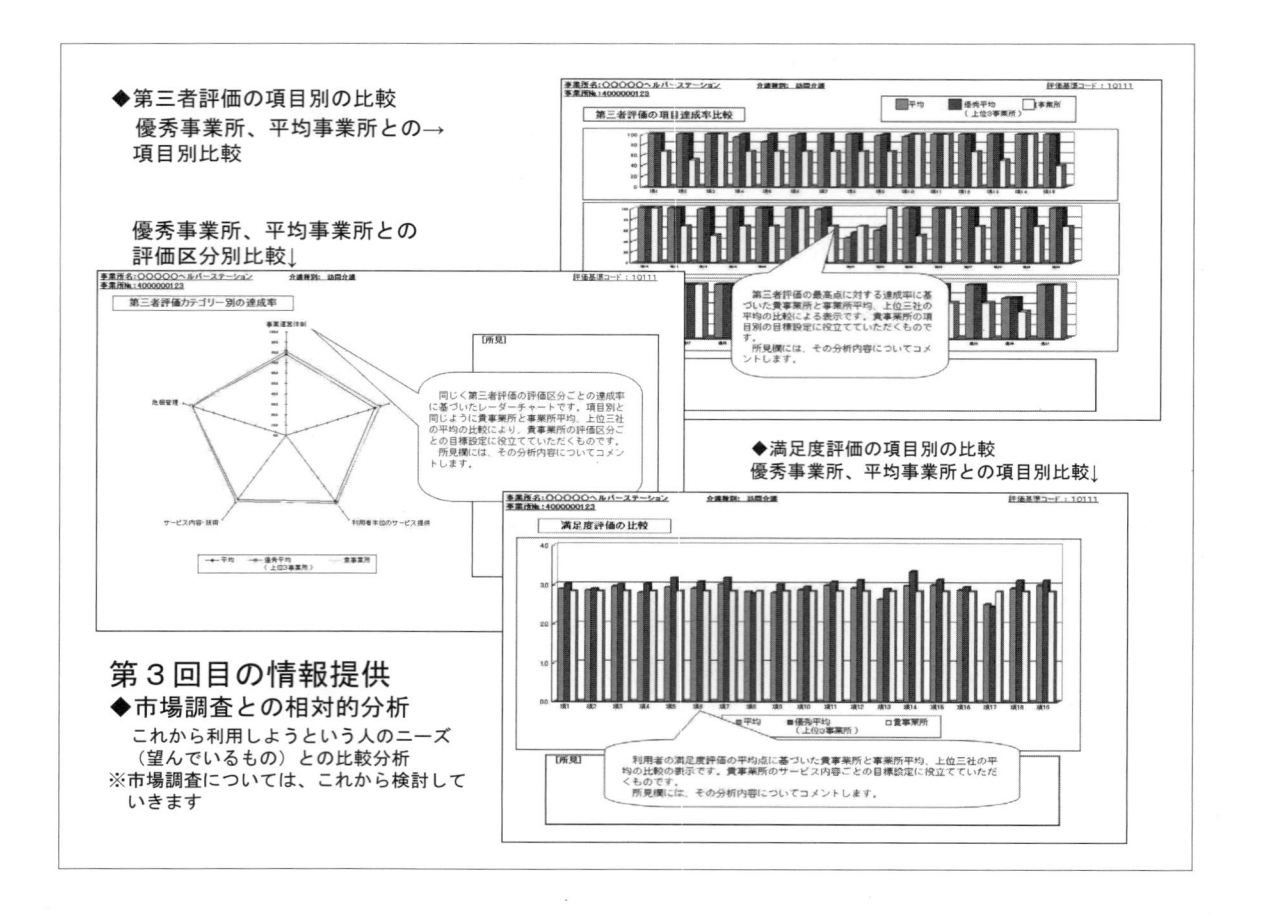

　優秀事業所、平均事業所との
　評価区分別比較

◆ 第3回目の情報提供
◆ 市場調査との相対的分析
　これから利用しようという人のニーズ
　(望んでいるもの)との比較分析
　※市場調査については、これから検討して
　いきます

◆ 満足度評価の項目別の比較
　優秀事業所、平均事業所との項目別比較

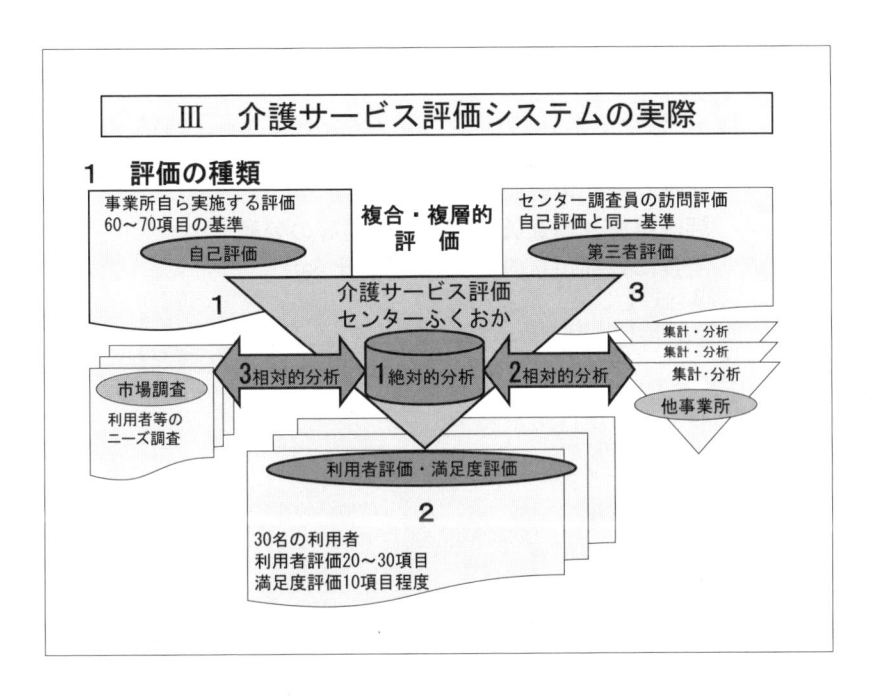

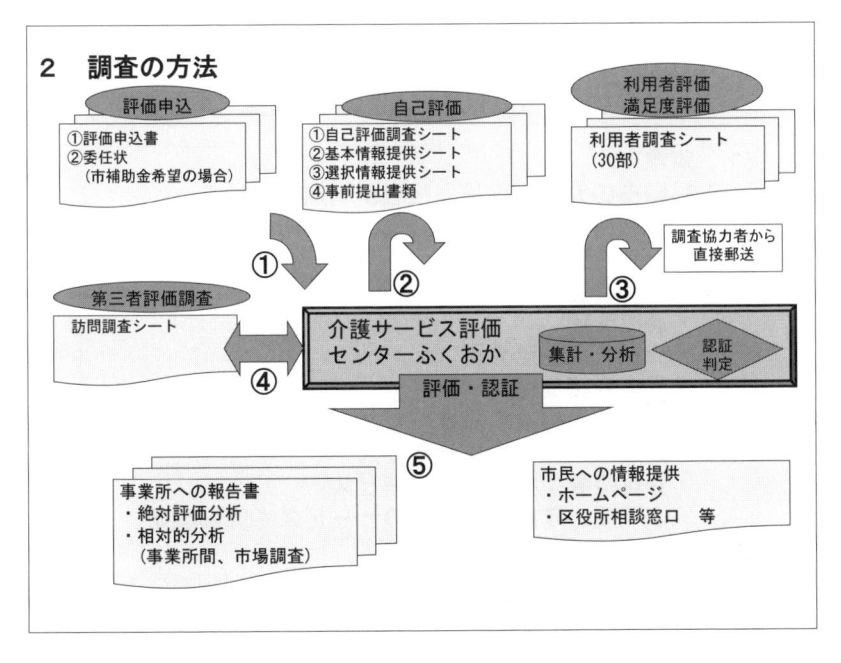

Ⅲ 介護サービス評価システムの実際

1 評価の種類

自己評価
事業所自ら実施する評価
60〜70項目の基準

複合・複層的評価

第三者評価
センター調査員の訪問評価
自己評価と同一基準

介護サービス評価センターふくおか

1 絶対的分析
2 相対的分析
3 相対的分析

市場調査
利用者等のニーズ調査

利用者評価・満足度評価
30名の利用者
利用者評価20〜30項目
満足度評価10項目程度

集計・分析
集計・分析
集計・分析
他事業所

2 調査の方法

評価申込
①評価申込書
②委任状
（市補助金希望の場合）

自己評価
①自己評価調査シート
②基本情報提供シート
③選択情報提供シート
④事前提出書類

利用者評価 満足度評価
利用者調査シート
（30部）

調査協力者から直接郵送

第三者評価調査
訪問調査シート

介護サービス評価センターふくおか

集計・分析　認証判定

評価・認証

事業所への報告書
・絶対評価分析
・相対的分析
（事業所間、市場調査）

市民への情報提供
・ホームページ
・区役所相談窓口　等

Ⅳ 介護サービス評価システムの公平性・信頼性

1. 介護サービス評価委員会設置
2. 評価委員、調査員の氏名・職歴等の公表
3. 所長に外部からの就任（県弁護士会）

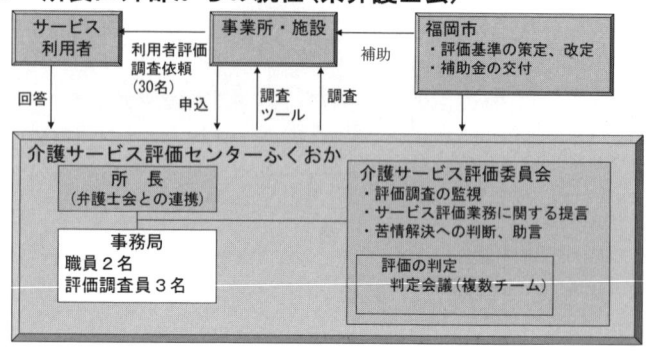

```
サービス利用者 ──利用者評価調査依頼(30名)── 事業所・施設    福岡市
  │回答          申込    │調査  │調査ツール   補助  ・評価基準の策定、改定
  │                      │      │                   ・補助金の交付
  ▼                      ▼      ▼                        │
介護サービス評価センターふくおか                              │
  所　長（弁護士会との連携）     介護サービス評価委員会  ◀───┘
                                 ・評価調査の監視
  事務局                         ・サービス評価業務に関する提言
  職員2名                        ・苦情解決への判断、助言
  評価調査員3名
                                 評価の判定
                                 判定会議（複数チーム）
```

Ⅴ 介護サービス評価システムの対象・評価料

1. **対象**
   ① 福岡市の介護保険被保険者が利用している。
   　　※利用していない場合は、福岡市補助金対象外。
   ② サービス種類
   　・訪問介護
   　・通所介護
   　・短期入所生活介護
   　・居宅介護支援
   　・介護老人福祉施設サービス
   　・介護老人保健施設サービス
   　・介護療養型医療施設サービス
   　　※平成15年度から残りのサービスも評価開始。
   　　　（除く居宅療養指導）

2 評価料(負担金)

区分	補助あり	補助なし
居宅サービス	1事業所あたり 30,000円	1事業所あたり 200,000円
居宅介護支援サービス	1事業所あたり 30,000円	1事業所あたり 200,000円
施設サービス	1施設あたり 60,000円	1施設あたり 200,000円

※福岡都市圏外は、1万円上乗せ。福岡大都市圏外は、1万円と交通費実費を上乗せ。
※評価料金負担軽減補助金は、認証が不交付の場合には受けられません。また、福岡市の介護保険被保険者がサービス利用をしていないと受けられません。

【社会福祉全般 参考文献】

1. 社会福祉とは
   - 鬼﨑信好編著『四訂　社会福祉の理論と実際』中央法規（2006）
   - 鬼﨑信好ほか編『世界の介護事情』中央法規出版（2002）
   - 鬼﨑信好ほか編『介護保険キーワード事典』中央法規出版（2000）
   - 社会福祉士養成講座委員会編『現代社会と福祉　第3版』中央法規出版（2012）
   - 厚生労働統計協会編『国民の福祉と介護の動向』厚生労働統計協会，（各年版）

2. 日本の社会福祉の歴史
   - 池田敬正『日本社会福祉史』法律文化社（1986）
   - 池田敬正『日本における社会福祉のあゆみ』法律文化社（1994）
   - 右田紀久恵ほか編『社会福祉の歴史（新版）』有斐閣（2001）
   - 岩崎晋也ほか『資料で読み解く社会福祉』有斐閣（2005）

3. 社会保障制度と社会福祉を展開する組織
   - 社会保障制度審議会事務局編『社会保障制度五十年の歩み』法研（2000）
   - 厚生労働統計協会『保険と年金の動向』厚生労働統計協会，各年版
   - 厚生労働統計協会『国民衛生の動向』厚生労働統計協会，（各年版）
   - 厚生労働省『厚生労働白書』ぎょうせい他，（各年版）
   - 厚生省監修『社会福祉基礎構造改革の実現に向けて』中央法規出版（1998）
   - 堀　勝洋『社会保障総論　第2版』東京大学出版会（2004）

4. 子ども福祉
   - 湯澤直美ほか編『こどもの貧困白書』明石書店（2009）
   - 北川清一『児童養護施設のソーシャルワークと家庭支援』明石書店（2010）

- 犬塚峰子ほか『児童虐待　父・母・子へのケアマニュアル　東京方式』弘文堂（2009）
- 内閣府『子ども・子育て白書』（各年版）
- 恩賜財団母子愛育会日本子ども家庭総合研究所編『子ども虐待対応の手引き　平成21年3月31日厚生労働省の改正通知』有斐閣（2009）

5. 障害者福祉

- 小澤　温編『よくわかる障害者福祉　第4版』ミネルヴァ書房（2009）
- 福祉士養成講座編集委員会編『障害者福祉論　第5版』中央法規出版（2007）
- 『障害者自立支援法とは…改訂第9版』東京都社会福祉協議会（2012）
- 志村健一ほか編著『障害のある人の支援と社会福祉』ミネルヴァ書房（2008）
- 福祉臨床シリーズ編集委員会編『障害者に対する支援と障害者自立支援制度』弘文堂（2009）

6. 高齢者福祉

- 厚生労働省「人口動態統計」，「国民生活基礎調査」
- 厚生労働統計協会『国民衛生の動向』（各年版）
- 国立社会保障・人口問題研究所「人口統計資料集」
- 総務省「国勢調査」，「全国消費実態調査」，「家計調査」，「人口推計」
- 田村康二『老年学のはなし』永井書店（2011）
- 小林篤子『高齢者虐待』中央公論新社（2004）
- 荒木誠之『社会保障法読本　第3版』有斐閣（2002）
- 百瀬　孝『日本老人福祉史』中央法規出版（1997）
- 福田素生『健康支援と社会保障制度［3］社会福祉　第13版』医学書院（2012）
- 井戸美枝『図解2012年度　介護保険法の改正早わかりガイド』日本実業出版社（2011）
- 雑誌：『月刊介護保険』，『月刊ケアマネジメント』

- 日本人口学会　編『人口大辞典』培風館（2002）
- 厚生労働省編『厚生労働白書』（各年版）
- 内閣府　編『高齢社会白書』（各年版）
- OECD　編著（小島克久・金子能宏　訳）『格差は拡大しているか OECD加盟国における所得分布と貧困』明石書店（2010）
- 植村尚史　編『図説　これからはじめる社会保障（第3版）』日本加除出版（2009）
- 厚生労働省『平成22年度　高齢者虐待の防止，高齢者の養護者に対する支援等に関する法律に基づく対応状況等に関する調査結果』（2010）
- 日本弁護士連合会　高齢者・障害者の権利に関する委員会『高齢者虐待防止活用ハンドブック』民事法研究会（2007）
- 大渕修一『高齢者虐待対応・権利擁護実践ハンドブック』法研（2008）
- 犬塚　浩・高齢者居住法研究会『Q&A高齢者居住法』ぎょうせい（2001）
- 内閣府『平成24年版　高齢社会白書』ぎょうせい（2012）
- 丸山英気『高齢者居住法』信山社出版（2004）
- 国土交通省住宅局住宅総合整備課監修・高齢者居住法研究会『完全施行版高齢者居住法の解説』大成出版社（2002）
- 三木　清『人生論ノート』新潮社（1978）
- E.キューブラー・ロス，鈴木　晶　訳『「死ぬ瞬間」をめぐる質疑応答』中央公論新社（2005）
- アエラ編集部　編『AERA　MOOK　死生学が分かる』朝日新聞社（2000）
- 柏木哲夫『癒しのユーモア―いのちの輝きを支えるケア』三輪書店（2001）
- 橋本篤孝『高齢者介護の緊急事態マニュアル―症状別対応』金芳堂（2005）
- A.デーケン・柳田邦男『〈突然の死〉とグリーフケア』春秋社（2005）
- 柳田邦男・川越　厚『家で生きることの意味―在宅ホスピスを選択し

た人・支えた人』青海社（2005）
- K.K. キューブラほか，鳥羽研二　監訳『エンドオブライフ・ケア―終末期の臨床指針』医学書院（2007）
- 品川博二・赤水誓子『死別から共存への心理学―スピリチュアル・ペインとケア・カウンセリング』関西看護出版（2005）
- 佐々木英忠『老年看護　病態・疾患論』医学書院（2001）
- 金川克子・野口美和子　監修，天津栄子　編集『認知症ケア・ターミナルケア―最新高齢者看護ブックティス』中央法規出版（2005）
- 西村文夫『私が選ぶ，私の死―終末期宣言のすすめ』同時代社（1995）
- 井尾和雄・中込敦子『看る診る看取る―在宅死のすすめ』けやき出版（2005 年）
- C.M. レイ，菅　靖彦　監修『死にゆく人への援助―ホスピスワーカーハンドブック』雲母書房（2000）
- Volicer,L.・Hurley,A.，村井敦志　監訳『重度痴呆性老人のケア―終末期をどう支えるか』医学書院（2004）
- 川越　厚　編集『在宅ホスピスケアを始める人のために』医学書院（1999）
- 仲村優一　監修，住友生命健康財団　編集『在宅高齢者のライフプラン―ゴールドプラン実現への道』有斐閣（1994）
- 柏木哲夫・今中孝信　監修，林　章敏・池永昌之　編集『死をみとる 1 週間』医学書院（2002）
- 宮田和郎・近藤克則・樋口京子　編集『在宅高齢者の終末期ケア』中央法規出版（2004）
- 橋本篤孝・古橋エツ子　編集代表『介護・医療・福祉小辞典［第 2 版］』法律文化社（2006）
- 月刊介護保険編集部『平成 18 年改訂版　介護保険ハンドブック』法研（2006）
- 増田雅暢『わかりやすい介護保険法〔新版〕』有斐閣（2000）
- 厚生労働統計協会　編『国民の福祉と介護の動向 2012/2013』厚生労働統計協会（2012）

- 厚生統計協会　編『図説　統計でわかる介護保険　2009』厚生統計協会（2009）
- 『介護保険にかかわる苦情処理の手引』国民健康保険中央会（2007）
- 厚生労働省『平成22年度　介護保険事業状況報告』（2012）
- 厚生労働省『平成23年度　介護保険給付費実態調査の概況』（2012）
- 『介護保険制度の解説（平成24年4月版）』社会保険研究所（2012）
- 井上由紀子・石井　敏『施設から住まいへ高齢期の暮らしと環境』厚生科学研究所（2007）
- 児玉桂子　編『超高齢社会の福祉居住環境暮らしを支える住宅・施設・まちの環境整備』中央法規出版（2008）
- 児玉桂子ほか『PEAPにもとづく認知症ケアのための施設環境づくり実践マニュアル』中央法規出版（2010）
- 和田光一・筒井澄栄『生活支援のための福祉用具と住宅改修』ミネルヴァ書房（2008）

7. 低所得者福祉

- 中央法規編『社会保障の手引　平成23年1月改訂　施策の概要と基礎資料』中央法規出版（2011）
- 福田素生ほか『健康支援と社会保障制度［3］社会福祉第13版』医学書院（2012）
- 宮脇源次ほか『社会福祉入門　第5版』ミネルヴァ書房（2001）

8. 地域福祉

- 岩田正美監修，野口定久ほか編著『リーディングス日本の社会福祉6　地域福祉』日本図書センター（2010）
- 上野谷加代子ほか編『よくわかる地域福祉　第5版』ミネルヴァ書房（2012）
- 全国社会福祉協議会編『これからの地域福祉のあり方に関する研究会報告　地域における「新たな支え合い」を求めて』全国社会福祉協議会出版部（2008）

- 社会福祉士養成講座編集委員会編『地域福祉の理論と方法　第2版』中央法規出版（2010）
- 日本地域福祉学会編『新版　地域福祉事典』中央法規出版（2006）
- 岩間伸之ほか『地域福祉援助をつかむ』有斐閣（2012）
- 妻鹿ふみ子編著『地域福祉の今を学ぶ』ミネルヴァ書房（2010）

9. 医療福祉
- 日本社会福祉士会ほか編『改訂　保健医療ソーシャルワーク実践1』中央法規出版（2009）
- 日本社会福祉士会ほか編『改訂　保健医療ソーシャルワーク実践2』中央法規出版（2009）
- 日本社会福祉士会ほか編『改訂　保健医療ソーシャルワーク実践3』中央法規出版（2009）
- 大谷昭ほか編著『改訂　医療ソーシャルワーク実践50例』川島書店（2008）
- ヘルスケア総合政策研究所企画・製作『医療白書2011年度版』日本医療企画（2011）

10. 精神保健福祉
- 小澤温『よくわかる障害者福祉　第5版』ミネルヴァ書房（2013）
- 福祉士養成講座編集委員会編『障害者福祉論　第5版』中央法規出版（2007）
- 『障害者総合支援法とは…』東京都社会福祉協議会（2013）
- 志村健一ほか編著『障害のある人の支援と社会福祉』ミネルヴァ書房（2008）
- 福祉臨床シリーズ編集委員会編『障害者に対する支援と障害者自立支援法制度　第2版』弘文堂（2013）
- 日本弁護士連合会高齢者・障害者の権利に関する委員会編『障害者虐待防止法ハンドブック』民事法研究会（2012）

11. 社会福祉施設の役割
    - 武居敏編『社会福祉施設経営管理論2011』全国社会福祉協議会出版部（2011）
    - 社会福祉士養成講座編集委員会編『福祉サービスの組織と経営』中央法規出版（2011）
    - 小笠原祐次ほか『社会福祉施設運営（経営）論』全国社会福祉協議会（2008）

12. 社会福祉を担う人々
    - 社会福祉士養成講座編集委員会編『相談援助の基盤と専門職　第2版』中央法規出版（2001）
    - 千葉茂明ほか編『四訂　新・社会福祉概論』みらい（2008）
    - 『ふくしのしごとがわかる本　改訂第2版』東京都社会福祉協議会（2012）

13. 社会福祉の相談援助：考え方とその方法
    - A.H.マズロー著，小口忠彦訳『改訂新版　人間性の心理学』産業能率大学出版部（1987）
    - 日本社会福祉士会編『改訂　社会福祉士の倫理』中央法規出版（2009）
    - 大塚達雄ほか編著『ソーシャル・ケースワーク論』ミネルヴァ書房（1994）
    - 社会福祉士養成講座編集委員会編『相談援助の理論と方法Ⅰ(第2版)』中央法規出版（2010）
    - 澤伊三男ほか編『ソーシャルワーク実践事例集』明石書店（2009）
    - 日本社会福祉士会編『社会福祉士実践事例集』中央法規出版（1994）
    - 前田崇博ほか『ケース研究101の事例』久美（2005）
    - 椋野美智子『はじめての社会保障　第8版』有斐閣アルマ（2011）
    - 社会福祉士養成講座編集委員会編『保健医療サービス　第2版』中央法規出版（2010）

14. その他（行政関係ホームページなど）
    - 厚生労働省ホームページ「平成24 (2012) 年人口動態統計の年間推計」(http://www.mhlw.go.jp/toukei/saikin/hw/jinkou/suikei12/)
    - 厚生労働省「平成23年度福祉行政報告例」（平成24年11月29日）
    - 厚生労働省「ホームレスの実態に関する全国調査（概数調査）結果」(2015年4月26日)
    - 総務省労働局「労働力調査（基本集計）平成25年(2013年)9月分(2013年10月29日公表)」
    - 厚生労働省ホームページ「平成22年国民生活基礎調査」
    - 共生社会政策統括官　共生社会政策担当ホームページ
    - 法務省ホームページ（http://www.moi.go.jp/HOGO/hogo17.html）
    - 日本精神保健福祉士協会ホーム(http://www.jaspw.or.jp/backnumber/news/2006/0226.htm)

索引

あ行

アンビバレント　73
一次判定　108
一物一価の原則　96
いつでも，どこでも，だれでも　69
一般世帯　7
医療サービス　121
医療保険　165
インフラストラクチャ（社会共通資本）　59
援助の対象者　153

か行

介護給付　182
介護サービス　121
介護サービス給付費　123
介護サービス計画　181
介護サービスの利用手続き　176
介護支援サービス（ケアマネジメント）　190
介護支援専門員（ケアマネジャー）　178, 190
介護認定審査会　105, 180
介護報酬　92, 97
介護保険　166
介護保険施設　97
介護保険制度以外のサービス　162
介護保険制度に基づくサービス　162
介護保険制度の基本理念　162
介護保険の被保険者　173
介護保険の保険者　172
介護予防サービス　185
介護予防支援　181

過疎地域　41
関節リウマチ　174
監督権限　121
がん末期　174
機関委任事務　27
危険の分散化　163
危険の平均化　163
木村忠二郎　67
救護法　148
救貧法の劣等処遇原則　30
行革一括法　44
共助（互助）　82
競争原理　93
業務上災害補償保険　166
居宅サービス　183
居宅療養管理指導　183
筋萎縮性側索硬化症　174
グリーンウッド（E. Greenwood）　198
グループホーム　183
公益事業　32
後期老年人口　11
合計特殊出生率　14
後縦靱帯骨化症　174
公助　82
更新分の利用者評価の変化　138
公保険　162
高齢者介護・自立支援システム研究会　159
高齢者介護・自立支援システム研究会報告書　19
高齢社会福祉ビジョン懇談会　159
高齢者保健福祉推進十ヵ年戦略　44, 157
ゴールドプラン　44, 157
国民皆保険・皆年金　165
国民皆保険・皆年金体制の確立　13

220

国民健康保険団体連合会　121
国民生活基礎調査　51
骨粗鬆症　174
雇用保険　165

さ行

サービスの質　85
サービスの選択的利用　84
在宅ケアプラン　181
財団法人日本医療機能評価機構　120
サクセスフル・エイジング　18
市区町村　172
市区町村介護保険事業計画　172
自己決定の原則　196
自己資源の活用・開発　196
自己評価　123, 127
自助　82
施設入所者本人からの費用徴収　156
施設認可　95
市町村特別給付　91
指定居宅サービス事業者　97
指定事業者　97
私保険　162
社会サービス　69
社会的事故　164
社会福祉基礎構造改革　66, 75
社会福祉事業　32
社会福祉事業法　67
社会福祉の主体と対象　24
社会福祉のパラダイムの転換　66
社会福祉法人　32
社会保険　162
社会保険方式　166
社会保障構造改革　75
社会保障制度審議会　152, 160
社会保障制度に関する勧告　152
収益事業　32
収支相等の原則　164
住宅改修　185
主治医意見書　180
恤救規則　148

小規模多機能型居宅介護　187
剰余金　96
職権主義　79
初老期における認知症　174
進行性核上性麻痺　174
新ゴールドプラン　157
申請代行　176
生活困窮者緊急生活援護要綱　149
生活の継続性の原則　196
生活の質　72
生活保護法の扶助の種類　150
生産年齢人口　4
成年後見制度　85, 193
セーフティネット　74
脊髄小脳変形症　175
脊柱管狭窄症　175
選別主義サービス　69
選別的福祉　52
早老症　175
措置委託　95
措置委託制度　80
措置から契約へ　121
措置権者　25, 80, 153
措置の実施機関　154
措置の受託義務　94
措置費　95, 96

た行

第１号被保険者　173
第一次ベビーブーム　2
第三者評価　122, 123, 127
第三者評価制度　120
第２号被保険者　173
第二次臨時行政調査会　43
多系統萎縮症　175
短期入所生活介護　185
短期入所療養介護　185
団体委任事務　27
地域支援事業　193
地域福祉　68
地域福祉計画　78

地域包括ケア　195
地域包括支援センター　178, 181, 191
地域密着型介護老人福祉施設入所者生活
　　介護　187
地域密着型サービス　187
地域密着型特定施設入居者生活介護
　　187
通所介護　183
通所リハビリテーション　185
定期巡回・随時対応型訪問介護看護
　　187
デンマークの「高齢者福祉の3原則」
　　196
統計学的有意差　134
糖尿病性腎症・糖尿病性網膜症・糖尿
　　性神経障害　175
特定施設入居者生活介護　185
特定疾病　174
特定非営利活動促進法　31, 72
特定福祉用具購入　185
特記事項　180

な行

日本国憲法第89条　95
認知症対応型共同生活介護　183
認知症対応型通所介護　187
年金保険　165
年少人口　4
脳血管疾患　175
ノーマライゼーション　69

は行

パーキンソン病　174
廃用症候群　16
反射的利益　79, 154
被保険者　163
ふくおか型の評価システム　135
複合型サービス　188
福祉関係八法改正　51, 70, 157
福祉国家　72

福祉サービス利用者　153
福祉三法　67
福祉事務所　78
福祉総合計画　61
福祉の措置　25, 153
福祉は人なり　198
福祉用具貸与　185
福祉六法　67
フリーアクセス　165
分散分析法　130
閉塞性動脈硬化症　175
変形性関節症　176
包括的支援事業　193
訪問介護　183
訪問看護　183
訪問入浴介護　183
訪問リハビリテーション　183
ホームヘルパー派遣要件の変更　156
保険者　91, 163
保険の原理・原則　163
保険の目的　163
保護施設　150

ま行

慢性閉塞性肺疾患　175

や行

夜間対応型訪問介護　187
揺りかごから墓場まで　72
要介護者　169
要介護状態　167
要介護認定モデル事業　104
要支援者　170
要支援状態　169
予防給付　182

ら行

利用者中心主義　80
利用者評価　123, 127

臨時行政改革推進審議会　156
臨時行政調査会設置法　156
老人医療費の一部負担制の導入　156
老人福祉計画　42
老年人口　4
老年性症候群　16

欧文

Care by the Community　51
Care in the Community　51
GHQ　149

[著者紹介]

鬼﨑信好（きざきのぶよし）

　　久留米大学文学部社会福祉学科　教授
　　博士（医学），社会福祉士，精神保健福祉士

　　　西九州大学専任講師・助教授，中村学園大学助教授，福岡県立大学教授を経て，現在は久留米大学教授。福岡県立大学在職中は，社会福祉学科長，人間社会学部長，大学院人間社会学研究科長，公立大学法人福岡県立大学理事等を歴任。

著書

単著『高齢者福祉処遇論』中央法規出版，1991年。
共編著『介護保険キーワード事典』中央法規出版，2001年。
共編著『世界の介護事情』中央法規出版，2002年。
編著『四訂　社会福祉の理論と実際』中央法規出版，2006年。
編著『コメディカルのための社会福祉（2版）』講談社，2014年。
その他

高齢者介護サービス論
――過去・現在・未来に向けて――

2014年4月10日　発行

著　者	鬼﨑信好
発行者	荘村明彦
発行所	中央法規出版株式会社

　　　〒151-0053　東京都渋谷区代々木2-27-4
　　　代　表　TEL03-3379-3861　FAX03-3379-3820
　　　書店窓口　TEL03-3379-3862　FAX03-3375-5054
　　　編　集　TEL03-3379-3784　FAX03-5351-7855
　　　http://www.chuohoki.co.jp/

装丁・本文デザイン・印刷・製本　永和印刷株式会社

ISBN978-4-8058-5028-2　C3036
定価はカバーに表示してあります。

落丁本・乱丁本はお取り替えいたします。